인권

인간의 권리에 관한 118가지 질문에 답하다

인권

Human Rights

인간의 권리에 관한 118가지 질문에 답하다

| 리아 레빈 글 · 플랑튀 그림 · 이명재, 서현수 옮김 |

북스코프

Original Title: Human Rights, Question and Answers, updated sixth edition
by Leah Levin, Illustrated by Plantu, Edited by Konstantinos Tararas
published by the United Nations Educational, Scientific and Cultural
Organization(UNESCO), 7. Place de Fontenoy, 75352 Paris 07 SP, France.
ⓒUNESCO 2012

Korean Translation Copyright ⓒ2012 Bookscope
the present edition has been Published by Bookscope
by arrangement with UNESCO.

| 인권 교육의 가치에 대한 믿음 |

1945년 유엔이 창설되었을 때, 참여한 국가들은 기본적 인권, 인간의 존엄성과 가치, 남녀 간의 동등한 권리에 대한 그들의 믿음을 다시한 번 확인했습니다. 유엔 창설에 참여한 국가들은 인종이나 성별, 언어나 종교에 따른 차별 없이 모든 사람에게 인권과 기본적 자유가 부여되며 보편적으로 존중되는 세계를 만들겠다고 천명했습니다.

3년 뒤에 채택된 〈세계인권선언〉은 모든 권리가 충분히 실현되는 국제·사회적 질서를 만들기 위한 첫 번째 구체적인 진전이었습니다. 역사상 처음으로 모든 사람이 누려야 할 기본적 자유와 인권 목록이 국제적으로 합의되었습니다. 이 선언에 담긴 규범과 원칙은 모든 국가와 민족이 공통적으로 성취해야 할 기준이었고, 많은 국가들의 헌법과 법률에 관한 영감의 원천이 되었습니다.

〈세계인권선언〉은 국제인권법의 발전을 위한 초석이자 국내외에서 인권의 이행을 위한 후속 노력의 시금석이 되었습니다. 선언의 규정들은 유엔의 업무에 관한 표준 가이드라인을 제공합니다. 이제 유엔은 서로 다른 법적 위상을 지닌 협약, 선언, 권고, 결의안과 같은 다수의 문서를 지니게 되었습니다. 이들 문서는 9개의 핵심적인 유엔 협약으로서 인간으로서 누려야 하는 권리를 더욱 상세하게 설명하고 권리의 영역을 더욱 확장시켰으며 새로운 기준을 세웠습니다.

추가적인 조치로서 국제적으로 기준을 준수하는 지를 감독하는 기구가 수립되었습니다. 점검 기구의 마련은 유엔의 협약에서 빼놓을 수 없는 핵심적인 부분입니다. 정기보고서 심의를 통해 독립적인 전문가들로 이루어진 위원회들은 가입 회원국들이 조약상의 의무를 성실히 이행하는지 평가합니다. 이들 조약 가운데 일부는 개인이 자신의 권리를 침해 당했다고 생각할 경우, 국가에 진정을 제기할 수 있도록 보장하고 있습니다.

인권신장을 위한 노력에서 국가는 유엔인권위원회, 나중에 이를 계승한 인권이사회의 '특별보고관'으로 불리는 이들의 헌신적인 특별절차에 많은 도움을 받았습니다. 이들의 기여는 매우 컸습니다. 중대한 인권침해 사례를 짚어내고 국제적으로 인권 기준을 높였다는 점에서 그렇습니다.

많은 기대를 낳고 있는 유엔인권이사회의 혁신적인 조치 중 하나는 2007년에 시작된 '국가별 보편적 정례검토 제도Universal Periodic Review(UPR)'입니다. 조약 회원국에게만 적용되는 조약상의 기구와 달리, 이 제도는 모든 유엔 회원국에 대해 인권과 관련된 검토를 하는 것으로 인권 보장을 위한 새로운 장을 연 것입니다.

이들 메커니즘 외에 인권의 진전은 유엔 내의 수많은 조직과 프로그램, 특별기구 들이 각각 자신의 권한 범위 내에서 서로 인권에 대한 책임을 공유하면서 표준을 세우고, 조사하고 기술적 지원을 하며 고취하는 활동이 기여한 바 큽니다. 예를 들면 유엔아동기금United Nations Children's Fund(UNICEF)은 아동의 권리, 국제노동기구International Labour Organization(ILO)는 노동자의 권리, 세계보건기구World Health Organitions(WHO)는 건강할 권리를 지킵니다. 마찬가지로 유네스코는 교육과 표현의 자유를 누릴 권리, 문화생활에 참여할 권리, 과학적 발전과 혜택을 누릴 권리, 물에 대한 권리 등에 특히 많은 책임을 맡고 있습니다. 그리고 유엔의 업무를 조정하는 책임은 인권최고대표부에 있습니다.

지역적 수준으로도 많은 정부 간 기구들이 인권 분야에서 활동 중인데, 여기에는 아프리카통일기구, 동남아시아연합, 유럽평의회, 유럽안보협력기구, 미주기구 등이 있습니다. 인권 기준을 떠받치는 주된 책임은 여전히 국가에 있지만 다른 주체들도 인권의 신장과 보호에 중요한 기여를 하고 있습니다. 세계 전역에서 비정부기구들이 저변에서뿐만 아니라 국제적 차원에서도 인권의 신장과 보호 활동을 벌이고 있습니다. 이들은 인권침해에 대한 '감시견'과 인권법을 점진적으로 발전시키는 '촉매제' 역할을 하고 있습니다. 학계와 미디어, 기업도 정부 및 국가기관, 비정부기구들과 함께 〈유엔헌장〉과 〈세계인권선언〉, 〈유네스코헌장〉, 다른 유엔 기구들의 헌장에서 천명된 목표를 성취하는 데 동참할 것을 요구받고 있습니다.

　이들 기관과 주체들이 상호 보완적으로 노력한 데 힘입어 인권의 중요한 진전이 이루어져 왔습니다. 무엇보다 인권은 더 이상 배타적인 국내 문제로 여겨지지 않게 되었습니다. 새로운 표준과 점검 기구의 수립은 점진적으로 국제기구들 내에서의 대화를 이끌어냈고, 이를 통해 감시 문화를 자연스럽게 형성했습니다. 각국은 자국의 인권 이력에 대해 더 높은 수준의 책임을 지녀야 한다는 요구에 직면해 있으며 자신들이 이룩한 성취에 대해 공개적으로 검증을 받도록 요청받고 있습니다. 게다가 세계 어디서 발생했든 대규모의 인권 침해 사건에 대해서는 함께 책임을 느껴야 한다는 분위기가 형성되고 있습니다. 이런 분위기 덕분에 전쟁과 반인도적 범죄에 대해 가해자를 기소하는 기구를 창설하기에 이르렀습니다.

1948년 이후의 중요한 특징은 인권법의 진화입니다. 〈세계인권선언〉의 채택이나 〈자유권규약〉, 〈사회권규약〉의 채택으로 성문화 작업이 완료된 것은 아닙니다. 더욱 많은 문서들이 그 이후에 만들어졌습니다. 새로운 과제들에 대응하기 위해서 혹은 지속적인 침해에 대응하기 위해서, 여성과 원주민, 장애인, 이주민 등 취약한 상황에 처한 특정 집단을 위한 규약이 마련되었습니다. 〈유엔새천년선언〉에 '인권 없이는 발전도 없다.'는 점을 명기했다는 사실은 매우 중요한 진전입니다. 그 결과 8개의 밀레니엄 개발 목표에 대한 유엔의 지지에는 인권 원칙과 표준들이 전제되어 있습니다.

그러나 이 같이 논란의 여지가 없는 성취에도 불구하고 세계적으로 인권을 향유하는 수준은 불평등합니다. 수백만 명의 어린이, 특히 여자아이들이 교육을 받지 못하고 있으며, 세계 인구의 약 3분의 1이 건강과 음식에 대한 정당한 권리를 누리지 못하고 있습니다. 한편으로는 많은 나라에서 안전한 식수와 위생 시설이 부족해서 엄청난 피해를 겪고 있습니다.

이런 문제들은 현재 벌어지고 있는 세계적인 금융 위기로 더욱 악화되고 있습니다. 2008년 금융 위기가 일어난 이후, 경제침체가 이어지면서 수백만 명이 일자리를 잃었고 세계적으로 기록적인 실업률을 보이고 있습니다. 국가부채의 급증으로 긴축 정책이 강제되고, 그로 인해 각 개인들이 누릴 수 있는 가장 기본적인 권리가 크게 줄었습니다. 여성, 아동, 이주 노동자와 그 가족, 원주민, 빈곤 지역의 주민 등 소외되고 주변부에 있는 집단이 특히 타격을 입고 있습니다. 이런 환경에서 국가가 이들의 인권을 충족시키기 위해 할 수 있는 역량은 약화되었습니다. 특히 경제적·사회적·문화적 권리 부문에서 뚜렷하게 나타납니다. 강압적인 정권 가운데 일부는 경제 위기를 틈타 인권을 침해하고 부인하는 기회로 삼는 경우도 있습니다.

인류의 역사를 전반적으로 보든, 아니면 최근의 발전 과정을 보든 인권을 지속적으로 보호하기 위해서는 잠시라도 마음을 놓아서는 안 된다는 것을 우리는 교훈으로 배웠습니다. 과거의 잔학 행위가 다시 일어나는 것을 막기 위해서, 또 새로운 위협이 일어날 가능성을 예측하고 그런 일이 다시는 일어나지 않도록 하기 위해서는 경계를 늦추지 말아야 합니다. 인권 교육은 그런 점에서 매우 중요합니다. 사람들이 인권 규범과 인권 보호 메커니즘에 대해 충분히 알고 있을 때,

자신의 권리를 행사할 수 있으며 다른 사람의 권리도 존중하고 방어해 줄 수 있습니다. 게다가 모든 주체가 인권에 대해 더 많이 아는 것이 인권 신장이나 인권 침해 예방에 도움이 됩니다.

이 책의 발간은 인권 교육의 가치에 대한 굳은 믿음에서 비롯되었습니다. 이 책은 일반인들에게 인권의 기준과 제도, 체제에 대해 간단하지만 전반적인 정보를 주는 것을 목표로 하고 있습니다. 이 책은 실용적인 체제로 되어 있으며 명확한 언어로 쓰인 인권에 대한 귀중한 학습서로 사용될 수 있을 것입니다. 이 책은 1981년에 초판이 나온 이래 6번째 개정판이 발간되었으며 이번 개정판 이전까지 이 책은 세계 30여 개 언어로 옮겨졌습니다.

하지만 이 책은 여전히 이전의 판본의 구조를 그대로 유지하고 있습니다. 구체적으로 제1부에서는 국제인권법의 범위와 내용에 대한 전반적인 개괄, 점검과 이행 절차, 인권을 위해 일하는 기구와 제도, 중요한 국제적 사건들, 새로운 발전과 도전을 다루고 있습니다. 제2부는 세계인권선언의 의미와 실제 적용 사례에 대해 간략히 해설하고 있습니다.

이 책이 계속 나올 수 있게, 또 성공을 거둘 수 있게 된 데는 플랑튀PLANTU1가 그린 일러스트의 덕이 큽니다. 그는 프랑스의 유명한 만화가이며 열성적인 인권활동가입니다. 영감이 가득한 그의 일러스트는 '인권'이라는 단어에 예술적 기운을 불어넣었습니다.

특히 유엔 인권최고대표부에 감사를 드립니다. 인권최고대표부의 방대한 자료와 전문성을 마음껏 이용할 수 있었으며, 그 같은 귀중한 도움 덕분에 관련된 내용을 정확히 기술할 수 있었습니다.

2013년은 〈비엔나선언〉 행동계획이 세계인권회의에서 채택된 지 20주년이 되는 해입니다. 이 책이 1993년 비엔나회의에서 엄숙히 재확인된 인권의 보편성, 불가분성, 상호관련성 및 상호의존성이라는 원칙을 더욱 확고히 하는 데 기여하기 바랍니다.

리아 레빈
편집자 콘스탄티노 타라라

리아 레빈Leah Levin

리아 레빈은 여러 국내외 인권 관련 비정부기구에서 왕성한 활동을 해 널리 알려진 인권 전문가입니다. 특히 아동 노동과 인권 분야에 대해 많은 글을 썼습니다. 그녀는 유엔의 자유권위원회 등 여러 분야에서 활동하며 역량을 인정받아, 1982년부터 1992년까지 국제 법률가위원회의 영국 지부인 저스티스JUSTICE의 책임자로 활동하기도 했습니다. 유네스코와는 1970년대부터 몇몇 프로젝트를 같이 진행했습니다. 특히 1975년부터 유네스코의 인권교육프로그램에 참여했으며, 1980년부터 1985년까지 유네스코 영국위원회의 위원으로 일했습니다. 1981년에 처음 발간된 이 책은 그녀가 유네스코와의 공동 작업을 통해 만들어 낸 가장 대표적인 결과물입니다.

현재는 〈국제인권저널〉 편집위원이며 저스티스 평의회의 명예위원으로 활동하고 있습니다. 1992년에 영국 에섹스대학에서 박사 학위를 받았으며, 2002년에는 국제인권에 공헌한 공로로 '대영제국훈장'을 수상하기도 했습니다.

플랑튀PLANTU

프랑스의 유명한 정치 만화가로, 인권 감수성이 뛰어난 작가로 널리 알려져 있습니다. 플랑튀는 1972년 10월에 베트남 전쟁을 주제로 한 작품을 〈르몽드〉에 게재한 것을 시작으로, 〈르몽드〉, 〈르몽드 디플로마티크〉, 〈포스포어〉 등의 신문과 주간지에 풍자만화를 게재해 왔습니다. 1985년부터는 매일 〈르몽드〉 1면에 그의 만화가 실리기 시작했습니다. 플랑플랑튀가 〈르몽드〉와 함께 작업한 이후 지금까지 그가 그린 풍자만화가 1만 9,000매에 달했습니다. 현재까지 《Les Conseils de Tonton DSK》(2011), 《Les Figures de style illustrees par Plantu》(2011), 《On a marche sur les urnes》(2012) 등 50권이 넘는 책을 출간했습니다.

인권 문제는 그가 즐겨 다루는 주제입니다. 2006년 10월에는, 2001년 노벨평화상을 수상한 코피 아난 전 유엔 사무총장과 함께 뉴욕에서 '평화를 위한 풍자만화' 재단을 설립하기도 했습니다. 이 재단은 세계 각국의 풍자만화가들을 모아 '바른 정치'에 대한 논의를 이어가고 있습니다. 주요 수상경력으로는 멈프라이즈(1988), 블랙유머상(1989), 겟페리치프라이즈(1996. 캐러커처에 수여하는 국제적인 상) 등의 상을 수상하기도 했습니다. 이 책 외에도 유네스코가 펴내 30여 개 언어로 번역 출간된 《민주주의에 관한 안내서: 80가지 질문과 답》의 삽화를 그리기도 했습니다.

문화적 권리에 관한 국제 규약)에 규정된 권리를 보호하고 증진하기 위해 어떤 특별 절차들이 만들어졌나요? / 〈국제인권장전〉 외에 어떤 유엔 인권 문서들이 있나요?

특정 인권 문제에 관한 국제 협정 · 58

대량 학살을 예방하고 처벌하기 위한 협약에는 어떤 것들이 있나요? / 고문을 예방하고 처벌하기 위한 협정과 절차는 어떻게 발전되어 왔나요? / 〈고문방지협약〉의 이행을 보장하기 위한 기구가 있나요? / 고문 방지를 위한 그 밖의 유엔의 절차들은 무엇이 있나? / 고문방지를 위한 지역별 협약들이 있나요? / 강제 실종으로부터 사람들을 보호하기 위한 협약에는 어떤 것들이 있나요? / 인종차별 방지 및 철폐를 위한 협약에는 무엇이 있나요? / 모든 형태의 인종차별 철폐 협약은 어떻게 이행되나요? / 개인이 인종차별철폐위원회에 협약 위반에 대해 진정할 수 있나요? / 유엔이 인종주의 및 인종차별과 싸우기 위한 그 밖의 조치는 무엇이 있나요? / 세계총회 이후 인종, 인종차별, 외국인 혐오 및 그와 관련된 억압에 어떤 후속조치를 취하고 있나요?

특정 집단을 위한 국제 인권 문헌 · 77

여성 차별 폐지에 관한 문서에는 어떤 것이 있고, 어떻게 실행되나요? / 성 평등을 실현하기 위해 어떤 전략들이 마련되었나요? / 1995년 베이징 세계여성회의 이후 어떤 발전이 이루어졌나요? / '성 관점의 주류화'란 무슨 뜻인가요? / 여성에 대한 폭력을 없애기 위하여 어떤 국제적 기준과 조치들이 있었나요? / 여성에 대한 폭력을 다루는 특별 절차가 있나요? / 아동의 권리가 국제인권법에서 보호되나요? / 〈아동권리협약〉의 조항들은 어떻게 실행되나요? / 성적 착취로부터 아동을 보호하기 위한 특별 절차와 문서들이 있나요? / 무력 분쟁 상황에서 아동 권리는 어떻게 보호되나요? / 국제인권법은 소수 집단에 속한 사람들의 권리를 보호하나요? / 유엔 인권 메커니즘은 어떻게 소수 집단 문제를 다루나요? / 왜 오늘날 소수 집단의 보호라는 문제가 전보다 더 중요하게 논의되고 있나요? / 소수 집단에 속한 사람들을 보호하기 위해 지역적 수준에서는 어떤 조치가 취해져 왔나요? / 원주민의 권리를 보호하기 위해 어떤 국제 문서들이 마련되어 있나요? / 원주민들의 권리를 증진하기 위해 또 어떤 조치들이 취해 왔나요? / 이주 노동자들을 보호하기 위해 어떤 국제 문서와 절차들이 있나요? / 장애인의 권리는 국제인권체계에서 어떻게 보호되나요? / 국제법은 어떻게 난민을 보호하나요? / 유엔 난민고등판무관의 책임은 무엇인가요? / 난민의 보호를 위해 비정부기구는 어떤 역할을 하고 있나요? / 난민의 보호를 위해 지역별로 어떤 협약들이 채택되었나요? / 국내 난민의 문제는 어떻게 다루어지고 있나요? / 자유를 박탈당한 사람들의 처우에 관한 국제 성문법이 있나요? / 인권 옹호자를 보호하기 위해 어떤 문서와 절차들이 있나요?

무엇인가요? / 아프리카통일기구와 아프리카연합에 의해 채택된 인권 기구에는 어떤 것들이 있나요? / 인간과 인민의 권리에 관한 아프리카 헌장이 보호하는 권리는 무엇인가요? / 아프리카 헌장을 이행하기 위해 마련된 메커니즘은 무엇이 있나요? / 국가, 또는 개인은 아프리카 위원회에 인권에 관한 진정을 제기할 수 있나요? / 미주기구의 인권보호체제는 어떻게 되어 있나요? / 미주 인권위원회의 책무는 무엇인가요? / 미주인권재판소의 역할은 무엇인가요? / 유럽안보협력기구는 인권의 증진과 보호에 어떻게 기여하나요? / 유럽안보협력기구는 어떤 인권 활동을 수행해 왔나요? / 다른 지역의 인권 시스템을 수립하기 위한 계획에는 어떤 것들이 있나요?

인권 분야에서 시민사회와 사적 부문의 역할 · 211

비정부기구들은 인권 증진에 어떤 역할을 하나요? / 국가인권기구는 인권의 증진에 어떤 역할을 하나요? / 기업에 인권 보호의 의무가 있나요?

인권 교육 · 219

인권 교육은 인권의 보호와 증진에 어떤 역할을 하나요? / 인권 교육을 증진하기 위해 유엔은 어떤 조치를 취해 왔나요? / 인권 교육 분야에서 유네스코는 어떤 활동을 해 왔나요?

현재의 도전들 · 228

인권의 실현에 세계화는 어떤 영향을 주고 있나요? / 세계화, 지구적 금융 위기와 경제 위기 그리고 인권에 관한 이슈들은 유엔에서 어떻게 다루어지고 있나요? / 〈유엔새천년선언〉의 핵심 목표는 무엇인가요? / '발전권'이란 무엇을 의미하나요? / 발전권과 지속가능 개발에 관해 유엔은 주로 어떤 활동을 해 왔나요? / 유엔 인권고등판무관은 어떻게 발전권을 증진하나요? / 국제인권법은 테러리즘에 대한 어떤 대응을 요구하나요? / 개발 협력에 대한 '인권 중심 접근'이란 무엇을 의미하나요?

: PART 2 :
세계인권선언 · 249

일러두기

1. 이 책은 2012년 출간된 개정 6판을 우리말로 옮겼으며, 도판은 5판을 참고했다.
2. 조약과 선언은 〈 〉, 책은 『 』, 논문은 「 」으로 표기했다.
3. 주요 조약 및 선언은 오류 방지를 위해 영문과 해당년도를 병기했다.
4. 인명, 지명을 비롯한 외국 고유명사는 현행 외래어 표기법을 따랐다.

118,
인권에 관한 질문

인간의 존엄과 평등의 가치는 모든 문화와 문명,
종교와 철학의 전통에서 찾을 수 있는데,
오늘날 우리가 '인권'이라 부르는 것의 바탕에는
이와 같은 기본적 가치들이 있습니다.

인권에 관한 소개

01 '인권human rights'은 무엇을 의미하나요?

모든 인간은 존엄하며, 평등한 권리를 갖고 태어납니다. 이것은 인간이기에 태어날 때부터 개개인에게 주어진, 양도할 수 없는 도덕적 권리입니다. 오늘날 우리는 이 권리를 '인권'이라고 부릅니다. 인권은 국내는 물론, 국제사회에서도 공식적이고 지속적인 법적 권리로 인정받고 있습니다. 법적 권리의 근거는 '피치자들의 동의the consent of the governed'입니다. 여기서 '국민'이 아니라 '피치자'인 이유는 인권의 주체는 어떤 나라의 국적을 가진 국민에게만 국한되는 것이 아니기 때문입니다.

02 인권은 보편적으로 받아들여지나요?

인간의 존엄과 평등의 가치는 모든 문화와 문명, 종교와 철학의 전통에서 찾을 수 있는데, 오늘날 우리가 '인권'이라 부르는 것의 바탕에는 이와 같은 기본적 가치들이 있습니다.[2]

　모든 시민에게 공통된 규칙이라는 생각이 여러 세기 전부터 이어져 내려왔습니다. 어느 문화권에서나 기본적인 인간의 복리human well-being를 인정합니다. 그리고 이 복리를 증진하기 위해서는 기본적인 '결핍'에 대한 관심이 필요합니다. 누군가는 이것이 실제로 의미하는 바가 무엇이냐고 묻기도 합니다. 인권은 인간 복리에 대한 최소한의 이해를 확립하는 한 가지 길임을 인정함으로써 그러한 논박이 넘을 수 없는 기준을 제시합니다. 의견이 다르다는 이유로 무고한 생명을 희생하거나, 강간하는 일이 정당화 될 수는 없습니다. 또 어떤 정부도 그들의 국민을 굶겨 죽여서는 안 됩니다. 어떤 경우에도 의견을 따르지 않는다는 이유로 사람을 해치는 일이 정당화될 수 없습니다.

03 인권 보호의 관념은 어떻게 발전했나요?

인간의 권리를 정교하게 다듬고 보호해야 한다는 생각이 점차 성문화된 규범으로 바뀌었습니다. 영국의 〈대헌장the Magna Carta〉(1215), 〈권리청원the Petition of Right〉(1628), 〈권리장전the Bill of Rights〉(1689)처럼 중요한 이정표가 그 길을 이끌었습니다. 18세기 자연법의 초기 사상이 법적 권리인 자연권으로 발전했고, 이들 권리가 처음으로 헌법의 형태로 성문화되었습니다. 이렇게 성문화된 법은 국가와 개인 간의 계약적인 관계를 반영하는데, 국가 권력은 자유로운 개인들의 동의로부터 파생된다는 점을 강조합니다. 〈프랑스인권선언French Declaration of the Rights of Man and of the Citizen〉(1789)과 〈미국권리장전American Bill of Rights〉(1791)은 이러한 전제 위에서 탄생했습니다. 19세기에는 이 원칙이 많은 독립국으로 확산되었습니다. 그러나 헌법에서 보장한 인권이었지만, 이들 권리는 법률이나 자의적 수단, 비공식적인 사회 체제에 의해 축소 · 제거되기도 했습니다. 뿐만 아니라 법적 권리임에도 불구하고 국가가 인권을 침해하는 경우도 종종 있었습니다.

04 국제적으로 인권을 보호하기 위한 첫 걸음은 무엇이었나요?

인권에 관한 최초의 국제조약은 종교의 자유(예컨대, 〈베스트팔렌조약 Treaty of Westfalen〉(1648))와 노예제도 폐지에 관한 것들이었습니다. 노예제도는 1815년에 열린 비엔나회의Congress of Vienna에서부터 비난을 받았고, 그 후 19세기 후반부터 노예제도 폐지에 관한 많은 국제조약이 출현했습니다(〈워싱턴협약Treaty of Washington〉(1862), 1867년과 1890년에 열린 브뤼셀회의, 1885년에 열린 베를린회의 등).

인권에 관한 국제협력의 또 다른 분야는 전쟁에 관한 법률의 발전과 관련되어 있습니다(예컨대, 〈파리선언Declaration of Paris〉(1856), 〈제1차 제네바협약the First Geneva Convention〉(1864)과 〈제2차 제네바협약the Second Geneva Convention〉(1906), 그리고

1899년과 1907년, 두 차례에 걸쳐 체결된 〈헤이그조약the Hague Conventions〉 등). 특히 1864년에 창설된 국제적십자위원회International Committee of the Red Cross(ICRC)는 국제적으로 인권 발전에 크게 기여했습니다.[3]

제1차세계대전 이후, 개별 정부만으로는 인권을 보호할 수 없으니 '국제적 약속international guarantees'이 필요하다는 믿음이 생겨났습니다. 제1차세계대전 이후 창설된 최초의 정부 간 조직인 '국제연맹League of Nations'은 임무로 인권을 언급하지는 않았지만, 다양한 수단을 통해 인권 보호를 위해 노력했습니다. 그러나 주로 몇몇 나라에서 고통 받는 소수 집단을 보호하기 위해 특별한 여건을 조성하는 데 그쳤습니다.

20세기 초에 확립된 노동자의 근로 조건은 1919년 설립된 국제노동기구International Labour Organization(ILO)에 의해 다시 한 번 정교하게 다듬어지고 또 다른 국제적 합의를 이끌어냈습니다. 1926년 9월 25일, 제네바에서 조인된 〈국제노예제협약International Slavery Convention〉은 노예제 폐지를 목표로 오랫동안 노력한 결과입니다. 난민 보호를 위한 관련 협약들은 1933년과 1938년에 채택되었습니다. 그러나 두 차례의 세계대전이 일어났던 시기에는 아직 인권법은 없었습니다.

1920년대와 1930년대에 등장한 전체주의국가들은 자신의 영토에서, 그리고 제2차세계대전 때는 점령국의 영토에서 총체적으로 인권을 침해했습니다. 인종, 종교 또는 국적이 다르다는 이유로 특정 집단의 사람들을 학살하는 것은 물론, 인간 생명과 존엄을 훼손하는 대규모 학살이 있었습니다. 인류는 대규모 전쟁을 경험하면서 국제사회에서 인권을 효과적으로 보호하는 것이 세계 평화와 진보의 필수 조건이라고 확신하게 되었습니다.

05 인권 보호의 관념이 〈유엔헌장Charter of the United Nations〉에
   어떻게 투영되어 있나요?

인권의 중요성은 1945년 6월 26일에 채택된 〈유엔헌장〉에 반영되어
있으며, 헌장과 더불어 강화되었습니다. 〈유엔헌장〉은 유엔의 목표
를 다음과 같이 밝히고 있습니다.

첫 번째는 '전쟁의 재앙에서 다음 세대를 구하는 일'이며, 두 번째
는 '기본적인 인권, 인간 개인의 존엄과 가치, 남성과 여성의 평등한
권리에 대한 믿음을 재확인하는 일'입니다. 유엔헌장의 제1조는 유엔
의 목표를 '인종과 성, 언어, 종교에 관계없이 인권과 모든 사람의 기
본적 자유에 대한 존중을 증진하고 장려하며, 이를 통해 차별금지의
원칙principle of non-discrimination을 보장하는 데 국제적 협력을 달성하는 것'
이라고 밝히고 있습니다. 제55조도 비슷한 목표를 표현하며, 제56조
에서 모든 유엔 회원국들은 '제55조에 기술된 목적의 달성을 위해 유
엔 기구와 협력하여 공동 또는 독자적 행위를 다할 것을 약속한다.'
고 밝히고 있습니다. 〈유엔헌장〉은 하나의 조약입니다. 따라서 법적
구속력을 가지며 헌장의 각 조항들은 실정법적인 국제법의 효력을
갖습니다. 모든 유엔 회원국들은 〈유엔헌장〉에 따라 그들에게 부과
된 의무를 긍정적으로, 그리고 성실히 실천해야 합니다.

여기에는 인권을 존중하고 준수하며, 이러한 목적 달성을 위해 유
엔과 다른 국가들에 더욱 적극적으로 협력할 의무가 포함됩니다. 다만
헌장은 인권을 구체적으로 특정하지는 않습니다. 회원들의 의무 이
행을 위한 구체적 방법을 수립하지는 않습니다.

06 한 국가의 인권 기록에 대한 국제적 조사가 내정 간섭이 되나요?

국가는 인권의 보증인이자 보호자입니다. 또 국가 간의 관계를 규율하는 관습법에 따라 원칙적으로 각 정부들은 다른 나라의 내정에 간섭할 권리가 없습니다. 그래서 유엔 등의 국제사회가 자신들의 인권 기록을 조사하는 것에 대해 어떤 국가들은 예민하게 반응하고 방어적인 태도를 보입니다.

이때 이들 국가들에 제시할 수 있는 근거가 〈유엔헌장〉 제2조 7항입니다. 이 조항은 유엔이 '본질적으로 어떤 국가의 국내 관할권 내부에 속한 사안에 간섭해서는 안 된다.'고 명시하고 있습니다. 그러나 이들 국가들의 행태는 점점 더 국제 인권법에 따른 특정한 의무의 수행을 회피하기 위한 시도로 받아들여지고 있습니다.

불간섭 조항에도 불구하고 인권과 관련된 쟁점들은 점차 유엔의 내부에서 제기되고 있습니다. 나아가 〈유엔헌장〉은 국가 간 평화와 안정이 인권을 승인하고 존중하는 것과 관련되어 있음을 인정하며, 모든 민족의 사회경제적 발전을 포함해 평화와 인권이 모두 성취될 수 있는 여건을 마련하길 응원합니다.

1992년 유엔 안전보장이사회United Nations Security Council(UNSC)는 '더 이상 기본적 권리의 향상이 국경에서 멈추게 할 수 없다.'고 만장일치로 선언했습니다. 1993년에 열린 세계인권회의World Conference on Human Rights에서 채택된 〈비엔나선언〉과 행동 계획Vienna Declaration and Programme of Action은 '모든 인권의 증진과 보호가 국제 공동체의 정당한 관심'이라고 적고 있습니다(제4조). 1993년 12월 20일, 이와 유사하게 유엔총회 '결정

48/125$^{Resolution 48/125}$'에서는 '인권과 기본적 자유에 대한 존중을 증진 · 장려하고, 어디에서든 인권 침해의 발생을 경계하는 것이 유엔의 목적이자 모든 회원국들의 임무'임을 재확인했습니다. 그리고 이 결정은 '세계 공동체의 정당한 관심으로써, 모든 인권과 기본적 자유의 증진과 보호 그리고 완전한 실현을 위해 비선별성$^{non-selectivity}$, 불편부당성^{impartiality}, 객관성^{objectivity}의 원칙에 따라 이행되어야 한다.'고 강조했습니다.

2005년 세계정상회의World Summit의 최종결과보고서는 모든 국가가 모든 사람의 인권과 기본적 자유를 존중할 책임이 있음을 강조하면서, 인권을 유엔의 핵심 가치와 원칙으로 인정했습니다.[4]

국제인권장전

07 국제인권장전은 어떤 문서들로 구성되어 있나요?

국제인권장전은 〈세계인권선언Universal Declaration of Human Rights〉과 두 개의 국제인권규약, 즉 〈경제적·사회적·문화적 권리에 관한 국제 규약〉과 〈시민적, 정치적 권리에 관한 국제 규약〉 및 〈시민적, 정치적 권리에 관한 국제 규약 선택의정서〉로 구성되어 있습니다.[5]

　〈세계인권선언〉은 국제인권장전의 첫머리에 해당합니다. 제2차 세계대전의 참화를 겪은 뒤, 유대인 학살과 같은 엄청난 규모의 인권 침해와 폭력 분쟁에 대한 반성이 전후 유엔의 설립과 국제인권장전의 탄생을 가져왔습니다. 그 결과 1948년 12월 10일, 유엔총회는 〈

세계인권선언〉을 채택했습니다.⁶ 1945년에 설립된 유엔인권위원회 Commission on Human Rights(2006년에 인권이사회Human Rights Council로 대체)가 선언의 초안을 만들었습니다.

〈세계인권선언〉의 조항들을 더 정밀하게 다듬기 위해 두 개의 국제인권규약이 추가로 마련되었습니다. 그러나 냉전의 영향으로 두 규약이 완성되기까지는 많은 세월이 필요했습니다. 무수한 논쟁과 토론 끝에 1966년 12월 16일, 유엔총회는 〈경제적 · 사회적 · 문화적 권리에 관한 국제 규약〉과 〈시민적, 정치적 권리에 관한 국제 규약〉을 채택했습니다. 이때 〈시민적, 정치적 권리에 관한 국제 규약 선택의정서〉도 함께 채택되어, 규약에 정의된 권리를 침해받은 개인의 청원도 허용되었습니다. 이 문서들이 채택되면서 인류 공동체는 〈세계인권선언〉에서 제시된 권리, 나아가 이를 실행하기 위한 조치에 동의했다고 할 수 있습니다.

1989년 12월에는 사형제 폐지를 목표로 하는 두 번째 〈시민적, 정치적 권리에 관한 국제 규약 선택의정서〉가 유엔총회에서 채택되었습니다. 2008년 12월에는 〈경제적 · 사회적 · 문화적 권리에 관한 국제 규약 선택의정서〉가 채택되었습니다. 이로써 이 규약에서 정의된 권리를 침해받은 개인들도 '경제적 · 사회적 · 문화적 권리 위원회'에 청원을 제출할 수 있게 되었습니다.⁶

두 국제인권규약의 채택은 '시민적, 정치적 권리와 경제적 · 사회적 · 문화적 권리의 향유는 서로 연관되어 있고, 또 상호 의존적이다.'라고 천명한 1950년 유엔총회의 결의를 뒷받침하고 있습니다.

08 모든 인권이 똑같이 중요한가요?

국제인권장전에서 보듯이, 인권은 시민적, 정치적 권리와 경제적·사회적·문화적 권리들로 구성됩니다. 모든 권리는 인간의 자유와 복리 증진을 위해 똑같이 중요합니다. 〈세계인권선언〉은 더 중요한 권리와 그렇지 않은 권리를 구별하지 않습니다. 또 권리 사이의 위계적인 서열도 제시하지 않습니다. 그러나 현실에서는 모든 인권이 똑같이 중요한 것으로 받아들여지지 않았습니다. 실제로 시민적, 정치적 권리와 달리 경제적·사회적·문화적 권리는 대개 국가에 대한 법적 구속력이 거의 없는, 일종의 희망 사항처럼 오랫동안 인식되어 왔습니다.

이런 식의 이분법은 냉전 시대의 정치적, 이념적 분할 때문에 생겨난 것입니다. 특히, 1966년 채택된 〈시민적, 정치적 권리에 관한 국제 규약〉과 〈경제적·사회적·문화적 권리에 관한 국제 규약〉을 정교하게 안건으로 만드는 과정에서 이런 현상이 더욱 심화되었습니다. 미국 등 서방 국가들이 자유권적 기본권(시민적, 정치적 권리)을 더 중시한 반면, 구 소비에트연방을 비롯한 동구 사회주의 국가들은 그 반대 논리로서 사회권적 기본권(경제적·사회적·문화적 권리)의 중요성을 강조했습니다.

그러나 1968년에 작성된 〈테헤란 세계인권회의 선언〉에서 모든 인권과 기본적 자유들은 서로 분리될 수 없음을 확인했습니다. 나아가 1990년대 초반 소비에트연방이 무너지고 냉전이 종식되자 현실 세계에서도 정치·문화적으로 커다란 변화가 일어났습니다. 인권을 자유권과 사회권으로 구분해 이를 대립적이고 배타적인 것으로 바라보던 일반적인 관점에도 변화가 일어났습니다. 이제 전 세계적으로 '똑같은 지위'와 '똑같은 강조점'을 갖고서 모든 인권을 보호하고 증진할 수 있는 가능성이 열린 것입니다.

1993년 오스트리아 비엔나에서 열린 세계인권회의는 아주 중요한 계기를 마련했습니다. 즉, 〈비엔나 세계인권회의의 선언〉과 행동강령은 〈세계인권선언〉의 정신을 바탕으로 '모든 인권의 분리불가능성 indivisibility, 상호의존성 interdependence, 상호연관성 interrelatedness의 원칙'을 다시 천명한 것입니다. 이 원칙에 따르면, 모든 인권은 서로 연결되어 있고, 인간 개성의 온전한 실현과 개인의 복리 실현을 위해 똑같이 중요합니다. 따라서 경제적 · 사회적 · 문화적 권리를 존중하지 않은 채 시민적, 정치적 권리를 진정으로, 또 효과적으로 실행할 수 없다는 것입니다. 이런 문제의식에서 2005년 세계정상회의의 최종 결과 보고서에서도 모든 인권이 '똑같은 지위에서, 똑같은 강조점으로 공정하고 평등하게 다루어져야 한다.'고 역설했습니다. 모든 인권의 분리불가능성, 상호연관성, 상호강화성 mutual reinforcement의 원칙을 재확인한 것입니다.[7]

09 세계인권선언에는 어떤 인권들이 명시되어 있나요?

인권은 크게 두 개의 그룹으로 나뉩니다. 첫 번째는 시민적 권리, 정치적 권리를 말하는데, 여기에는 다음과 같은 권리들이 포함됩니다.

- 생명과 자유, 개인 안전에 관한 권리
- 노예제도와 고문으로부터의 자유
- 법 앞의 평등
- 자의적 체포, 구금 또는 추방으로부터 보호받을 권리
- 공정한 재판을 받을 권리
- 재산권
- 참정권
- 결혼에 대한 권리

- 사상, 양심, 종교, 의견, 표현의 자유
- 평화적 집회와 결사의 자유
- 직접 또는 자유롭게 선출된 대표를 통해 정부에 참여할 권리

두 번째 그룹은 경제·사회·문화적 권리를 말합니다. 여기에는 다음과 같은 권리들이 포함됩니다.

- 일할 권리
- 동일 노동에 동일 임금을 받을 권리
- 노동조합을 구성하고 참여할 권리
- 충분한 생활수준을 영위할 권리
- 교육을 받을 권리
- 문화적 활동에 자유롭게 참여할 권리

〈세계인권선언〉 제1조는 모든 사람이 인간으로서 존엄하며, 자유롭고 평등하게 태어났다는 말로 '권리의 보편성'을 표현합니다. 제2조는 모든 사람이 어떠한 차별도 받지 않고 이 선언에 제시된 권리를 누릴 자격이 있음을 표현합니다. 또 〈세계인권선언〉 전문은 '인류 모든 구성원의 천부적 존엄과 평등, 그리고 양도할 수 없는inalienable 권리'를 인정하고 있습니다. 전문의 후반부에서는 세계인권선언의 각 조항이 의미하는 것을 묘사합니다.

10 〈세계인권선언〉이 서명될 시점에 유엔 회원국이 아니었던 국가도 이를 존중할 법적 의무가 있나요?

〈세계인권선언〉은 말 그대로 선언이며, 법률적 구속력은 없습니다. 그러나 시간이 흐르면서 선언에 담긴 주요 원칙들이 국제관습법의 지위를 얻었고, 유엔에 가입한 모든 국가는 이를 법적으로 존중할 의무를 가진다고 할 수 있습니다. 사실 〈세계인권선언〉이 채택될 당시에는 유엔회원국이 58개 국가에 불과했습니다. 그러나 지금 유엔 회원국의 숫자는 세 배 이상 늘어났습니다.[8] 그동안 선언은 인류의 보편적 인권 신장에 지속적인 영향을 끼쳤고, 또 널리 활용되었습니다. 이는 국제 공동체가 〈세계인권선언〉을 보편적으로 승인하고 있음을 말해줍니다. 이제 〈세계인권선언〉은 모든 국가가 준수해야 할 하나의 공통 기준이라고 할 수 있습니다.

실제로 〈세계인권선언〉이 끼친 영향을 잠시 살펴보면, 1950년대에 〈세계인권선언〉은 〈유엔 헌장〉과 더불어 당시까지 식민지 지배하에 있던 수많은 사람들이 자기결정권self-determination을 쟁취하는데 큰 영감과 지향점을 제공했습니다. 실제로 많은 신생 독립국들이 그들의 헌법에 〈세계인권선언〉의 조항을 새겨 넣었습니다. 1970년대와 1980년대의 전 세계적인 민주화의 흐름, 그리고 1990년대 초 소비에트연방과 구 유고슬라비아의 해체 등을 계기로 이러한 흐름은 더욱 확산되었습니다.

한편, 1968년에 열린 테헤란 세계인권회의에서 국제 공동체는 〈세계인권선언〉이 갖는 의미에 대해 하나의 중요한 합의에 도달했습니다.[9] 즉 〈세계인권선언〉은 "인류 모든 성원들의 양도할 수 없고, 침해될 수 없는 권리에 관한 세계 여러 민족의 공통된 이해를 진술하고 있으며, 국제 공동체의 모든 구성원을 위한 하나의 의무를 구성한다."는 것입니다. 그로부터 25년이 지난 '비엔나 세계인권회의'(1993년 6월 14일~25일, 오스트리아 비엔나)에서 171개 유엔 회원국들은 〈세계인권선언〉이 '모든 민족과 모든 국가들을 위한 공통된 성취 기준을 구성하며'[10], '모든 인권과 기본적 자유를 증진·보호하는 것은 정치·경제·문화적 시스템과 상관없이 모든 국가의 의무'라는 것을 재확인했습니다.[11]

2000년 9월 8일, 유엔총회는 〈유엔새천년선언United Nations Millennium Declaration〉(질문113 참조)을 채택했습니다. 이 선언은 '인권, 민주주의, 협치'에 관한 제5조에서 모든 국가가 '세계인권선언을 존중하고 지지할 것'을 요구했습니다.[12]

11 〈시민적, 정치적 권리에 관한 국제 규약〉과 〈경제적·사회적·문화적 권리에 관한 국제 규약〉은 〈세계인권선언〉과 어떻게 다른가요?

〈세계인권선언〉과 달리 국제 규약은 당사국에 법적 구속력을 갖는 조약입니다. 그러므로 이 규약에 가입한 당사국은 규약에 따라 국가적 의무를 잘 지키고, 이에 관한 보고서를 정기적으로 제출하는 등의 여러 가지 규약 이행 의무를 갖게 됩니다.

위의 두 국제 규약은 1966년에 채택되고, 1976년에 발효되었습니다. 그 뒤 160개 국가가 〈경제적·사회적·문화적 권리에 관한 국제 규약〉의 당사국이 되었고, 164개 국가가 〈시민적, 정치적 권리에 관한 국제 규약〉의 당사국이 되었습니다.[13] 〈시민적, 정치적 권리에 관한 국제 규약〉의 제1선택의정서는 1976년에 발효되어 지금까지 111개 이상의 국가가 비준했습니다.[14] 제2선택의정서는 1991년에 발효되어 74개 국가가 비준했습니다.[15] 〈경제적·사회적·문화적 권리에 관한 국제 규약 선택의정서〉는 2008년 12월에 채택되었지만, 이를 비준한 국가의 수가 부족해 아직 발효되지 않고 있습니다. 선택의정서를 비준한 국가의 시민이 이 규약에 따른 권리를 침해 당한 경우에는 규약 권리위원회에 직접 또는 대표자를 통해 개인청원을 제출할 수 있습니다.[16]

12 〈시민적, 정치적 권리에 관한 국제 규약〉은 어떤 권리를 보호하나요?

이 규약은 〈세계인권선언〉에서 정의된 시민적, 정치적 권리를 더 자세히 정의하고 있습니다. 여기에는 생명권, 사생활의 자유, 공정한 재판을 받을 권리, 평화적 집회에 대한 권리, 법 앞의 평등, 표현의 자유, 양심과 종교의 자유, 고문으로부터의 자유가 포함됩니다. 나아가 모든 형태의 노예제도 금지와 민족·종교·언어적으로 소수집단에 속하는 사람들의 권리 보호도 포함됩니다. 규약 제2조에 따라 국가는 이 권리들을 즉각 보장해야 하며, 이를 실현하기 위해 필요한 법률을 제정하고 사회 정책을 추진해야 합니다.

13. 국가는 〈시민적, 정치적 권리에 관한 국제 규약〉이 부과하는 의무를 무시할 수 있나요?

'국가의 생존을 위협하는 비상' 시기에는 일부 권리가 유보될 수 있습니다. 단, 이 경우에도 권리의 침해가 인종이나 피부색, 성별, 언어, 종교, 사회적 출신에 근거한 차별은 금하고 있습니다. 이와 관련해 유엔인권위원회(질문 14~17 참조)는 '일반 논평 제29호'에서 두 가지 전제조건을 강조합니다. "하나, 상황적인 조건이 국가의 생존을 위협할 정도의 비상 상황이어야 한다. 둘, 해당 국가가 비상 상태를 공식적으로 선포해야 한다. 또, 그러한 조치는 지속 기간, 지리적 반경, 물리적 범위 등에서 엄격하게 제한되어야 한다."고 위원회는 지적하고 있습니다. 이 방법을 선택하려는 국가는 유엔 사무총장에게 즉각 이 사실을 알려야 합니다.

불행하게도 이렇게 비상 상황이 선포된 경우, 종종 대규모 인권 침해 상황으로 이어지기도 합니다. 그러나 평화로운 시기이든, 전시 상황이든 어떤 상황에서도 다음과 같은 기본권이 침해 받는 것은 〈시민적, 정치적 권리에 관한 국제 규약〉에 따라 승인될 수 없습니다.

• 생명권

- 법 앞에 평등한 보호를 받을 권리
- 고문과 노예제도로부터의 자유
- 사상 · 양심 · 종교의 자유
- 계약 의무를 이행하지 못한다는 이유만으로 구금되지 않을 권리
- 행위 시점에 범죄 행위가 아니었던 행동을 이유로 유죄 기소되지 않을 권리

14 〈시민적, 정치적 권리에 관한 국제 규약〉의 이행을 감독하는 방법이 있나요?

유엔인권위원회가 〈시민적, 정치적 권리에 관한 국제 규약〉의 이행 여부를 감독합니다. 규약 제28조는 18명의 독립적인 전문가로 구성된 인권위원회의 설립을 규정하고 있습니다. 이들은 당사국에 의해 추천 · 선출되지만, 개인의 역량을 발휘해 봉사합니다. 이는 자신의 국가를 대표해서 활동하지 않는다는 뜻으로, 객관적인 중립을 보장하기 위한 장치라고 할 수 있습니다.

인권위원회는 매년 세 차례의 정례회기를 열고, 다양한 방법으로 규약의 이행을 감시합니다. 우선 인권위원회는 당사국들의 규약 이행에 관한 정기보고서를 검토합니다(제40조). 개별 국가들은 규약 당사국이 되면 1년 안에 보고서를 제출해야 하며, 그 뒤에는 위원회가 요구할 때마다 보고서를 제출해야 합니다. 보고서는 관련 국가의 대표가 참석한 가운데 공개적으로 검토합니다. 당사국 대표들은 추가

로 정보 제공을 요구받을 수 있습니다. 각 국가들의 보고서를 심의한 뒤, 위원회는 비공개 회의를 통해 주요 토론 내용을 반영한 '최종 견해concluding observations'를 채택합니다. 위원회는 당사국 정부가 규약을 더 잘 이행하도록 하기 위한 제안과 권고를 채택하기도 합니다.

한편, 위원회는 보다 효과적인 보고서 검토와 후속 조치를 위해 새로운 절차를 적극 마련해왔습니다. 2001년부터 위원회는 해당 국가의 보고서를 검토한 뒤, 특별한 우려 사항을 먼저 기재하고 해당 국가가 1년 안에 답변하도록 요구할 수 있게 되었습니다. 만약 해당 국가가 제대로 보고하지 않으면, 위원회는 다른 창구를 통해 정보를 수집해 보고서를 검토할 수도 있습니다.

인권위원회 위원들은 자신의 출신국 국가 보고서를 검토할 때에는 아예 심의에 불참하거나 '최종 견해'의 채택 과정에 참여하지 않습니다. 매 회기에 앞서 실무반 모임이 열려 국가보고서 검토에 필요한 질문 목록을 준비하는데, 이 모임에는 비정부기구NGO도 참석할 수 있습니다. 비정부기구가 위원회 심의에 앞서 국가 보고서에 대한 의견과 추가 정보를 제출하기도 합니다.

규약의 효과적인 이행을 위해 위원회는 '일반 논평General Comments' 이라는 문서를 활용하기도 합니다. 일반 논평을 통해 위원회는 규약의 조항들이 어떤 내용과 의미를 갖는지 구체적으로 해석합니다. 일반 논평은 당사국들이 규약의 의무를 준수하고 국가보고서를 준비하는 중요한 길잡이 역할을 합니다. 또, 위원회는 한 국가가 다른 국가를 상대로 제기한 진정을 논의할 수도 있습니다. 이 경우 양 당사국은 규약 제41조에 따른 위원회의 역할을 승인하는 특별 선언을 해야 합니다. 그러나 현재까지 그러한 진정은 접수되지 않았습니다.

위원회는 경제사회이사회United Nations Economic and Social Council(ECOSOC)를 통해 매년 자신의 활동을 유엔총회에 보고합니다.

15 〈시민적, 정치적 권리에 관한 국제 규약〉에 따른 보고 절차는 얼마나 효과적인가요?

인권위원회에게 논평 수준을 넘어서는 청구권은 없습니다. 그러므로 권한에 한계가 있는 것이 사실이고, 인권 보호는 궁극적으로 개별 국가들이 얼마나 의지를 갖고 규약을 이행하는가에 달려 있습니다. 그러나 일반적으로 각국 정부들은 자국의 인권 수행 실적이 공개되는 것에 민감하기 때문에 보고서를 공개적으로 검토하는 과정 자체가 정부를 설득하는 역할을 합니다. 또, 위원회의 주된 목표는 당사국들과 건설적인 대화를 통해 이들이 자발적으로 규약을 이행하도록 장려하는 것이라 할 수 있습니다.

이런 맥락에서 실제로 많은 국가들이 위원회의 결론과 권고를 긍정적으로 수용합니다. 스위스는 영주권을 받지 못한 외국인에게 표현의 자유를 제약했던 '정치적 연설에 관한 연방 행정령'을 개정했습니다. 뉴질랜드는 대지와 자원에 대한 원주민들의 권리에 관한 법률을 고치고, 공적 재원을 마련하여 마오리족의 권리를 보호 · 증진하는 데 힘썼습니다. 영국은 모든 독립 영토에서 성 차별과 인종차별을 폐지하기 위한 다양한 조치를 취했습니다. 스웨덴의 '새 법률 개정안'은 난민을 신청한 가정의 어린이가 스웨덴에 거주하는 어린이와 똑같이 보육시설, 초·중등 교육, 의료 보장에 접근할 수 있도록 지원하고 있습니다. 2008년에는 튀니지가 구금에 관한 법을 개정했습니다.

한편, 당사국들은 규약을 널리 알리고 주요 언어로 번역해서 행정 및 사법 당국의 관심을 제고할 책임이 있습니다.

16 유엔인권위원회는 개인적인 청원도 다루나요?

가능합니다. 해당 국가가 〈시민적, 정치적 권리에 관한 국제 규약〉 제1선택의정서를 비준한 경우, 위원회는 이 규약에 보장된 권리를 침해받았다고 주장하는 개인들로부터 '통보communications'라고 불리는 진정을 받을 수 있습니다. 진정은 위원회에 문서로 작성된 통보를 제출함으로써 이루어집니다. 피해자가 진정을 제기할 수 없을 때에는 다른 개인이 피해자를 대신해 진정할 수도 있습니다.

위원회는 먼저 비공개회의를 열어 진정을 '받아들일 지'를 따진 뒤, 사건의 장점 또는 실체적 내용을 검토합니다. 여기서 비공개회의란 위원회 구성원들만 참석하는 회의를 뜻합니다. 진정이 받아들여지려면 몇 가지 기준을 통과해야 합니다. 진정이 익명이어서는 안 되고, 절차의 남용이 있어서는 안 됩니다. 그리고 다른 국제적 절차에 따라 심의 중이면 안 되고, 해당국의 모든 가능한 시정 절차를 거쳤어야 합니다.

이런 기준을 거쳐 받아들여진 모든 진정에 대해 위원회는 관련 당사국이 주의를 기울이도록 할 수 있는 권한이 있습니다. 당사국은 6개월 이내에 해당 사안에 대해 문서로 답변해야 합니다. 이때 시정 조치를 취한 게 있으면 설명할 수 있습니다. 위원회는 진정서를 작성한 사람과 피해자, 관련 당사국이 제출한 모든 서면 정보를 검토합니다. 그리고 위원회는 해당 사건에 대한 '견해views'를 채택하며, 이 견해를 당사국과 진정인에게 전달합니다. 그리고 위원회는 이러한 결정과 견해를 널리 공표합니다.

17 당사국들은 유엔인권위원회의 '견해'를 얼마나 따르나요?

인권위원회의 '견해'는 법적인 결정의 형태를 띠지만 실행을 강제하는 법적 장치는 없습니다. 그러므로 위원회의 견해를 이행할 책임은 관련 당사국의 몫으로 남게 됩니다. 실제로 당사국들은 규약의 의무를 다하려는 선한 동기에서부터 국제적 이미지를 높이려는 전략적 동기에 이르기까지 다양한 이유에 의해서 '견해'를 이행합니다. 물론 이행이 이루어져도 항상 충분한 수준에서 실현되는 것은 아닙니다. 오히려 마지못해 따르는 경우도 많습니다. 네덜란드 정부는 자국에서 발생한 인권 침해 사건에 대해 위원회의 판단에 동의하지 않았지만, '위원회를 존중하는 차원에서' 진정인에게 위로금을 지급한 적이 있습니다.

그러나 당사국이 위원회의 '견해'를 온전히 수용하는 사례도 많습니다. 핀란드는 위원회의 견해를 준수하기 위해 외국인 법을 개정하여 외국인의 구금에 관한 조항이 규약과 양립되게 만들었습니다. 나아가, 피해자에 대한 보상금도 지급했습니다. 아프리카 동부의 섬나라 모리셔스는 정부가 자의적으로 가정생활에 간섭하고 성차별을 했다고 주장한 한 여성의 진정에 대한 위원회의 견해를 수용해 법률을 개선했습니다. 라트비아는 소수자들이 공직에 접근할 기회를 제공하기 위해 러시아인 소수자를 차별해 온 법률을 바꾸었습니다. 캐나다, 콜롬비아, 에콰도르, 페루, 트리니다드 토바고 등 많은 나라들이 위원회의 견해를 긍정적으로 받아들이고 있습니다.

위원회는 자신들의 결정을 잘 이행하도록 특별보고관을 임명하기도 합니다. 보고관은 위원회의 견해를 따라 당사국이 어떤 조치를 취했는지를 밝히는 서면을 요구할 수 있습니다.

위원회는 2008년 11월에, '일반 논평 제33호'를 발행했습니다. 이 논평은 〈시민적, 정치적 권리에 관한 국제 규약〉 선택의정서에 따른 통보 절차와 당사국의 의무를 더욱 명확하게 분석하고 제시하고 있습니다.[17]

18 〈경제적 · 사회적 · 문화적 권리에 관한 국제 규약〉은 어떤 권리들을 보호하나요?

〈경제적 · 사회적 · 문화적 권리에 관한 국제 규약〉은 경제적 · 사회적 · 문화적 권리를 보호합니다. 여기에는 다음과 같은 권리들이 포함됩니다.

- 노동할 권리
- 쾌적한 조건에서 일하고, 동일 노동에 동일 임금을 받을 권리
- 노조를 결성하고 참여할 권리
- 사회보장을 받을 권리
- 충분한 음식·의복·주거 등 윤택한 생활을 누릴 권리
- 가족의 보호를 받을 권리
- 도달할 수 있는 최고 수준의 신체적, 정신적 건강을 누릴 권리
- 문화생활을 향유할 권리
- 과학의 진보가 가져오는 혜택을 받을 권리
- 과학, 문학, 예술의 생산에서 비롯되는 저자의 도덕적, 물질적 이익을 보호받을 권리

이 규약의 제2조에 따라 당사국들은 '규약에서 인정된 권리들의 완전한 실현을 점진적으로 성취하기 위해 이용가능한 자원의 최대 범위에서, 필요한 조치를 취할 것'에 동의하는 것입니다.

19 〈경제적·사회적·문화적 권리에 관한 국제 규약〉의 이행을 위한 절차로 무엇이 있나요?

이 규약의 이행을 감독하는 기구는 '경제적·사회적·문화적 권리 위원회CESCR'입니다. 이 위원회는 1985년 유엔 경제사회이사회(ECOSOC)에서 설립되었습니다. 위원회는 경제사회이사회가 추천·선출한 18명

의 독립적인 전문가들로 구성되며, 이들은 개인 자격으로 봉사합니다. 위원회는 국가 보고서 검토와 여타 활동에 대해 매년 유엔 경제사회이사회에 보고합니다.

현재 이 규약에 따른 이행을 감독하는 제도적 장치는 정기적인 국가 보고 절차입니다. 위원회는 당사국이 제출한 정례 보고서를 공개적으로 검토합니다. 이 보고서는 규약에 따른 국가의 의무를 다하기 위해 어떤 조치가 취해졌고, 어떤 개선이 이루어졌으며, 어떤 문제와 위기가 발생했는지를 다룹니다. 당사국 대표들은 위원회의 보고서 검토에 참석할 자격이 주어집니다. 심의 과정의 건설적인 대화에도 참여합니다. 대표들은 추가 정보를 제출하도록 요청받기도 합니다. 구체적이고 전문적 문제에 대해서 위원회는 유엔의 특별기구가 제공하는 정보를 검토합니다. 비정부기구를 초

청해서 서면이나 구두로 진술하게 하기도 합니다. 나아가 위원회는 일부 위원들로 구성된 대표단이 현지 상황을 평가하기 위해 특정 국가를 방문하기도 하는데, 이때 기술 지원과 자문을 받을 수 있도록 당사국에 요청할 수 있습니다.

당사국과 함께 보고서에 대한 건설적인 대화를 진행한 뒤 위원회는 '결론적 논평observations'을 채택합니다. 논평은 주요 토의 사항을 반영합니다. 위원회의 주된 우려 사항 외에도 긍정적인 측면들을 기록합니다. 아울러 규약의 이행을 가로막는 요소와 난점들도 확인합니다. 이를 바탕으로 당사국 정부에 대한 제안과 권고사항을 제시합니다. 이들 논평은 공공 정보의 중요한 자료가 됩니다.

2008년 12월 10일에는 〈경제적 · 사회적 · 문화적 권리에 관한 국제 규약 선택의정서the Optional Protocol to the ICESCR〉가 채택되었습니다. 이 의정서는 〈시민적, 정치적 권리에 관한 국제 규약〉 선택의정서와 비슷한 진정 절차를 제공합니다. 의정서에 따르면, 규약에서 보장된 경제적 · 사회적 · 문화적 권리를 침해받았다고 주장하는 개인이나 집단은 직접 또는 대리인을 통해 '통보communications'라 불리는 개인 진정을 제출할 수 있습니다. 다만, 2011년 7월 30일 현재 의정서가 발효되지 않았기 때문에 위원회는 아직 개인 진정을 검토할 수 없습니다.

20 경제적 · 사회적 · 문화적 권리 위원회는 국가 보고서를 검토하기 위해 어떤 특별 조치들을 개발해 왔나요?

위원회는 당사국들이 규약을 더 잘 이행하게 하기 위해 여러 보고 절차를 개선해 왔습니다. 인권 상황이 심각하게 악화될 우려가 있음에도 당사국이 위원회가 요구하는 수준의 정보를 제공하지 않을 경우, 위원회는 관련국에 정보 수집 활동을 허용하라고 요구할 수 있습니다. 이렇게 수집된 정보에 기초해 작성된 보고서는 비밀로 남겨집니다. 그러나 위원회는 이런 활동 결과를 바탕으로 일련의 논평을 채택하게 됩니다.

국가들이 제때 보고서를 제출하도록 하기 위한 절차도 개선되어 왔습니다. 위원회는 특정 국가의 권리 상황에 대한 심의 일정을 조율하는 관행을 유지해 왔습니다. 이는 당사국 보고서가 아직 나오지 않은 상황에서도 가능합니다. 이 경우 위원회는 국제기구, 지역기구, 비정부기구 등의 정보에 의지합니다. 비정부기구도 당사국 내 권리 상황에 관한 서면 정보를 언제든 제출할 수 있습니다. 우려할 만한 심각한 인권 상황을 다루는 여러 기구들이 내놓은 임시 보고서를 바탕으로 위원회는 당사국의 반응을 촉구할 수 있습니다.

2009년 1월 위원회는 당사국의 보고서 제출 방식에 대한 새로운 지침을 발표했습니다. 새로 마련된 지침은 국제인권협약들의 보고 절차에 관한 다른 지침들과 조화를 이룹니다. 새 절차에 따라 당사국들은 자국의 일반적 인권 상황에 관한 핵심 보고서, 그리고 규약 권리 상황에 대한 추가 문서를 제출해야 합니다.

21 당사국들이 〈경제적 · 사회적 · 문화적 권리에 관한 국제 규약〉을 이행하도록 유엔 경제적 · 사회적 · 문화적 권리 위원회는 어떤 지원을 하나요?

규약 이행을 위해 위원회는 다양한 지원 활동을 벌이고 있습니다. 우선, 위원회는 매 회기마다 특정한 권리나 규약의 구체적 이슈에 대한 토론회를 개최합니다. 이 토론은 '일반 논평'의 초안을 작성하는 예비 과정으로 연결되곤 합니다. 토론의 핵심 내용은 위원회가 유엔 경제 · 사회 이사회에 제출하는 연례보고서에 담깁니다. 그동안의 주요 이슈를 살펴보면 다음과 같습니다.

- 음식, 건강, 교육에 대한 권리
- 사회적, 경제적 지표들의 역할
- 노인의 권리와 고령화
- 문화적 삶에 참여할 권리
- 경제적 · 사회적 · 문화적 권리의 향유에 관한 세계화의 효과 등

또 위원회는 '일반 논평'을 통해 규약 권리들의 규범적 해석에 대한 쟁점을 제기합니다. 일반 논평의 목적은 당사국이 보고 의무를 잘 이행하도록 돕는 것입니다. 이를 통해 규약에서 인정된 권리들이 완전히 실현되도록 계속 북돋우는 것입니다. 예컨대, '일반 논평 제3호'에서 위원회는 당사국들이 즉각 조치를 취해야 하는 규약의 두 조항을 명확하게 분석했습니다. 두 조항이란 차별 금지 조항과 '규약에

서 인정된 의무들을 실천하기 위해 신중하고, 구체적이며, 최대한 명료하게 목표가 설정된 조치를 취할' 의무에 대한 규정을 말합니다. 이 논평에서 위원회는 '적어도, 규약의 개별 권리들의 최소 핵심 수준을 분명하게 충족하는 것'이 모든 당사국들의 의무임을 적시했습니다. 이를 '최소 핵심 의무Minimum Core Obligation'라고 합니다. 이 의무를 면할 수 있는 유일한 경우는 자원의 제약으로 필요한 조치가 불가능하다는 것을 국가가 입증할 수 있을 때입니다.

그동안 위원회는 '일반 논평'을 통해 다음과 같은 문제들을 다루었습니다. 충분한 주거의 권리, 초등 교육에 대한 권리, 충분한 식량에 대한 권리, 달성 가능한 최고 수준의 건강권, 저자의 과학적, 문학적 또는 예술적 생산에서 연유한 도덕적 · 물질적 이익의 보호로부터 모든 사람이 혜택을 받을 권리, 일할 권리, 사회 보장의 권리, 문화적 삶에 참여할 권리, 물에 대한 권리 등입니다.

22 유엔 경제적 · 사회적 · 문화적 권리 위원회는 〈경제적 · 사회적 · 문화적 권리에 관한 국제 규약〉에 따른 국가 의무의 본질을 어떻게 정교하게 다듬어 왔나요?

위원회는 다양한 주제의 '일반 논평'을 통해 인권의 실현을 위한 국가 의무의 개념을 정교하게 발전시켜왔습니다. 위원회는 규약의 조항들을 '존중할 의무', '보호할 의무', '충족할 의무'로 나누어 이들 의무의 유형론을 제시합니다. 이는 현대 인권 개념의 역사에서 아주 중요한 내용이므로 자세히 알아볼 필요가 있습니다.

존중할 의무Obligations to respect는 국가가 규약의 권리를 침해할 수 있는 행위를 삼가도록 요청하는 의무입니다. 예를 들어, '일반 논평 제14호'는 국가가 의료 서비스에 대한 평등한 접근을 제공하고, 개인 또는 집단의 접근을 방해하지 않으며, 사람들의 건강을 저해하는 어떠한 행위(예컨대, 심각한 정도의 오염 등)도 금함으로써 건강권을 존중할 것을 요구합니다. 또, '일반 논평 제7호'의 주거권에서 위원회는 당사국들이 어떠한 상황에서도 강제 철거를 억제함으로써 이 권리를 존중할 것을 요청합니다.

보호할 의무Obligations to protect는 인권을 침해하는 제3자의 행위에 맞서 국가가 개인을 보호할 의무입니다. 다시 건강권에 관해 '보호할 의무'를 살펴보면, 국가는 시장 등 사적 영역에 의해 서비스가 제공되는 곳에서 차별 금지와 평등한 접근을 보장하기 위해 필요한 입법과 다른 조치들을 취해야 합니다. 국가는 또한 사적 행위자들이 타인의 건강에 해를 끼치지 않도록 보장해야 합니다. '일반 논평 제4호'에 따르면, 주거권에 관해 국가의 '보호 의무'는 국가가 아닌 행위자들의 학대로부터 개인을 보호해야 합니다. 인권 침해가 발생할 때, 국가는 어떠한 박탈도 발생하지 않도록 하기 위해 조치를 취해야 합니다. 특히 국가는 퇴거, 학대, 차별, 서비스 철회로부터 개인을 보호할 수 있는 효과적 조치를 실행해야 합니다.

충족할 의무Obligations to fulfil는 국가가 어떤 권리의 실현에 기여하는 구체적 서비스를 제공·촉진할 것을 요구하는 의무입니다. 건강권과 관련하여 국가들은 다음 조치를 취해야 합니다. 국가적인 건강 정책을 채택하고 충분한 자금을 할당할 것, 사람들이 의료 서비스에 충분히 접근할 수 있는 권리를 제공·창출할 것, 건강을 위한 선결 조건을 보장하기 위한 조치를 늘릴 것, 주거권과 관련해서 정부 규제와 예산 집행, 보조금, 기타 관련 분야에서 주거 문제를 충분히 고려해서 국가의 의무를 다해야 합니다.

그런데 경제적 어려움 등의 이유로 〈경제적·사회적·문화적 권리 규약〉에서 정한 일부 권리의 즉각적 실현이 불가능할 수도 있습니다. 그래서 이 규약은 '점진적 실현progressive realization'이라는 개념을 인정합니다. '규약에서 인정된 권리들의 완전한 실현을 점진적으로 달성할 목적으로' 규약은 당사국이 취해야 하는 다양한 수단들을 열거합니다. 그러나 권리를 점진적으로 실현한다는 것이 권리를 계속 유보하거나 열악한 인권 상황을 방치한다는 뜻은 결코 아닙니다. '일반 논평 제3호'에서 위원회는 '적어도, 개별 권리들이 최소한의 필수적 수준에서 충족될 것을 보장하는 최소한의 핵심 의무minimum core obligation가 모든 당사국에게 있다.'고 말하고 있습니다. 위원회는 일반 논평을 계속 발표하면서 핵심 의무의 개념을 명확히 해왔습니다.

핵심 의무는 권리의 가장 본질적 요소를 실현하는 것을 목표로 합니다. 핵심 의무가 없다면 사실상 개별 권리들은 그 근거와 의미를 잃게 됩니다. 예를 들어, '일반 논평 제14호'의 건강권과 관련해 위원회는 그 권리가 점진적으로 실현될 것을 인정하면서도 하나의 문턱을 설정하여 국가가 그 이하로는 내려가지 못하도록 합니다. 국가는 모성과 아동의 건강 보호 등 기본적 보건 정책, 면역 조치, 질병과 부상의 치료, 필수 의약품, 건강 교육 등 건강을 위한 기본 조건, 기본적 영양 지식과 위생 조치 등을 제공해야 합니다. 필요한 경우, 국가는 식량 공급을 증대하기 위해 노력해야 합니다.

한편 '일반 논평 제13호'에서 위원회는 교육의 권리에 관한 당사국들의 특별한 의무를 정의하고 있습니다. 이에 따르면 국가는 모든 사람을 위한 교육의 이용가능성availability, 접근가능성accessibility, 수용가능성acceptibility, 적용가능성adaptability을 보장해야 합니다.

23 〈경제적 · 사회적 · 문화적 권리에 관한 국제 규약〉에 규정된 권리를 보호하고 증진하기 위해 어떤 특별 절차들이 만들어졌나요?

유엔인권위원회는 인권 주제별 특별보고관Special Rapporteur과 실무반Working Group을 통해 다양한 특별 절차를 개발해왔습니다(질문65 참조). 경제적 · 사회적 · 문화적 권리에 관해서도 많은 특별보고관과 독립 전문가 등이 임명되어 다양한 활동을 벌이고 있습니다.

1998년 유엔인권위원회는 교육받을 권리에 관한 특별보고관을 임명했습니다. 보고관의 임무 가운데 하나는 전 세계적 차원에서 교육받을 권리가 어떻게 실현되고 있는가를 보고하는 것입니다. 여기에는 초등교육의 접근성 제고와 이를 실현하는 과정의 어려움이 포함되어 있습니다. 또 특별보고관은 정부가 모든 사람을 위한 무상 · 의무 초등교육의 원칙을 점진적으로 실현하기 위한 계획을 신속히 입안, 채택하도록 지원할 임무를 가집니다. 특별보고관의 임무는 2011년 유엔인권이사회에서 3년 연장되었습니다.

1998년 유엔인권위원회는 '인권과 극단적 빈곤에 관한 전문가 Independent Expert on Human Rights and Extreme Poverty'를 임명했습니다. 독립 전문가 는 2002년 제58차 인권위원회에 보고서를 제출했습니다. 이 보고서 는 모든 층위에서 가장 가난한 사람들의 목소리를 청취하여, 빈곤에 맞서 싸우기 위한 구체적이고 실현가능한 방법에 초점을 맞추었습니 다. 이 분야 전문가의 임무도 2011년에 인권이사회에서 3년 연장되었 습니다.

2000년 위원회는 '식량권에 관한 특별보고관'을 임명했습니다. 보 고관의 두 번째 '위원회 보고서'(2002)는 식량권의 사법심사 가능성을 검토하면서 인도주의적 지원에 관한 규칙들에 초점을 두었습니다. 보고서는 국제 무역과 인권의 이슈도 다루었는데, 2001년 제4차 세계 무역기구 각료회의에서 합의된 무역 협상에 관한 새로운 규칙의 함 의도 검토했습니다. 보고서는 8억 1,500만 명이 배고픔과 영양실조로 여전히 고통 받고 있으며, 매년 3,600만 명이 기아와 관련된 질병으 로 사망하고 있다고 적고 있습니다. 또 보고서는 권고 사항에서 다음 과 같은 내용을 강조했습니다.

"식량권의 사법심사 가능성을 인정 · 심화 · 확립해야 한다. 인도 주의적 지원을 분배하는 과정에서 중립성, 불편부당성, 인도주의적 동기의 원칙 준수가 중요하다는 점을 인정해야 한다. 무역 이슈에 관 한 협상들이 인권과 충돌해서는 안 된다." 2010년 유엔인권이사회는 보고관의 임무를 3년 연장했습니다.

2000년에는 '충분한 생활수준에 대한 권리'의 구성요소로서 '충 분한 주거에 관한 특별보고관Special Rapporteur on Adequate Housing'도 임명했습니다. 2002년 제58차 인권위원회에 제출한 보고서에서 보고관은 '반-인종주의 세계회의'와 지구화 효과를 논의하는 맥락에서 '차별discrimination과 분리segregation'라는 주제를 검토했습니다. 보고관은 〈더반 선언〉과 '행동계획'의 연관성을 재검토했고, 주거에 관한 차별 문제를 인권의 틀 속에 명확히 자리매김할 필요가 있다고 강조했습니다. 이 문제는 인종, 계급, 성별, 나아가 빈곤과 경제적 주변화의 문제로 연결됩니다. 유엔인권이사회는 2010년에 이 분야 보고관의 활동을 3년 연장했습니다.

2002년에는 '모든 사람이 최고 수준의 신체적, 정신적 건강을 향유

PLANTU

할 권리에 관한 특별보고관'이 임명되었습니다. 보고관의 임무에는 '유엔의 에이즈 합동 프로그램'과의 협력이 포함되어 있습니다. 2010 년 유엔인권이사회는 보고관의 임무를 3년 연장했습니다.

2008년 유엔인권이사회는 '안전하게 마실 물에 대한 접근과 위생 에 관한 인권 의무를 다루는 독립 전문가'를 임명했습니다. 전문가는 이 주제에 대한 우수 실천 사례를 확인하고 증진할 임무를 띠고 있습 니다. 또 그들은 안전한 식수에 대한 접근과 위생에 관한 인권적 의 무의 내용을 더욱 명확히 할 임무를 부여 받았습니다. 2011년 유엔인 권이사회는 독립 전문가의 활동을 3년 연장했습니다.

2009년 3월 유엔인권이사회는 그 동안 방치되었던 문화적 권리를 확대하기 위한 노력으로 '문화적 권리의 증진 및 보호에 관한 독립 전문가'의 임무를 수립했습니다. 인권이사회 제14차 회기에 제출된 독립 전문가의 첫 연례보고서는 문화적 권리 실행에 관한 다양한 쟁 점을 다루었습니다.[18] 2011년의 두 번째 보고서는 문화적 유산에 대 한 접근과 향유의 권리에 초점을 맞추고 있습니다.[19]

24 〈국제인권장전〉 외에 어떤 유엔 인권 문서들이 있나요?

유엔총회와 다양한 유엔 기구들이 그 동안 많은 협약과 선언, 권고를 채택해 왔습니다. 이들 문서는 〈세계인권선언〉과 국제 인권 규약들 에서 확립된 권리를 정교하게 정의하고 있으며, 〈국제인권장전〉에서 구체화되지 않는 특정 권리들을 포함하고 있는 문서들도 많습니다.

선언과 권고는 모든 유엔 회원국에 적용되지만, 협약과 같은 법적 구속력을 갖지는 않습니다. 반면, 협약은 당사국을 법률적으로 구속합니다. 국가는 국제적 기준을 준수하고, 국제인권협약을 비준·가입하며, 국내법을 이들과 일치시켜야 합니다.

이러한 국제적 문서에는 생명권과 차별 금지, 소수 집단에 소속된 사람들의 권리, 원주민과 난민의 권리, 전쟁 시기의 인권 보호(질문 69) 등에 관한 것들이 있습니다. 또한 〈고문이나 잔인하고, 비인도적이며 모욕적인 대우 또는 처벌에 관한 조약〉(질문 26-29와 2부 5조), 〈아동의 권리에 관한 협약〉(질문 42-45), 〈모든 형태의 인종차별 철폐에 관한 협약〉(질문 54-57), 〈모든 형태의 여성 차별 철폐에 관한 협약〉(질문 36-41), 〈장애인 권리 협약〉(질문 53), 〈강제 실종으로부터 모든 사람을 보호하기 위한 협약〉(질문 30) 등도 중요한 국제적 기준을 제시하고 있습니다.

특정 인권 문제에
관한 국제 협정

25 대량 학살을 예방하고 처벌하기 위한 협약에는 어떤 것들이 있나요?

1948년 유엔총회는 〈대량 학살 방지와 처벌에 관한 협약Convention on the Prevention and Punishment of the Crime of Genocide〉을 채택했습니다. 1951년에 발효된 이 협약은, 2011년 12월 현재 142개 국가가 가입했습니다.[20]

〈대량 학살 방지와 처벌에 관한 협약〉 제2조에 의하면, 대량 학살은 '국민적, 인종적, 민족적 또는 종교적 집단의 전부 또는 일부를 말살할 의도에서 이루어진 살해 행위'를 말합니다. 구체적으로는

· 특정 집단의 구성원을 살해하는 것

· 집단의 구성원에게 중대한 육체적 또는 정신적인 위해를 가하는 것
· 집단의 구성원 전부 또는 일부를 해할 목적으로 해당 집단의 생활 환경에 고의로 위해를 가하는 것
· 집단 내 출생을 방지하기 위해 의도된 조치를 하는 것
· 집단의 아동을 강제로 다른 집단으로 이동시키는 것

등을 말합니다. 대량 학살은 반드시 전쟁 상황에서 일어난 것에 한정되지 않습니다. 평화 상태에서 저질러진 행위도 국제법상으로 인도주의에 반하는 범죄로 규정됩니다. 대량 학살을 범한 이들을 어떻게 처벌할지에 대해서는 〈대량 학살 방지와 처벌에 관한 협약〉의 제6조에 자세히 명시되어 있습니다. '대량 학살로 고소된 자는 대량 학살을 저지른 국가의 관할 재판소 혹은 협약에 가입한 국가들에 의해 관할권을 승인받은 국제형사재판소에서 재판을 받는다.'고 되어 있습니다. 또한 어떤 국가라도 대량 학살 범죄에 대해서는 재판 관할권을 갖는다고 일반적으로 인정됩니다.

대량 학살 범죄에 대해서는 국제형사재판소(질문71 참조), 르완다 국제형사재판소(질문70 참조), 옛 유고슬라비아에 관한 국제형사재판소(질문70 참조), 시에라 레온 특별재판소(질문70 참조) 등 모든 국제형사 재판소의 법령에도 포함되어 있습니다.

26 고문을 예방하고 처벌하기 위한 협정과 절차는
   어떻게 발전되어 왔나요?

〈고문 및 그 밖의 잔혹한, 비인도적인 또는 굴욕적인 대우나 처벌
의 방지에 관한 협약The Convention against Torture and Other Cruel, Inhuman or Degrading

Treatment or Punishment〉(이하 〈고문방지협약〉)은 1984년 12월 유엔총회에서 채택되었으며, 1987년 6월 26일 발효되었습니다. 2011년 12월 현재, 150개국이 이 협약을 비준했습니다.[21]

이 협약은 가입 당사국들에 대해 고문이 일어나지 않도록 예방하고, 고문이 벌어졌을 경우, 이를 처벌할 수 있는 위반 행위로 규정할 것을 요구하고 있습니다. 협약 가입국들은 이를 위해 실제 효력이 있는 입법·행정·사법적 조치 및 그 밖의 조치들을 마련해야 합니다. 협약은 고문의 주체를 '공직자나 공직자를 대신하는 사람, 또는 공직자의 사주를 받거나 그의 동의를 얻어 임무를 수행하는 사람에 의한 행위'로 규정하고 있습니다. 이런 사람들이 '어떤 개인이나 제3자로부터 정보나 자백을 얻어내기 위해, 또는 처벌하거나 협박하거나 강요할 목적, 또는 모든 종류의 차별에 기초한 이유로 개인에게 고의적으로 극심한 신체적, 정신적 고통을 가하는 행위'라고 고문을 정의하고 있습니다. 다만 여기에는 범죄자를 감옥에 가두는 것과 같은 합법적 제재 조치로 인해 겪게 되는 고통과 괴로움은 포함되지 않습니다(제1조).

협약은 고문금지에 관해 어떠한 양보도 있어서는 안 된다고 명시하고 있습니다. 전시 혹은 전쟁의 위험 상황이라고 해도 고문을 정당화할 수는 없습니다. 또는 국내의 정치적 상황이 불안하다거나 다른 공적인 비상상황이라고 해서 그것을 이유로 고문을 정당화할 수는 없습니다(제2조). 또 협약 제5조에 따라 모든 협약 가입국은 고문의 가해자로 의심되는 사람이 자국의 영토 관할권 내에 있을 경우, 그의 도피를 막기 위해서 다른 나라로 출국시킬 수 없게 되어 있습니다. 협약 당사국은 고문의 희생자의 사회복귀를 도와주고 고문 피해에 대한 구제를 받게 해 주며 공정하고 적절한 보상을 위한 실질적인 조치를 취할 수 있게 해 주는 조항들을 반드시 법률로써 갖추어야 합니다.

27 〈고문방지협약〉의 이행을 보장하기 위한 기구가 있나요?

〈고문방지협약〉은 그 이행을 위해 고문방지위원회Committee against Torture를 설립하도록 규정하고 있습니다. 위원회는 고문방지와 관련해 뛰어난 역량을 갖춘 전문가 10명으로 구성됩니다. 위원은 회원국이 지명한 후보들 가운데 회원국의 비밀투표를 통해 선출됩니다. 위원회는 협약의 이행을 점검하기 위해 다음과 같은 권한을 갖습니다.

먼저 위원회는 가입국들이 협약의 실질적인 이행을 위해 취한 조치들에 대해 보고서를 내게 하며 이들이 제출한 보고서를 심의합니다. 또 국가 간의 진정이나 협약에 보장된 권리를 침해당했다고 주장하는 개인(혹은 개인을 대리한 이들)으로부터 청원을 접수하고 심의합니다. 2011년 6월 30일 현재, 69개국이 위원회의 이 같은 권한을 인정하고 있습니다.[22]

특히 위원회는 조직적 고문 행위로 추정되는 상황에 대해서 관련 당사국과 공조해 은밀히 조사를 시작할 수 있는 권한이 있습니다. 위원회가 조사해 밝혀낸 사항들은 조사받고 있는 회원국에 전달됩니다. 또 해당 회원국과의 협의를 거쳐 조사의 요약본을 유엔총회에서 보고되는 위원회의 연례보고서에 포함시킬 수 있습니다.

〈고문방지협약 의정서Protocol to the Convention against Torture〉는 2002년에 채택되었으며, 2006년 6월 22일자로 발효되었습니다. 이 의정서는 협약의 이행을 위한 효과적인 국제적 점검 체계를 구축하도록 하고 있습니다. 이 의정서의 내용에 따르면, 전문가로 이뤄진 국제기구인 고문방지협약 분과 위원회가 회원국들 내의 구금 장소를 방문하고 협약이 규정한 대로 이행하는지를 살펴볼 수 있습니다. 이 위원회는 또

회원국들에 대해 자국의 영토 내에서 고문을 방지하기 위한 국가 차원의 모니터링 시스템을 갖추도록 규정하고 있습니다. 2011년 12월 31일, 현재 62개국이 이 의정서를 비준했습니다.[23]

28 고문 방지를 위한 그 밖의 유엔의 절차들은 무엇이 있나?

1985년 유엔인권위원회는 '고문에 관한 특별보고관The Special Rapporteur on Torture'을 임명했으며 그에게 전 세계의 고문과 관련된 의문사항들을 조사할 수 있는 권한을 부여했습니다. 그 권한은 계속 연장되어 2008년 인권이사회에서 3년 더 갱신되었습니다. 특별보고관은 전 세계의 고문 행위와 관련해 신뢰할 수 있고 신빙성 있는 정보를 탐색하고 접수할 수 있으며 이에 대해 즉각 대응할 수도 있습니다. 고문이 행해지고 있다고 믿을 만한 상황이라면 긴급 행동을 취할 수 있습니다. 어떤 나라에서 고문이 계속 일어나고 있다고 볼 만한 정보가 접수되면 특별보고관은 해당 국가를 방문해서 사실관계를 조사할 수 있습니다. 이 경우, 그 나라는 특별보고관의 방문을 반드시 허용해야 합니다.

고문이나 가혹행위가 일어나고 있다는 정보를 가진 개인이나 단체, 비정부기구, 정부 조직, 정부는 관련 정보를 특별보고관에게 알릴 수 있습니다. 특별보고관에게 알리기 전에 고문이 행해지고 있는 나라 안에서 이를 바로잡기 위한 노력을 모두 다해야 하는 건 아닐까 생각하지만, 그러지 않아도 됩니다. 또 특정한 형식을 갖춰야 할 필요도 없습니다. 이렇게 절차와 조건이 까다롭지 않은 이유는 그만큼 고문행위는 '무조건' 막아야 한다는 인식이 전제되어 있기 때문입니다.

특별보고관은 고문에 대해 전반적으로 다룬 연례보고서를 인권이사회(2006년까지는 인권위원회)에 제출합니다. 1999년부터는 임시 보고서를 제출할 필요가 있다고 판단할 경우, 이를 유엔총회에 제출하고 있습니다. 1993년도에 특별보고관이 인권위원회에 제출한 보고서를 보면, 고문에 대한 시각이 잘 나타나 있습니다. 특별보고관은 이 보고서에서 "고문을 근절하는 것은 정치적 의지의 문제이며, 고문이 뿌리 뽑히지 않는 것은 정치적 의지의 실패를 보여주는 것"이라고 결론지었습니다.

2002년에 특별보고관이 역시 인권위원회에 제출한 보고서를 보면, 각국 정부의 최고위층 책임자가 공개적으로 고문을 불법으로 규정할 것을 권고했습니다. 나아가 비밀 구금장소를 법률에 따라 없애고, 심문은 공식적인 장소에서 이루어져야 하며 외부와 연락이 두절된 채 구금되는 것은 법으로 금지해야 한다고 권고했습니다. 또 경찰과 보안 관련 업무에 종사하는 공무원에 대해 고문 금지에 대한 훈련 프로그램과 매뉴얼을 제공해야 한다는 것도 권고했습니다.

2008년 유엔인권이사회 앞으로 제출한 보고서에서는 고문에 대한 정의에 있어서 '성 인지적인' 고려가 중요하다고 지적했습니다. 또 고문방지 체계를 다른 인권 보장 장치들과의 관련성 속에서 보는 것이 중요하다고 강조했습니다.

2011년 보고서에서는 법원의 판결을 받기 전에 사실상 처벌로서 행해지는 독방 격리에 의한 고통에 대해 주의를 기울일 것을 촉구했습니다.[24] 보고서는 "독방에 격리되면 고문이나 다른 잔혹 행위 및 반인도적 행위, 굴욕적인 대우나 처벌이 제대로 감지되거나 처벌되지 않을 위험이 커진다."며 주의할 것을 촉구했습니다.

29 고문방지를 위한 지역별 협약들이 있나요?

유럽에서는 〈고문과 반인도적, 굴욕적 대우 및 처벌 방지를 위한 유럽협약European Convention for the Prevention of Torture and Inhuman or Degrading Treatment or Punishment〉이 1987년 체결되어 1989년 2월 1일자로 발효되었습니다.[25] 그리고 이 협약에 따라 독립적인 전문가들로 구성된 유럽 고문방지위원회Committee for the Prevention of Torture가 설립되었습니다. 이 협약에 가입한 회원국은 이 위원회의 위원들이 자국의 영토 내 구금 장소에 제한 없이 접근하고 자유롭게 돌아다닐 수 있도록 허락해야 합니다. 협약의 이행 사항과 관련해 전문가들이 조사한 내용은 위원회에 보고됩니다. 비정부기구들이 위원회에 제공하는 정보들도 중요한 자료가 됩니다. 위원회의 보고서는 당사국으로 보내지는데, 그 당사국이 구제 조치를 취하면 비밀이 지켜집니다. 그러나 구제 조치가 행해지지 않으면 위원회는 이를 공개할 수 있습니다.

유럽의 고문방지협약과 관련된 새로운 의정서 두 개가 2002년 3월 3일자로 발효되었습니다. 첫 번째 의정서는 유럽평의회에 가입하지 않은 국가들에게도 (각료회의의 승인을 얻으면) 가입할 수 있도록 한다는 내용입니다. 또 두 번째 의정서는 고문방지협약 회원국의 자격 요건을 2년마다 따져 유지 여부를 판단하기로 하는 등 기술적 사항들에 대한 내용입니다.

미주 지역의 경우, 〈고문의 방지 및 처벌을 위한 미주 협약Inter-American Convention to Prevent and Punish Torture〉이 1985년 미주기구에 의해 채택되어 1987년 발효되었습니다.[26] 이 협약에 따라 미주인권위원회Inter-American Commission on Human Rights는 지역 내 고문 방지 및 추방과 관련된 상황을 조사하고 이에 대해 보고하게 되어 있습니다(질문100번 참고).

30 강제 실종으로부터 사람들을 보호하기 위한 협약에는 어떤 것들이 있나요?

'강제적 혹은 비자발적인 실종'도 인권침해의 중요한 유형입니다. 전 세계적으로 적지 않은 사람들이 자신이 어디로 가는지 모르고 권리를 박탈당한 채 체포·구금되거나 납치당하고 있습니다. 유엔은 이 문제와 관련해 강제 실종을 방지하기 위한 노력을 1980년부터 활발히 벌이고 있습니다.

1980년 2월 유엔인권위원회는 위원회의 위원 5명으로 이루어진 실무반을 만들기로 결정했으며 강제 및 비자발적 실종과 관련된 문제를 조사했습니다. 이런 과정에서 〈강제실종으로부터 모든 사람을 보호하기 위한 선언Declaration on the Protection of all Persons from Enforced Disappearances〉이 1992년에 채택되었습니다. 이에 따라 실무반은 회원국들이 이 선언의 조항들을 적용하는 데 있어서 얼마나 진전을 보이고 있는지를 점검하기 시작했습니다. 회원국들이 선언을 잘 이행하도록 지원하는 일도 했습니다. 실무반의 임무는 2011년 인권이사회에 의해 3년 더 연장되었습니다. 실무반의 업무 가운데 중요한 책무는 강제적 또는 비자발적 실종과 관련된 행위에 대한 처벌이 잘 이뤄지지 않는 것을 개선하는 것입니다.

실무반은 선언의 조항들의 의미를 명확히 하기 위해 이를 설명하는 일반 논평을 몇 개 발표했는데, 여기에는 강제적 및 비자발적 실종에 대한 정의 등이 포함되어 있습니다. 한편 로마국제형사재판소법은 강제적 실종을 인도주의에 반하는 범죄로 규정하고 있습니다.

강제실종을 막기 위한 유엔과 국제사회의 노력은 2006년에 결실을 맺었습니다. 그 해에 열린 유엔총회는 〈강제실종으로부터 모든 사람을 보호하기 위한 협약Convention for the Protection of All Persons from Enforced Disappearance〉을 채택했습니다. 이 협약은 강제적 실종이 광범위하게 혹은 체계적으로 이뤄진 경우, 이를 반인도주의 범죄로 규정했습니다. 또한 회원국들에 대해 강제실종 관련 위반 행위를 적절한 벌칙으로 처벌할 수 있도록 하고 희생자에 대한 보상을 권리로 인정해야 한다고 규정했습니다. 협약은 2010년 12월 23일 발효되었으며, 2011년 12월 31일 현재, 31개국이 이를 승인했습니다.[27]

협약은 강제실종위원회를 설립해서 회원국들의 보고서를 심의하게 했습니다. 협약31조와 32조는 회원국이 위원회의 개인청원 권한을 승인한 경우, 위원회가 이 청원을 접수받도록 했습니다. 2011년 5월 31일 회원국 총회는 위원회의 초대 위원들을 선출했습니다. 1996

년 발효된 '강제실종에 대한 미주협약'은 강제 실종자 보호를 위한 지역 차원의 기준을 세우는 유일한 협약입니다.[28]

31 인종차별 방지 및 철폐를 위한 협약에는 무엇이 있나요?

차별 금지에 관한 기본적인 원칙은 유엔 헌장 제1호(질문5번 참조)를 비롯해, 국제인권장전과 다른 주요 인권제도에도 명시되어 있습니다. 특히 인종차별 및 여성차별과 관련된 협약이 대표적인 사례입니다.

〈모든 형태의 인종차별 철폐에 관한 국제협약The International Convention on the Elimination of All Forms of Racial Discrimination(ICERD)〉은 1969년에 발효되었으며, 2011년 12월 31일 현재 175개국 이상이 승인했습니다.[29] 이 협약은 인종, 피부색, 혈통, 출신 국적과 민족을 이유로 구별, 배제, 제약, 선호, 차별과 관련된 내용을 다룬 국제연맹의 협약들 중에서 가장 전반적인 내용을 담고 있습니다. 협약 회원국들은 모든 형태의 인종차별 철폐를 위한 정책을 이행해야 합니다. 나아가 회원국들은 특정한 인종의 보호 및 이들 집단에 속한 사람들이 인권과 기본적인 자유를 완전하면서도 평등하게 누릴 수 있도록 보장해야 합니다.

이 분야에서 또 하나의 중요한 협약은 〈인종 및 인종적 편견에 대한 유네스코 선언UNESCO Declaration on Race and Racial Prejudice〉으로, 1978년 유네스코 총회가 승인해 채택된 것입니다. 선언과 함께 이 선언의 이행을 위한 결의안도 함께 채택되었습니다. 이 결의안은 회원국들에게 선언의 원칙들이 실질적인 효력을 갖도록 하기 위해 어떤 조치를 취했는지 사무총장을 통해 총회에 보고토록 하고 있습니다. 또 국제 비정부기구들에게 선언의 원칙들이 이행되도록 협력하고 지원해 줄 것을 요청하고 있습니다.

32 모든 형태의 인종차별 철폐 협약은 어떻게 이행되나요?

협약 제8조에 따라 18명의 독립적인 전문가들로 구성되는 〈인종차별 철폐위원회Committee on the Elimination of Racial Discrimination(CERD)〉가 설치되었습니다. 이 위원회는 회원국 정부의 협약 이행 사항을 감독합니다. 이 위원회는 몇 가지 기능을 갖고 있습니다. 그 가운데 주요 업무는 회원국들이 협약 이행을 위해 취한 조치들에 대한 정례 보고서를 심의하는 것입니다. 각국 정부는 보고서 심의 시에 자국 대표를 출석시킬 수 있습니다.

위원회는 무엇보다 각국 정부가 의무사항 이행을 독려하는 것을 우선으로 하고 있습니다. 비공식적 질문응답이라는 방법을 사용하는 것도 그런 이유에서입니다. 위원회는 정례보고서에 포함된 최종보고서에서 해당 정부에 대해 협약이 더욱 효과적으로 이행할 수 있는 방법을 제시하고 권고하는 방식으로 최종견해를 밝힙니다.

위원회의 권고는 적잖은 성과를 거두었습니다. 여러 국가들 중 일부는 인종차별을 처벌 가능한 위반 행위로 만들기 위해 교육 프로그램을 수립했고, 또 다른 일부는 인종차별 관련 문제를 처리하기 위한 새로운 기구를 만들었습니다. 협약의 내용에 맞춰 자국의 헌법과 국내법을 수정한 나라도 있습니다.

또 위원회는 인종차별을 예방하기 위한 방법을 개발하고 있습니다. 인종차별과 관련해 현재 일어나고 있는 문제들이 과도한 갈등으로 악화되는 것을 예방하기 위한 '조기 경보'가 그중 하나입니다. 또 인종 사이의 관용과 평화로운 공존을 강화하기 위해 신뢰를 구축하는 방안도 마련하고 있습니다. 위원회는 또 협약을 심각하게 위반하는 행위로 인해 첨예한 갈등 상황이 빚어질 때는 이에 대한 긴급 예방 조치를 취하기도 합니다. 이런 배경에서 위원회는 특별히 관심을 기울일 필요가 있는 지역에 '현장 방문단'을 파견하는 조치를 1993년 11월에 처음으로 도입했습니다. 당시 위원회가 파견한 대표단이 유고슬라비아 연방공화국(현재의 세르비아공화국과 몬테네그로공화국)을 방문해 알바니아인과 코소보 정부 사이의 인종차별과 관련되는 인권 문제를 평화적으로 해결하기 위한 대화를 촉구했습니다. 그리고 위원회는 유엔 인권 자문 서비스 및 기술적 지원 프로그램에 따라 크로아티아에 위원을 한 명 보내 크로아티아 정부의 협약 이행을 지원하기도 했습니다.[30]

위원회는 협약 조항들의 내용을 해석하고 회원국이 의무를 이행하는 데 도움이 될 수 있도록 하기 위해 일반권고를 채택합니다. 예를 들면, 협약 제1조 1항에 대한 일반권고를 설명하고, 제29조에서 '혈통descent'이라는 용어를 설명하는 식입니다. 위원회는 혈통을 전적으로 '인종race'만을 의미하는 것이 아니며, 혈통에 의한 차별은 인종 외에 다른 유사한 근거에 의한 차별을 포함한다고 해석했습니다. 여기에는 '카스트나 그와 유사한 지위 승계 시스템에 기반해' 인권의 평등한 향유에 부정적으로 영향을 미치는 차별이 포함됩니다. 권고에는 이에 대해 회원국들이 채택해야 할 적절한 실행 조치들이 전반적으로 망라되어 있습니다.

위원회는 1년에 한 번씩 유엔총회에 이와 같은 내용의 보고서를 제출합니다. 그러면 총회는 이 보고서를 승인할 것인지, 또 위원회의 제안과 일반권고에 권위를 부여할 것인지를 결정합니다. 위원회의 또 다른 기능은 (아직 어느 국가도 이를 요청한 적은 없었지만) 국가 간 진정을 다루는 것입니다.

33 개인이 인종차별철폐위원회에 협약 위반에 대해 진정할 수 있나요?

협약 제14조에 의해 위원회는 비공개로 개인 또는 개별 집단이 국가를 상대로 제기한 진정을 심의합니다. 단, 이는 진정과 관련된 국가가 개인청원권을 승인했을 경우에만 이용할 수 있는 절차입니다. 이 절차는 1982년 12월부터 시행되고 있습니다. 2011년 6월 30일 현재, 54개국이 이 권리를 승인했습니다.[31] 위원회는 다수의 사건을 심사했으며 그에 대한 의견을 출판물로 발표하고 있습니다.

34 유엔이 인종주의 및 인종차별과 싸우기 위한
그 밖의 조치는 무엇이 있나요?

유엔총회는 1973년부터 2003년까지 30년 동안 인종주의 및 인종차별과의 싸움을 벌일 것을 선포했습니다. 국제사회의 이와 같은 노력에도 불구하고 그 목표는 수십 년이 지난 오늘날까지도 여전히 이루어내지 못했습니다. 깊게 뿌리박힌 인종주의와 인종차별, 그와 관련된 억압의 근본적인 원인과 제도는 대부분의 사회에 다양한 형태로 근절되지 않고 남아 있습니다. 이런 관행은 민족이나 문화적 경계를 넘어 다양한 양상으로 나타납니다. 종종 차별적 관행이 폭력을 동반하는 갈등에 이르기도 하는 등 거대한 인권침해 문제로 비화되었습니다. 이런 점들에 대해 국제사회는 점점 더욱 많은 우려를 갖게 되었고, 이에 1997년 유엔총회는 〈인종주의, 인종차별, 외국인 혐오증 및 그와 관련된 불관용에 관한 세계 총회World Conference against Racism, Racial Discrimination, Xenophobia and Related Intolerance〉를 개최하기로 결정했습니다. 이 총회는 2001년 8월 31일부터 9월 8일까지 남아프리카공화국 더반에서 열렸습니다. 더반총회는 무엇보다 '인종차별 문제에 있어서 그 개선을 막는 장애물을 다시 점검하고 이를 극복하기 위한 방법을 찾으며', '이 같은 목적을 위해 국가적, 지역적, 국제적으로 더욱 실질적인 행동 조치를 취하기 위한 구체적인 권고를 끌어내는 데' 목적이 있었습니다.

이 세계 총회의 결과는 〈더반선언 및 행동계획Declaration and Programme of Action〉에 잘 나타나 있습니다. 먼저 선언은 인종차별 철폐를 위해 염

두에 둬야 할 기본적 원칙들을 밝히고 있습니다. 그리고 행동계획은 인종주의, 인종차별, 외국인 혐오증과 관련된 억압에 맞서기 위해 취해야 할 구체적 조치들을 제시하고 있습니다. 이들 조치는 국가, 지역 기구, 개발 기구, 유엔 특별기구, 국제 및 국내 비정부기구 그리고 정부 간 기구, 미디어, 인터넷 사업자 등 시민사회의 다른 부문, 또 정치인과 정당 등에 의해 취해져야 하는 것들입니다.

한편 유엔총회는 매년 3월 21일을 '인종차별 철폐의 날'로 선포했습니다.

35 세계총회 이후 인종, 인종차별, 외국인 혐오 및 그와 관련된 억압에 어떤 후속조치를 취하고 있나요?

〈더반선언〉과 행동계획을 지원하기 위해(특히 각각의 조항들에 대한 일련의 후속 조치의 이행을 위해) 자발적 기금이 만들어졌습니다. 또 유엔인권최고대표부가 더반 어젠다를 이행하는 데 있어서 선도적 역할을 하게 되었습니다. 유엔 인권최고대표는 이들 이행 사항에 대한 연례보고서를 인권이사회와 유엔총회에 제출하게 되었고, 이 과정에서 이를 위해 구성된 5명의 저명한 독립전문가들로 이뤄진 그룹과 협의합니다. 새로운 반차별 조직도 유엔인권최고대표부 내에 설치되었습니다. 이 조직은 무엇보다도 반인종주의 싸움에 관한 자원과 좋은 관행들의 데이터베이스화하는 작업을 맡고 있습니다.

더반 행동 계획은 비정부기구와의 대화를 통해 다양성과 기회의 평등, 관용, 사회 정의, 공평함을 신장시키기 위해 다각적인 협력 프로그램과 행동지향적인 국가 정책을 개발하고 이런 사항에 대해 유엔인권최고대표부에 정보를 제공할 것을 각국에 요구하고 있습니다.

인종차별철폐위원회의 일반권고 28조는 더반 세계 총회의 후속조치와 관련된 것입니다. 〈더반선언〉 및 행동계획을 통해 인종차별철폐위원회는 인종주의 및 인종차별과 싸우는 주도적 기구로서 인정받고 있습니다. 일반권고 28조는 각 국가들이 협약의 이행을 강화하기 위해 취해야 할 조치들에 대해 개괄적으로 다루고 있습니다.

현재 벌어지고 있는 인종주의, 인종차별, 외국인 혐오 및 관련 억압에 대한 특별보고관의 임무는 1993년 유엔인권위원회에 의해 주어졌으며, 2011년 인권위원회를 대체한 인권이사회에 의해 3년간 더 연장되었습니다.

더반총회에 따른 또 하나의 조치는 2002년 인권위원회가 아프리카 혈통을 가진 사람들에 대한 실무 전문가 그룹을 만든 것입니다. 이 실무반은 아프리카 혈통을 지닌 사람들에 대한 인종차별을 철폐하기 위한 방안을 마련하기 위한 폭넓은 권한을 부여받았습니다. 이 실무반은 5명의 독립적인 전문가들로 구성되었으며 이들의 임무는 2011년 인권이사회에 의해 3년 더 연장되었습니다. 또 2002년 인권위원회는 인종차별에 관한 국제기준을 보완하기 위한 임시위원회를 구성했습니다. 위원회는 반 인종주의를 위한 국제적 제도를 더욱 강화하고 갱신하기 위한 국제 표준을 정비, 제안하는 것입니다.

2001년 이후의 진전 사항을 평가하기 위해 '더반Ⅱ'로 알려진 더반 재검토 회의가 2009년 4월 20일부터 24일까지 스위스 제네바에서 열렸습니다. 이 회의에서 특히 주목한 것은 더반 회의의 후속 조치들의 성과에 대한 평가, 인종차별철폐협약에 대한 더욱 많은 국가들의 승인과 이행 촉진, 인종주의 및 관련된 억압과의 싸움에서 좋은 실행 사례를 소개하고 공유하는 것이었습니다. 회의의 최종보고서는 인종주의에 대한 싸움에 한층 더 강도 높은 노력을 기울일 것을 촉구하고, 이 분야에서 더욱 구체적인 조치와 방안들을 찾아낼 필요성을 강조하고 있습니다.[32] 특히 어떤 종교를 갖고 있느냐를 기준으로 사람을 획일적으로 유형화하는 것에 대해 경고했습니다.[33]

더반총회 10주년을 기념하는 의미로 '인종주의, 인종차별, 외국인 혐오증 및 관련 부정의의 희생자들: 인정, 정의, 개발'이라는 행사가 2011년 9월 22일 뉴욕에서 열렸습니다. 세계 179개국에서 온 대표단이 이 행사에 참석했습니다.

특정 집단을 위한
국제 인권 문헌

36 여성 차별 폐지에 관한 문서에는 어떤 것이 있고, 어떻게 실행되나요?

여성에 대한 차별과 맞서 싸우기 위한 국제 인권 문헌 중 가장 중요한 것이 〈여성에 대한 모든 형태의 차별 철폐에 관한 협약The Convention on the Elimination of All Forms of Discrimination against Women〉입니다. 이 협약은 1979년 12월 18일, 유엔총회에서 채택된 뒤 1981년 9월 2일 발효되었습니다. 지금까지 187개국이 이 협약의 당사국이 되었습니다.[34] 이 협약의 목적은 남성과 여성 사이의 평등을 증진하고, 여성에 대한 차별을 예방하는 것입니다. 특히, 이 협약은 노동 차별, 강제 혼인, 가정폭력, 교육, 의료보장, 공적 활동에서의 차별 등 다양한 형태의 차별을 구체적으로 지목하고 이를 개선하기 위해 만들어졌습니다.

이러한 문제는 협약이 만들어지기 오래전부터 유엔 '여성지위 위원회Commission on the Status of Women'에서 중요하게 다루어졌습니다. 이 위원회는 양성 평등을 증진하기 위해 1946년에 설립되었습니다. 위의 협약 초안을 작성할 임무도 위원회에 맡겨졌습니다. 위원회는 여성의 권리를 실현하기 위한 실천적 행동에도 많은 관심을 기울여 왔습니다. 예컨대, 위원회는 여성의 지위에 관한 진정을 받을 수 있습니다. 진정 받은 사항을 조사·심의하고 당사국의 의견을 수렴한 뒤, 위원회는 여성에 대한 불의와 차별의 주요 형태와 경향에 관해 유엔경제사회이사회가 조치를 취하도록 권고하기도 합니다.

여성차별철폐협약의 이행을 감독하는 기구는 여성차별철폐위원회Committee on the Elimination of Discrimination against Women(CEDAW)입니다. 위원회는 협약 제17조에 의거 23명의 독립 전문가들로 구성되며, 협약의 실행 과정을 감독합니다. 가령, 위원회는 당사국들의 정기 보고서를 검토해 이들이 협약을 잘 준수하는지 감독합니다. 위원회는 또 협약의 어떤 조항이나 이슈들에 대해 일반적인 권고를 내리기도 합니다. 예를 들어, 1992년 위원회는 여성을 대상으로 한 폭력 문제에 대해 '일반 권고General Recommendation' 제19호를 발표했습니다.

사실 이 문제는 협약에서 구체적으로 언급되지 않았습니다. 하지만 위원회는 여성에 대한 폭력도 여성에 대한 차별, 특히 협약 제1조 내지 제4조를 위반한 행위로 판단했습니다. 이 권고는 당사국들이 여성을 폭력에서 보호하기 위한 구체적 조치를 취하도록 제안하고 있습니다. 또 2010년 위원회는 '일반 권고' 제28호를 채택했는데, 이 권고는 협약 제2조의 실행, 그리고 여성 차별 철폐를 위한 국가의 의무에 관한 것입니다.

2000년 12월에는 이 협약의 선택의정서가 발효되었습니다. 이에 따라 협약에 규정된 권리가 침해된 피해자임을 주장하는 개인이나 집단, 또는 그 대리인은 위원회에 '통보'라고 불리는 진정을 제출할 수 있게 되었습니다.[35]

한편, 위원회는 유엔총회에 연례보고서를 제출합니다. 여기에는 당사국의 보고서에 대한 검토 기록과 결론적 논평, 일반 권고 등이 담깁니다.

37 성 평등gender equality을 실현하기 위해 어떤 전략들이 마련되었나요?

성 평등은 '공적이고 사적인 삶의 모든 영역에서 양성의 평등한 가시성visibility, 자력화empowerment, 참여'로 정의될 수 있습니다. 쉽게 말하면, 모든 삶의 영역에서 남성과 여성이 똑같이 자신의 존재를 드러낼 수 있고, 스스로 힘을 기르며, 평등하게 참여할 권리가 있다는 것입니다. '성 평등은 성별 불평등에 대한 반대이지 성별 차이gender difference를 반대하는 것이 아니며, 성 평등의 목표는 여성과 남성의 완전한 사회 참여를 증진하는 데 있습니다.'[36]

성 평등을 실현하기 위한 전략은 모든 유엔 활동 속에 여성 인권에 관한 의제를 포함하고, 나아가 이들 권리의 침해를 다루는 특별 체제를 만들어내는 것을 목표로 하고 있습니다. 유엔은 여성의 권리를 촉진하기 위해 여러 차례의 세계회의를 개최했습니다. 멕시코 멕시코시티(1975)[37], 덴마크 코펜하겐(1980)[38], 케냐 나이로비(1985)에서 열린 세계회의 등을 들 수 있습니다. 특히 나이로비 세계회의에서는 '여성의 진보를 위한 나이로비 미래 전략'이 채택되었습니다. 이 전략은 모든 삶의 영역에서 여성의 진정한 평등을 성취하고, 여성에 대한 모든 형태의 차별 폐지를 다시 한 번 목표로 내세웠습니다.

특히, 1995년 9월 4일부터 15일까지 베이징에서 열린 제4차 세계여성회의에서는 여성의 진보를 보장하기 위한 행동의 중요성을 확인했습니다. 이 회의에서 채택된 〈베이징선언〉과 〈행동강령〉은 개발과 발전 과정에서 여성과 협력할 것, 여성의 사회적 지위를 향상할 것, 더 많은 교육의 기회를 제공할 것 등을 요구했습니다. 또, 베이징 세계여성회의의 주요 문서들은 우선적 조치가 필요한 12가지 중요 분야를 확인하기도 했습니다. 나아가 당사국들은 자국의 정책과 제도에 효과적인 성적 측면gender dimension을 포함하기로 결의했습니다.

1993년 세계인권회의에서 채택된 '비엔나선언과 행동 프로그램'도 유엔의 인권보호 시스템 내에서 여성의 권리를 더 많이 포함하라고 요구했습니다. 한 걸음 더 나아가, 여성의 특별한 요구와 삶의 모든 영역의 평등한 여성 참여, 여성의 인간적 권리가 보편적 인권의 필수 요소로 인정되어야 한다고 강조했습니다. 여성차별철폐협약을 더욱 적극적으로 실행하라고도 요구했습니다.

38 1995년 베이징 세계여성회의 이후 어떤 발전이 이루어졌나요?

1995년 베이징에서 열린 세계여성회의는 여성의 인권 향상에 큰 이정표가 되었습니다. 그 뒤 유엔 차원에서 여성 인권과 성 평등을 높이기 위한 다양한 노력이 있었습니다. 2000년 6월에는 '여성2000: 21세기의 성, 평등, 발전, 평화'라는 제목으로 유엔총회의 특별회기가 열렸습니다. 특별회기에서는 1995년 베이징에서 채택된 행동강령이 어떻게 실행되고 있는지를 점검하고, 이를 촉진하기 위해 더 필요한 계획이 무엇인지에 대한 논의가 이루어졌습니다.

각국 정부는 이 회의에서 베이징 행동 강령에서 확인된 12가지 주요 관심 분야의 강령을 실행하기 위해 어떤 조치를 취했는지 보고할 것을 요청받았습니다. 이에 80퍼센트가 넘는 정부들이 보고서를 제출했습니다. 이처럼 높은 반응 비율은 그 자체로 성 평등이라는 목표를 향한 전 세계의 활기찬 노력을 보여주는 지표라고 할 수 있습니다.

국가 보고서의 검토 과정에서 1976년 '유엔 여성 10년United Nations Decade of Women' 이후, 여성의 지위와 역할이 엄청나게 변화되었음을 확인할 수 있었습니다. 그 동안 여성들은 역사상 전례를 찾을 수 없는 규모로 노동시장에 진입했습니다. 그 결과, 가사 노동에서부터 기업 경영에 이르기까지 다양한 분야에서 경제적 의사결정에 참여하는 등 역량을 늘려왔습니다. 이제 개인과 집단에서 모두 여성은 전 세계 시민사회의 주체가 되었습니다. 그리고 모든 사회문제에서 성 평등에 대한 인식이 높아졌으며, 국가적이고 지구적인 의사 결정 과정에도 여성의 참여와 역할을 늘리도록 요구받고 있습니다.

국가적, 국제적 의제와 관련해 여성과 성 평등에 대한 관심을 촉구하는 데 영향을 미친 비정부기구의 역할, 특히 여성단체의 역할을 많은 정부가 인정하고 있습니다. 많은 영역에서 커다란 진전이 있었지만, 베이징 행동강령에서 세워진 목표를 제대로 실행하려면 더욱 새롭고 지속적인 노력이 필요하다는 점도 확인했습니다.

특별회기의 '결과보고서'는 새로운 행동이 필요한 12가지 분야를 명시하고 있습니다. 특히, 폭력과 빈곤이라는 두 가지 문제가 세계적인 차원에서 성 평등을 실현하는 데 커다란 걸림돌로 남아 있습니다.[39] 여기에 '세계화globalization'라는 새로운 걸림돌이 추가되었습니다. 여기에는 여성과 소녀를 대상으로 한 인신매매, 무력 분쟁의 성격 변화, 국가 간 격차의 증가, 사회적 보호에 무관심한 최근

의 경제정책이 등이 포함됩니다. 특별회기의 '정치적 선언The Political Declaration'과 결과보고서는 베이징 행동강령이 여성의 진보와 성 평등을 위한 각국 정부의 노력에 중요한 기준이라는 사실을 분명하게 보여주고 있습니다.

2010년 3월, 유엔 여성지위위원회는 〈베이징선언〉과 행동강령, 그리고 '베이징+5'가 실행된 15년에 대한 평가서 작성에 착수했습니다. 또, 2010년 7월에는 유엔총회에서 성 평등과 여성의 자력화를 위한 독립기구로 '유엔 여성the United Nations Entity for Gender Equality and the Empowerment of Women(UN Women)'이 창설되었습니다. '유엔 여성'은 유엔의 활동을 성 평등과 여성의 자력화를 우호적인 방향으로 정립하려는 시도입니다. 2011년 1월부터 운영되기 시작한 이 기구는 성 평등을 위해 활동하던 기존 유엔의 네 조직을 통합해, 이 분야의 유엔 활동을 지도할 하나의 단일 주체가 되었습니다.[40] '유엔 여성'은 여성지위위원회 등 정부 간 기구의 활동 지원, 회원국들에 대한 기술적 지원과 자문, 성 평등에 관한 유엔의 책임성 강화 등의 여러 가지 임무를 맡고 있습니다.[41]

39 '성 관점의 주류화mainstreaming a gender perspective'란 무슨 뜻인가요?

국제 인권 체계가 점점 더 발전하면서 전문적인 개념과 용어가 많이 등장합니다. '성 관념의 주류화'라는 용어도 그렇습니다(사실, 더 적절한 우리말 어휘가 없는지 고민이 필요한 개념이기도 하다.- 역자 주). 1995년 베이징에서 열린 유엔 제4차 세계여성회의에서 채택된 행동강령에서 성 평등을 증진하기 위한 세계적 전략으로 이 개념이 정립되었습니다.[42] 그리고 두 해 뒤인 1997년, 유엔경제사회이사회는 성 주류화의 개념을 다음과 같이 정의합니다.

"성 관점의 주류화는 입법, 정책, 프로그램 등 모든 영역과 수준에서 계획된 어떤 조치가 여성과 남성에게 미치는 함의를 평가하는 절차다. 이는 남성뿐만 아니라 여성의 관심과 경험들이 모든 정치, 경제, 사회 정책과 프로그램의 계획, 실행, 모니터링, 평가에 필수 요소가 되게 하고, 이를 통해 여성과 남성이 평등하게 혜택 받고, 불평등이 영속되지 않게 하기 위한 전략이다. 주류화의 궁극적 목적은 성 평등을 성취하는 것이다."[43]

성의 주류화는 여성 또는 남성이 불리한 위치에 있을 때 언제든 취해지는 성 인지적gender-specific 조치와 적극적 차별 시정 조치affirmative action를 포함합니다. 이러한 성 인지적 개입은 여성만을 목표로 할 수도 있고, 남성과 여성을 함께, 또는 남성만을 대상으로 할 수도 있으며, 이를 통해 남성과 여성이 다 같이 발전적 노력에 참여하고 평등하게 수혜를 받을 수 있도록 합니다.

이후 많은 유엔 기구들의 결정과 법적 문서들이 성의 주류화라는 개념을 채택하고, 정교하게 발전시키는 데 기여했습니다. 유엔인권위원회의 결정 2002/50호는 성 평등을 달성하기 위해 '여성의 동등한 지위와 여성 인권을 유엔 전체 활동의 주류로 통합시키기 위한 국제적 차원의 집중적인 노력'을 요청했습니다. 특히, 1998년 〈국제형사재판소에 관한 로마협정Rome Statute of the International Criminal Court〉은 법적 구속력을 가진 문서로서 성의 주류화 개념을 받아들인 좋은 사례입니다.

1946년 설립된 유엔 여성 지위 위원회는 1996년부터 유엔 활동 속에서 성 관점을 주류화하는 임무를 맡고 있습니다. 2007년 6월 유엔 사무총장은 유엔 활동의 모든 영역에서 성 관점의 주류화에 대한 주제 보고서를 제출했습니다. 이는 2006년 경제사회이사회 결정 제9호와 제36호에 따른 것입니다.

이러한 유엔 기구들의 노력 가운데 특히 흥미로운 것은 유엔 안전보장이사회 결정 제1325호 '여성, 평화 그리고 안보'(2000년)입니다. 이 결정은 평화협정의 협상과 실행, 나아가 평화 유지와 그 밖의 활동에서 성 관점을 채택할 것을 요구합니다.[44] 이 결정은 평화와 안보 문제에 성 관점을 깊이 통합하는 데 큰 이정표가 되었습니다. 나아가, 성별 차이에 기반한 폭력gender-based violence과 여성에 대한 폭력을 다루는 후속 결정들이 채택되는데 중요한 밑거름이 되었습니다. 2009년의 유엔 안전보장이사회 결정 제1889호도 일련의 구체적 지표들을 더 정교하게 만들도록 요구함으로써 결정 제1325호의 실행과 모니터링을 강화했습니다.[45]

40 여성에 대한 폭력을 없애기 위하여
어떤 국제적 기준과 조치들이 있었나요?

여성의 인권 향상과 양성 평등의 존중은 무엇보다 여성에 대한 폭력의 근절에서부터 이루어져야 합니다. 이를 위해 그동안 다양한 국제 기준과 조치들이 채택되었습니다. 우선 〈국제형사재판소에 대한 로

마협정〉을 들 수 있습니다. 이 협정은 강간, 성적 노예화, 강제 매춘, 강제 임신, 강제 불임 그리고 심각한 모든 형태의 성적 폭력을 '인간성에 반하는 범죄'이자 '전쟁 범죄'로 규정합니다(질문71 참고).

유엔 여성차별철폐위원회는 '여성에 대한 폭력'이라는 제목의 '일반 권고 제19호'(1992년)를 발표했습니다. 이 권고에서 '성폭력'은 여성이 남성과 평등한 자유와 권리를 누릴 수 있는 능력을 심각하게 가로막는 성 차별의 한 형태라고 말합니다. 권고는 여성에 대한 폭력이 다음과 같은 여성들의 기본적 인권을 손상하거나 무력하게 만들고 있다고 강조합니다.

- 생명권
- 고문 또는 잔인한 폭력에서 자유로울 권리
- 비인간적이고 모욕적인 처우나 처벌을 받지 않을 권리
- 국내외 무력 분쟁의 시기에 인도주의적 규범에 따라 동등한 보호를 받을 권리
- 인신의 자유와 안전에 대한 권리
- 법 앞에 평등한 보호를 받을 권리
- 가족 내 평등에 대한 권리
- 최고 수준의 신체적, 정신적 건강에 대한 권리
- 정당하고 우호적인 노동 환경에 대한 권리

나아가, 이 권고는 무엇이 성별에 따른 폭력이며, 무엇이 금지되어야 하는지에 대한 포괄적 설명을 제시합니다. 또 가정 폭력을 근절

하기 위해 국가가 어떤 행동을 취해야 하는지에 대한 구체적인 유형을 제시하고 있습니다.

1993년 유엔총회는 〈여성에 대한 폭력 근절에 관한 선언The Declaration on the Elimination of Violence against Women〉46을 채택했습니다. 이 선언은 모든 당사국들에게 여성에 대한 폭력을 금지하고 처벌할 것을 요구합니다. 이와 관련, 유엔총회는 여성에 대한 명예 살인(이슬람권에서 정조를 잃거나 간통을 한 여성을 가족이 살해하는 행위)과 여성과 소녀들에 대한 인신매매 등 여성에 대한 모든 형태의 폭력을 철폐하기 위해 그 동안 많은 결의안을 채택했습니다.

특히, 유엔 안전보장이사회는 '분쟁 관련 성폭력'이라는 문제에 관해 세 차례의 획기적인 결정을 내렸습니다. 2008년의 결정 제1820호는 선구자적인 역할을 했습니다. 이 결정은 성적 폭력이 군사적 또는 정치적 목적을 달성하기 위해 사용되는 하나의 전쟁 전술임을 인정하고, 그것이 평화와 안보를 저해할 가능성이 있음을 확인했습니다.47 2009년의 결정 제1888호는 구체적인 실행 및 모니터링 제도를 요구함으로써 종전의 결정을 더욱 강화했습니다.48

이 결정에 따라 유엔 사무총장은 연례보고서를 제출하고, 2010년 2월에는 '분쟁에서의 성폭력에 관한 특별 대표Special Representative on Sexual Violence in Conflict'를 임명하기도 했습니다. 특별 대표의 임무는 분쟁 상황에서의 성폭력을 방지하기 위해 일관되고 전략적인 리더십을 확립하고, 기존 유엔의 중재 역할을 강화하며, 인권 옹호 노력에 적극적으로 관여하는 것입니다. 이어서 2010년에는 결정 제1960호가 채택되었습니다. 이 결정은 유엔 사무총장의 연례보고서에 '강간과 다른 형태의 성폭력 행위에 관여했거나 책임이 있다고 상당히 의심되는' 당사자들과 무장 그룹들에 대한 정보와 리스트를 포함하도록 했습니다. 이를 통해 분쟁에서의 성폭력에 대한 감시 체계를 새롭게 확대 · 구성했습니다.[49]

한편, '분쟁 상황의 성폭력에 맞서는 유엔 행동United Nations Action Against Sexual Violence in Conflict'이 2007년 3월에 출범했습니다. 분쟁 상황의 성폭력에 맞서는 유엔 행동은 무력 분쟁과 연관된 성적 폭력을 예방하고, 이에 대한 처벌 부재를 종식시키기 위한 협력과 중재 활동을 목적으로 만들어졌습니다. 현재 분쟁 상황의 성폭력에 맞서는 유엔 행동은 13개의 유엔 기구를 포함하고 있습니다. 주요 임무는 국가적 수준의 행동을 지원하고, 공공의 인식을 증진하며, 현상의 규모와 효과적인 대응에 관한 지식 허브를 창출하는 것입니다.[50]

41 여성에 대한 폭력을 다루는 특별 절차가 있나요?

1994년 3월, 유엔인권위원회는 '여성 폭력에 관한 특별보고관Special Rapporteur on Violence against Women'을 임명했습니다. 이후 3년마다 특별보고관의 임무가 연장되었는데, 가장 최근에는 2011년 유엔인권이사회에서 갱신되었습니다. 특별보고관의 임무는 여성에 대한 폭력의 원인과 결과를 검토한 뒤 정책을 권고하는 것입니다.

이 보고관의 중요한 기여 가운데 하나는 유엔인권위원회 제57차 회기에 제출한 보고서였습니다.[51] 보고서는 '전쟁 상황에서 국가에 의해 저질러지는 여성에 대한 폭력'에 초점을 맞추고 있습니다. 13개 국가에서 수집된 수많은 사례들이 보고서에 기록되었습니다. 보고서는 우선 여성에 대한 폭력이 지속적이고 좀체 수그러들지 않고 있음을 상기시키고 있습니다. 나아가 보고서는 그러한 범죄의 조사와 기소를 제고하기 위한 국제사회의 노력을 기록하고 있습니다. 여기에는 국제형사재판소, 강간 및 성에 기반한 또 다른 폭력을 반인도적 범죄와 전쟁 범죄로 정의한 〈로마협정〉, 나아가 구 유고슬라비아와 르완다 국제형사법정International Criminal Tribunals의 평결이 포함되었습니다 (질문70 참고).

또, 유엔인권위원회 제58차 회기에 제출된 특별보고관의 보고서는 가족 내부의 문화적 관습 때문에 발생하는 여성에 대한 폭력에 초점을 맞추었습니다.[52] 관습이라는 이름으로 충분한 주목을 받지 못한 데다, 종종 문화적인 측면에서 접근해 관용과 존중의 대상이라 인식이 자리잡고 있었기 때문입니다. 그런 관습 가운데 가장 악랄한 것은 명예 살인, 경제적·문화적 위안을 이유로 행해지는 소녀의 봉헌 관습, 카스트 제도에서 파생되는 차별과 학대, 조혼과 강제 혼인 및 여성의 출산 권리를 침해하는 관습 등입니다. 참고로 소녀 봉헌 관습이란, 전통에 따라 혹은 경제적 이유로 어린 소녀를 사원 등에 봉헌하는 관습을 말합니다. 이들은 반복되는 임신과 낙태, 성병 감염 등에 시달리며 평생 사제들의 성적 노리개로 살아가거나 매춘부로 팔리기도 합니다. 이러한 관습은 인도와 네팔, 나이지리아, 토고, 가나 등에서 발견되고 있습니다. 보고서는 이런 일부 삐뚤어진 문화적 관습을 이어가게 만드는 이데올로기와 이런 관습이 발생하고 있는 나라와 지역을 명시했습니다.

2008년 유엔인권이사회의 제7차 회기에 특별보고관의 보고서가 다시 제출되었습니다. 이 보고서는 여성에 대한 폭력과 국가의 대응에 관해 초국적 지표를 개발할 필요성을 밀도 있게 검토하고 있습니다.[53] 그리고 2011년에는 '다층적이고 교차적 형태의 여성에 대한 차별과 폭력Multiple and Intersecting Forms of Discrimination and Violence against Women'에 관한 연례보고서를 제출했습니다. 성차에 따른 폭력에 관한 국제적 관심이 높아짐에 따라 보고서는 이 문제에 대한 전일적 접근a holistic approach을 제안하고 있습니다. 전일적 접근은 성 차별의 구조적 측면과 요소를 인식하면서 남성과 여성 그리고 여성 간의 사회적·경제적 위계를 분석하는 과정을 뜻합니다.[54]

42 아동의 권리가 국제인권법에서 보호되나요?

아동의 권리는 최근 국제사회가 주목하고 있는 아주 중요한 인권 영역입니다. 유엔총회는 1989년 〈아동권리협약Convention on the Rights of the Child(CRC)〉을 채택했습니다.[55] 이 협약은 1990년 채택된 지 1년 만에 곧바로 발효되었습니다. 그리고 지금까지 가장 많은 193개 국가가 이 협약을 비준했습니다.

이 협약의 당사국이 된다는 것은 협약에서 인정한 권리를 보장하기 위해 모든 적절한 조치를 취한다는 뜻입니다. 또 아동에 대한 최선의 이익이 국가의 모든 활동에서 가장 중요한 고려사항이자 지도적 원칙이 되어야 한다는 점을 받아들이는 것입니다. 협약이 규정하는 범위는 아주 넓습니다. 협약은 아동을 위한 가정생활의 중요성을 인정하며, 건강, 교육, 나아가 법적, 시민적, 사회적 서비스의 최소 기준을 제시하고 있습니다.

〈아동권리협약〉를 보완하기 위해 두 개의 선택의정서가 채택되었습니다. 하나는 〈아동의 무력 분쟁 관여에 관한 의정서Protocol on the involovement of children in armed conflict〉(질문45 참고)입니다. 또 다른 하나는 〈아동 매매, 아동 매춘, 아동 포르노그라피에 관한 의정서Protocol on the sale of children, child prostitution and child pornography〉(질문44 참고)입니다. 이 두 개의 선택 의정서는 2000년에 채택되고, 2002년에 발효되었습니다.

한편, 국제노동기구도 아동 노동에 관한 몇몇 협약을 채택해왔습니다. 1973년 채택된 〈국제노동기구 협약 제138호〉는 '고용 진입의 최소 연령Minimum Age for Admission to Employment'에 관한 내용입니다. 또 1999년 채택된 〈국제노동기구 협약〉 제182호는 '최악의 형태의 아동 노동 금지와 폐지를 위한 즉각적 행동Prohibition and Immidiate Action for the Elimination of the Worst Forms of Child Labour'에 관한 것입니다.

43 〈아동권리협약〉의 조항들은 어떻게 실행되나요?

이 협약의 실행을 위해 유엔 아동권리위원회가 설립되어 활동하고 있습니다. 위원회는 독립적인 전문가들로 구성됩니다. 위원회의 중요한 활동은 당사국이 제출한 정기 보고서를 검토하여 협약의 실행 여부를 감독하고, 효과적 이행을 촉진하는 것입니다.

위원회는 개별 당사국의 정기 보고서를 검토한 뒤, 당사국 정부에 대한 제안과 권고를 포함한 '최종 논평Concluding Observations'을 채택합니다. 이는 관련 당사국에 전달, 널리 공표됩니다. 나아가, 협약 조항들의 실효성을 어떻게 높일 것인가에 관한 국가적 토론의 기초 자료로 사용됩니다.

국가 보고서는 공개회의에서 검토됩니다. 어떤 전문적인 영역에 대한 정보나 자문을 제공받기 위해 유엔 특별기구들이 초빙되어 참여하기도 합니다. 위원회는 국가 보고서를 검토하는 과정에서 필요한 경우 이들 특별기구에 기술적 자문이나 지원을 요청합니다. 실제로, 유엔 아동기금위원회^{United Nations International Children's Emergency Fund}는 이러한 심의 과정의 중요한 참여자로서 〈아동권리협약〉의 증진에 중요한 기여를 해왔습니다.[56] 유엔 아동기금위원회는 유엔 사무총장을 통해

아동권과 관련된 중요한 문제들에 대해 연구를 진행하도록 유엔총회
에 권고할 수도 있습니다(2부 제4조 참고).

2009년 6월, 유엔인권이사회는 새로운 선택의정서 초안을 만드는
작업에 착수했습니다. 이 의정서는 〈아동권리협약〉과 최초의 두 선
택 의정서에서 인정된 권리를 침해받았다고 주장하는 개인들이 위원
회에 진정서를 제출하고, 이를 위원회가 검토할 수 있도록 허용하는
내용을 담고 있습니다. 유엔인권이사회의 지원에 힘입어 2011년 10월
19일, 유엔총회에서 '통보 절차'에 관한 〈아동권리협약 선택의정서〉
가 채택되었습니다.[57] 이 의정서는 2012년 2월 서명을 받기 시작했고
10개국의 비준을 더 얻으면 발효됩니다.

44 성적 착취로부터 아동을 보호하기 위한 특별 절차와 문서들이 있나요?

모든 아동은 인간으로서의 존엄과 가치를 똑같이 지닌 고귀한 존
재며, 〈아동권리협약〉에서 인정된 모든 권리를 자유롭고 평등하
게 누릴 자격이 있습니다. 그러나 아동은 아직 온전한 인격과 신체
적 발달이 이루어지지 않은 상태이기 때문에 많은 부분에서 인권
침해의 가능성에 노출되어 있습니다. 이를 예방하기 위해서는 특
별한 보호가 필요합니다. 특히, 아직도 세계의 여러 지역에서 많은
아동들이 인신 매매, 매춘, 포르노그라피 등의 성적 착취에 시달리
고 있습니다. 유엔은 이를 예방하고 해결하기 위해 다양한 활동을
전개하고 있습니다.

1991년 유엔인권위원회는 '아동 매매, 아동 매춘, 그리고 아동 포르노그라피에 대한 특별보고관Special Rapporteur of the Commission on Human Rights on the sale of children, child prostitution and child pornography'을 임명했습니다. 특별보고관의 활동은 아동 매매, 아동 매춘, 아동 포르노그라피에 대해 〈아동권리협약〉 선택의정서를 정교하게 만드는데 기여했습니다. 이 선택의정서는 2000년 5월 25일 유엔총회에서 채택되었습니다. 2002년 1월 18일 발효된 의정서는 당사국들이 국내적이든 국제적이든, 개인적이든 조직적이든, 아동 매매나 매춘 혹은 포르노그라피에 아동을 이용하는 행위를 국내 법률로 금지할 것을 요청합니다. 보고관의 임무는 2008년과 2011년 인권이사회에서 3년씩 연장되었습니다. [58] 그밖에 많은 문서들이 아동 인신매매와 아동의 성적 노예화에 맞서 싸우기 위해 존재합니다.

- 〈국제형사재판소에 관한 로마협정〉(1998년 채택, 2002년 발효)는 노예제도와 성적 노예화를 인간성에 반하는 범죄로서 규정한다.
- 〈국제노동기구 협약〉 제82호(1999년 채택, 2002년 발효)는 매춘, 포르노그라피의 생산 또는 제작에 아동을 이용, 알선, 제공하는 행위를 금지합니다. 불법 행위들, 특히 마약의 생산과 밀매에 관한 행위들이 금지되며, 본질이나 수행 환경에 있어서 아동의 건강과 안전, 도덕성에 해를 끼칠 수 있는 일도 금지된다.
- 〈아동의 권리와 복지에 관한 아프리카 헌장〉(1990년 채택, 1999년 발효)은 아동의 성적 착취와 아동의 매매, 밀매, 납치를 금지한다.[59]
- 〈국제조직범죄에 관한 유엔 협약〉 선택의정서(2001년 채택, 2003

년 발효)는 인신매매, 특히 여성과 아동의 밀매에 대한 예방, 금지, 처벌 조항을 제공한다.

45 무력 분쟁 상황에서 아동 권리는 어떻게 보호되나요?

냉전이 종식된 이후에도 세계 곳곳에서는 국지전과 내전을 포함한 무력 분쟁이 발생하고 있습니다. 여성과 함께 아동은 무력 분쟁 상황에서 아주 취약한 집단에 속합니다. 아동에 대한 다양한 형태의 폭력뿐만 아니라 아동의 강제 징집과 소년병들의 전투 참여 등은 국제 사회에 심각한 우려를 불러일으켰습니다. 이를 개선하기 위해 그 동안 국제적으로 많은 인권에 관한 문헌과 특별 절차들이 마련되었으며, 많은 국제적 연구와 논의들이 있었습니다.[60]

1997년 9월부터 '아동과 무력 분쟁에 관한 유엔 사무총장 특별 대표Special Representative of the Secretary-General for Children and Armed Conflict'가 임무를 수행하고 있습니다.[61] 특별 대표는 무력 분쟁의 모든 단계에 걸쳐 아동의 권리와 복지를 보호하고 증진하기 위한 활동을 벌이고 있습니다. 특별 대표의 임무는 2008년 12월 다시 연장되었습니다.

2002년 2월 12일, 〈아동의 무력 분쟁 관여에 관한 아동 권리 협약 선택의정서〉가 발효되었습니다. 이 의정서는 국가와 비국가 행위자들이 무력 분쟁에 18세 미만의 아동을 이용할 수 없도록 규정하고 있습니다. 비록 의정서는 15세 이상의 아동이 무장 세력에 자발적으로 입대하는 것까지 금지하지는 않지만, 이들이 18세가 될 때까지는 강제로 징집되거나 전투에 이용될 수 없음을 분명히 하고 있습니다. 무력 분쟁에서의 아동 보호 규정은 〈국제형사재판소의 로마협정〉(1998)에서도 찾아볼 수 있습니다. 이 협정은 다음과 같이 규정합니다.

- 국가적 무장 세력이나 단체에 의한 15세 미만 아동의 징집, 모병, 교전 활용은 전쟁 범죄다.
- 위협받고 있는 종족, 인종, 종교 집단의 아동들을 다른 집단으로 강제 이송하는 행위는 집단학살이다.
- 아동의 강간, 성적 노예화, 강제 매춘은 전쟁 범죄다.

〈국제노동기구 협약〉 제182호는 아동 노동의 금지와 최악의 형태의 아동 노동 폐지를 위한 즉각적 행동을 촉구합니다. 또 이 협약은 무력 분쟁에 18세 미만 아동을 강제 또는 의무 징집하는 것을 금지합니다. 〈아동의 권리와 복지에 관한 아프리카 헌장The African Charter on the Rights and Welfare of the Child〉은 18세 미만 아동의 교전 징병과 내부적 분쟁에 대한 이들의 직접 참여를 금지합니다. 2000년 9월, 캐나다 위니페그Winnipeg에서 '전쟁 피해 아동에 관한 국제회의International Conference on War-Affected Children'가 개최되었습니다. 이 회의는 무력 분쟁에서 아동이 겪는 비참한 실상이 최우선적인 국제 의제가 되도록 하는데 큰 기여를 했습니다. 그 뒤 2007년 파리에서는 '전쟁에서 자유로운 어린이 회의The Free Children from War Conference'가 열렸습니다. 이 회의는 무장 세력이나 집단에 의해 징집되거나 활용되는 아동들을 보호하고, 자유롭게 하며, 사회에 재통합하기 위한 국제 정치적 관심을 이끌어내기 위한 것이었습니다.[62] 58개 국가의 대표들과 수많은 비정부기구 참석자들이 〈파리 원칙과 파리 약속Paris Principles and Paris Commitments〉에 서명했으며, 이는 아동을 보호하고 이들을 시민적 삶으로 재통합하기 위한 국가의 일차적 책임을 재확인하는 것입니다.

2001년 11월 13일, 유엔총회는 평화의 문화를 만들기 위한 전 지구적 운동을 더욱 강화할 목적으로 2001년부터 2010년까지의 10년을 '평화의 문화와 세계 어린이들을 위한 비폭력 10년International Decade for a Culture of Peace and Non-Violence for the Children of the World'으로 선포했습니다.[63] 유네스코가 이 10년을 주도했습니다.

한편, 2001년 11월 20일 유엔 안전보장이사회의 공개 토론[64]에서 만약 분쟁 당사자들이 아동의 권리를 침해하거나 이에 기여하는 경우 이들과 상업적 관계를 맺고 있는 개인과 법인, 기업들도 함께 책임져야 한다는 내용의 결정이 채택되었습니다. 이 모든 이슈들은 또한 2002년 5월 아동에 관한 유엔총회 특별 회기에서 논의되었습니다.

2005년 7월 유엔 안전보장이사회는 자신들의 결정 제1612호[65]에서, '아동과 무력 분쟁에 관한 실무반Working Group on Children and Armed Conflict(CAAC)'를 만들기로 했습니다. 실무반은 역시 같은 결정에 의해 만들어진 보고서를 검토합니다. 또, 안전보장이사회가 무력 분쟁으로 영향 받는 아동의 보호를 증진하기 위해 할 수 있는 조치들을 권고할 수 있습니다. 나아가, 실무반은 유엔의 다른 기구들이 자신의 고유한 임무와 함께 결정 제1612호의 이행을 지원하도록 요청할 권한을 갖고 있습니다. 위에서 말한 점검과 보고 절차는 어린이를 죽이거나 불구로 만드는 것, 어린이를 병사로 모집하거나 이용하는 것, 학교나 병원에 대한 공격, 아동에 대한 강간 또는 다른 심각한 성적 폭력, 아동 납치와 아동에 대한 인도적 접근의 거부 등과 같은 심각한 아동 학대를 감시합니다.

또한, 유엔 안전보장이사회는 결정 제1998호(2011년)에서 학교와 병원을 무력으로 공격하는 것에 대한 심각한 우려를 표명했습니다. 이 결정은 유엔 사무총장이 그런 행위에 관여한 무력 분쟁 당사자들을 연례보고서에 적시하도록 하고, 학교를 군사적으로 이용하는 불법적 행위도 감시하도록 했습니다.

46 국제인권법은 소수 집단에 속한 사람들의 권리를 보호하나요?

〈세계인권선언〉과 국제인권법은 모든 사람의 자유롭고 평등한 권리를 보장합니다. 그러나 민족, 종교, 언어적으로 소수 집단에 속하는 사람들의 경우, 이런 이유로 각종 차별과 인권 침해에 노출되기 쉽습니다. 따라서 국제인권법은 이들의 권리를 보호하기 위한 다양한 문헌과 규정을 마련해왔습니다. 〈시민적, 정치적 권리에 관한 국제규약〉 제27조와 〈아동권리협약〉 제30조는 소수 집단에 속한 사람들이 그들 자신의 문화를 향유하고, 종교를 실천하고, 자신의 언어를 사용할 권리를 침해받아서는 안 된다고 적고 있습니다. 사실 이 조항들은 유엔의 인권 조약들의 항목 중에서 소수 집단에게 바쳐진 유일한 항목입니다. 〈시민적 · 정치적 권리에 관한 국제규약〉 선택의정서에 따라 유엔인권위원회(질문12~17 참고)는 위 국제규약 제27조[66]의 침해를 주장하는 개인 진정을 받아 검토합니다. 한편, 〈인종차별 철폐 협약〉은 '인종 차별'에 대한 정의에 인종, 피부색, 혈통, 나아가 민족 또는 인종적 기원에 근거를 둔 차별을 포함합니다(제1조). 이 협약에 따라 이러한 차별 행위는 당연히 금지됩니다.

1992년 유엔총회는 〈민족적 또는 종족적, 종교적, 언어적 소수 집단에 속하는 사람들의 권리에 대한 선언Declaration on the Rights of Persons Belonging to National or Ethnic, Religious and Linguistic Minorities〉을 채택했습니다. 이 선언은 소수 집단의 권리에 온전히 바쳐진 유엔 인권 문서로 구속력은 없지만 가장 포괄적인 내용을 담고 있습니다. 이 선언의 전문은 소수 집단에 속한 사람들의 권리를 증진하고 실현하는 것은 '법치주의에 기반한 민주적 틀 내에서, 사회 발전의 필수불가결한 부분'을 구성한다고 말합니다. 선언 제1조는 다른 구성원들과 함께 공동체를 이루고 있는 소수자들의 정체성을 국가가 인정하고 증진할 것을 요구합니다. 제2조는 소수 집단에 속한 사람들이 간섭이나 어떤 형태의 차별도 받지 않고 그들 자신의 문화를 향유하고, 자신의 종교를 실천하며, 자신의 언어를 사용할 권리를 분명하게 선언합니다. 이 선언을 채택하면서 유엔총회는 회원국들에게 '선언의 원칙들을 증진하고 이를 실현하기 위해 모든 적절한 입법과 여타 조치들을 취할 것'을 호소했습니다.[67]

한편, 1960년 유네스코 총회에서 채택된 〈교육에서의 차별에 대한 협약The Convention against Discrimination in Education〉은 민족적 소수 집단이 자신들의 교육적 활동에 관한 권리를 구체적으로 규정하고(제5조), 어떤 집단의 사람이든 이들을 차별하지 못하도록 금지하고 있습니다(제1조).

47 유엔 인권 메커니즘은 어떻게 소수 집단 문제를 다루나요?

소수 집단 문제는 국제 사회의 오래된 문제입니다. 이미 1947년, 유엔인권위원회의 보조기구인 '차별 예방과 소수 집단 보호에 관한 소위원회Sub-Commission on the Prevention of Discrimination and the Protection of Human Rights(나중에 '인권의 보호와 증진에 관한 소위원회'로 불리게 됨)'가 세워지기도 했습니다. 그 동안 많은 연구들이 종족과 종교, 그리고 언어적 소수 집단에 속한 사람들의 권리를 주제로 수행되었습니다. 나아가, 소수 집단에 대한 효과적인 국제 보호를 실천하기 위한 새로운 접근들이 지속적으로 추진되어 왔습니다.[68]

1995년 차별 예방과 소수 집단 보호에 관한 소위원회는 실무반을 설립해 매년 모이고 인권위원회에 보고하도록 했습니다. 실무반의 임무는 소수 집단들이 어려움을 겪는 상황들을 검토하고, 이들의 권리 보호를 위한 전략을 발전시키는 것입니다. 실무반은 인종 차별의 철폐와 소수 집단의 보호가 어떤 관계를 갖는지에 역점을 둔 '반인종주의 세계회의World Conference against Racism'에 의견서를 제출했습니다. 2006년, 소위원회는 유엔인권이사회 산하 자문위원회Advisory Committee로 대체되었고, 자문 위원회는 2008년 8월에 첫 회기를 열었습니다.

2005년 유엔인권위원회는 '소수자 문제에 관한 독립 전문가Independent Expert on Minority Issues'의 임무를 수립했습니다. 전문가의 임무는 소수자 문제에 대해 다른 유엔 기구들의 활동을 지원하고, 정부 그리고 비정부기구들과 직접 협력하는 것입니다. 독립 전문가의 임무는 2011년 인권이사회에 의해 3년간 연장되었습니다.

나아가, 2007년 유엔인권이사회는 '소수자 문제에 관한 포럼Forum on Minority Issues'을 설립하여 소수자 문제에 관한 기존의 실무반을 대체했습니다. 이 포럼은 민족 및 종족, 종교, 언어적 소수 집단 관련 이슈들에 대해 대화와 협력을 증진하기 위한 플랫폼의 역할을 합니다. 또한 포럼은 〈민족적 및 종족적, 종교적, 언어적 소수 집단에 속하는 사람들의 권리에 관한 선언〉을 더 잘 실행하기 위해 우수 사례를 발굴하고 새로운 도전과 기회, 다양한 프로그램을 살피고 분석합니다.

48 왜 오늘날 소수 집단의 보호라는 문제가 전보다 더 중요하게 논의되고 있나요?

폭력적인 내부 분쟁의 증가와 이에 따른 고통과 피난민의 문제 그리고 경제·사회적 혼란의 엄청난 비용으로 인해 지난 수십 년 동안 소수 집단의 권리 문제는 주요한 세계적 관심 사안이 되었습니다. 아주 다루기 힘든 수많은 분쟁들이 지금도 아프리카, 아시아, 라틴아메리카에서 진행 중입니다. 여기에 소비에트연방의 해체와 끔찍한 '인종 청소'를 동반한 구 유고슬라비아의 해체로 인해 새로운 갈등이 더해졌습니다.

이들 중 많은 분쟁이 소수 집단에 대한 장기간의 불만과 차별에 뿌리를 두고 있습니다. 종종 정치적으로 조작된, 정체성에 대한 결과론적 주장들이 자기 결정self-determination에 대한 요구의 형태로 표현되기도 합니다. 이러한 정체성 주장에 대한 거부 그리고 이를 다룰 수 있는 메커니즘의 부재가 종종 폭력 분쟁으로, 심하게는 내전으로 이어집니다.

전 유엔 사무총장 부트로스 부트로스갈리Boutros Butros-Ghali는 '평화를 위한 의제An Agenda For Peace'69에서 다음과 같이 말했습니다. "국가들의 지역적, 대륙적 협의체 간 협력이 증가하고 있지만 민족주의와 주권에 대한 새롭고 격렬한 요구들이 분출하고 있으며, 국가의 응집력은 종족과 종교, 사회, 문화, 언어적인 측면에서 야만적인 투쟁으로 위협받고 있다." 그리고 "이 문제를 해결하기 위해 필요한 것은 특별한 감수성을 가지고 인종적, 종교적, 사회적 또는 언어적 소수 집단의 인권에 헌신하는 데 있다."고 말했습니다.

2000년 새천년 보고서Millennium Report에서 당시 유엔 사무총장 코피 아난Kopi Annan은 대부분의 분쟁이 '잘못 통치되어 권력과 부가 인종적 또는 종교적 집단 사이에서 매우 불공정하게 분배되는 나라'에서 주로 발생한다고 말했습니다. 따라서 분쟁을 예방하는 가장 좋은 방법은 인권과 소수 집단의 권리, 폭넓은 경제적 발전이 결합된 정치적 질서를 증진하는 것입니다.[70]

49 소수 집단에 속한 사람들을 보호하기 위해 지역적 수준에서는 어떤 조치가 취해져 왔나요?

유럽 안보협력회의Conference for Security and Cooperation in Europe(OSCE)(현 유럽 안보 협력기구, 질문102~103 참고)[71]는 1992년 12월 갈등 예방 기제로 '민족적 소수 집단에 관한 고등판무관High Commissioner on National Minorities'을 임명했습니다. 고등판무관의 역할은 민족적 소수 집단 문제와 관련된 긴장들과 관련하여 조기 경보와 초기 대응을 적절히 제공하는 것입니다. 고등판무관은 어떤 참가국의 영토이든 자유로운 접근이 허용됩니다. 또 비정부기구를 포함한 다양한 채널로부터 직접 정보를 수집할 수 있습니다. 고등 판무관 제도는 갈등 당사자 사이의 대화와 토론을 촉진하고, 종족적 소수 집단에 관한 분쟁을 예방하고 해결하는 데 의미 있는 기여를 해왔습니다.

더 하위의 지역 단위에서 소수 집단의 인권을 향상하기 위한 노력도 전개되어 왔습니다. 예컨대, 발틱 국가회의the Council of Baltic States, 중부 유럽계획the Central European Initiative, 독립국가연방the Commonwealth of Independent States, 아랍국가연맹the League of Arab States 등 다양한 하부 지역 기구들이 이러한 노력을 벌여 왔습니다.

유럽연합에서는 2009년 〈리스본협약〉의 발효와 함께 소수 집단 권리의 보호에 관한 중대한 혁신을 이루어냈습니다. 이 협약 이전까지 소수 집단 권리의 보호는 주로 유럽연합의 일원이 되기 위한 요건의 하나로 취급되었습니다. 그러나 〈리스본협약〉 이후, 이제 '소수 집단에 속하는 사람들의 권리'는 〈유럽연합조약Treaty on European Union〉 제2조에 포함되었고, 이제 유럽연합의 근본 가치의 하나로 인정받고 있습니다.

나아가, 〈유럽연합 기본권헌장Charter of Fundamental Rights of the European Union〉도 소수 집단 이슈를 언급하고 있습니다. 특히, 성별과 인종 및 종족적 기원, 언어, 종교, 민족적 소수 집단의 성원 등의 이유로 일어나는 어떠한 차별도 금지하며, 문화, 종교, 언어적 다양성에 대한 존중을 요구합니다. 이 헌장은 〈리스본협약〉과 함께 발효된, 법적 구속력을 가진 문서입니다.[72]

한편, 유럽평의회Council of Europe는 1995년 2월에 〈민족적 소수 집단의 보호를 위한 기본 협약the Framework Convention for the Protection of National Minorities〉을 채택했습니다. 이 협약은 민족적 소수 집단의 보호를 위해 마련된 최초의 법적 구속력 있는, 다자간 문서입니다. 1998년 2월 1일 발효된 협약은 언어의 자유와 교육, 공적 생활에 대한 참여 등 많은 영역을 포괄합니다.

나아가, 1981년 3월 1일 발효된 〈지역 또는 소수 집단의 언어를 위한 유럽 헌장European Charter for Regional or Minority Languages〉은 사적, 공적 삶에서 소수 집단의 언어를 사용할 권리가 '양도할 수 없는inalienable 권리'임을 인정하면서 일련의 교육적, 행정적, 사법적 조치들을 규정했습니다.

유럽 평의회는 또 '인종주의와 불관용에 반대하는 유럽 위원회 European Commission against Racism and Intolerance'와 '집시와 방랑자들에 관한 전문 위원회Committee of Experts on Roma and Travellers'를 구성해 활동하고 있습니다. 이 기구들은 국가들에 대한 모니터링과 연구를 수행하고, 관련 이슈들에 대한 정책 권고도 맡고 있습니다.

50 원주민의 권리를 보호하기 위해 어떤 국제 문서들이 마련되어 있나요?

전 세계 약 70개 국가에 약 3억 7,000만 명이 넘는 원주민들이 살고 있다. 그 가운데 아주 많은 원주민이 절대빈곤선 아래에서 살아가고 있습니다. 이들은 가장 짧은 기대수명과 가장 높은 유아 사망률, 가장 낮은 학교 출석과 졸업 비율 그리고 가장 높은 실업률을 기록하고 있습니다. 이들 대부분은 열악하고 밀집된 주거 공간에 거주하며, 풍토성 환경에서 비롯된 건강 문제로 고생하고 있습니다.

원주민의 권리를 보호하기 위해 존재하는 주요 국제법 조항이 〈독립 국가들의 원주민과 부족민에 관한 국제노동기구협약 제169호ILO Convention No. 169 concerning Indigenous and Tribal Peoples in Independent Countries〉입니다. 이 협약은 1989년 6월에 채택되고, 1991년 9월 발효되었습니다.[73] 협약은 어떠한 국가나 사회적 집단도 원주민들의 정체성을 부정할 권리를 갖고 있지 않다는 점을 명시하고 있습니다. 또 당사국들에게 원주민들의 참여에 기초해 이들의 권리와 정체성을 보장하도록 하고 있습니다.

2007년 9월 13일에는 유엔총회에서 〈원주민들의 권리에 관한 선언Declaration on the Rights of Indigenous Peoples〉이 채택되었습니다. 이 선언은 원주민 권리의 인정을 향한 중요한 이정표라고 할 수 있습니다. 선언은 문화, 교육, 건강, 정체성, 언어, 고용 등에 대한 권리 등 원주민들의 개인적, 집단적 권리를 확립하였습니다. 차별 금지non-discrimination와 자기 결정권the right to self-determination의 원칙도 이 선언에 포함되었습니다.

51 원주민들의 권리를 증진하기 위해 또 어떤 조치들이 취해졌나요?

전前 '인권 보호와 증진을 위한 소위원회'에 의해 1982년 만들어진 '원주민 인구에 대한 유엔 실무반United Nations Working Group on Indigenous Populations'은 유엔 안에서 원주민 인권 활동을 전담하는 기구였습니다. 실무반은 매년 약 500~600명의 원주민 대표들이 참석하는 포럼으로 발전했습니다. 원주민 대표들은 자유롭고 민주적인 태도로 정부와 비정부기구, 유엔 특별 기구, 관심 있는 당사자들과 교류하고 의견을 나누었습니다. 실무반은 유엔 '인권 보호와 증진에 관한 소위원회'와 인권위원회에 매년 보고했습니다.

2007년 12월, 유엔인권이사회는 이 실무반을 '원주민들의 권리에 관한 전문가 메커니즘Expert Mechanism on the Rights of Indigenous Peoples'74으로 대체했습니다. 2008년 10월, 첫 회기를 연 실무반은 5명의 전문가로 구성되었습니다. 전문가 메커니즘은 유엔인권이사회에 원주민들의 인권에 관한 주제별 전문성을 제공할 임무를 맡고 있습니다. 지금까지 교육에 대한 원주민들의 권리(2009년), 의사결정에 참여할 권리(2011년)에 대한 연구를 준비해 왔습니다. 다음 연구 주제는 '원주민들의 권리와 정체성을 보호하고 증진하는 데 있어서 언어와 문화의 역할'입니다.

유엔경제사회이사회는 2000년 '원주민 이슈에 관한 상설 포럼UN Permanent Forum on Indigenous Issues(UNPFII)'75을 설립했습니다. 상설 포럼은 16명의 위원으로 구성되었고, 그 가운데 8명은 원주민 전문가입니다. 포럼의 임무는 경제 사회적 발전과 문화, 환경, 교육, 건강, 인권과 관련된 원주민 문제를 다루는 것입니다. 여기에는 경제사회이사회에 원주민 문제에 관한 전문가 자문과 권고를 제공하고, 유엔 시스템 내부의 원주민 문제에 관한 활동의 통합과 조정을 증진하는 것이 포함됩니다. 상설 포럼은 2002년 개설된 이래 매년 회기를 열고 있습니다.

2011년 5월에 열린 제10차 회기에서, 상설 포럼은 '유엔 원주민 파트너십United Nations Indigenous People's Partnership(UNIPP)'을 개설했습니다. 이 파트너십은 여러 유엔 기구들(국제노동기구국제노동기구, 유엔 인권고등판무관, 유엔발전계획, 유엔아동기금)의 연합 조직입니다. 이 유엔 원주민 파트너십의 목적은 국가 수준의 역량을 제고하여 원주민들의 권리에 관한 국제 문서, 특히 〈원주민들의 권리에 관한 유엔 선언〉과 〈국제노동기구 협약 제169호〉의 실행을 촉진하는 것입니다. 핵심 활동 영역에는 사법 접근성과 원주민 관습법의 강화, 원주민의 영토에 대한 접근성, 원주민들에 대한 광산업의 영향, 교육과 건강에 대한 권리 등이 포함됩니다. 파트너십의 목표를 실현하기 위해 '다중기부신탁기금Multi-Donor Trust Fund'을 설립하기도 했습니다.

2001년, 인권위원회는 '원주민들의 인권 상황과 기본적 자유에 관한 특별보고관'을 3년 임기로 임명했습니다. 보고관의 임무는 원주민들의 인권과 기본적 자유의 침해를 예방, 치유할 수 있는 적절한 조치와 활동을 권고하는 것입니다. 보고관은 또한 전문가 메커니즘(예전의 원주민 인구에 관한 실무반)[76], 원주민 문제에 관한 상설 포럼과 건설적인 협력을 추구합니다. 나아가, 보고관은 인권이사회 특별절차 Special Procedures의 다른 임무 담당자들과도 긴밀한 관계를 이어가고 있습니다. 유엔인권위원회에 제출된 특별보고관의 첫 보고서는 원주민들에게 영향을 끼치는 주요 인권 문제를 확인하고 있습니다. 여기에는 땅에 대한 권리land rights, 고향homeland과 영토, 교육과 문화, 빈곤, 사회적 조직과 관습적 법률 체계, 정치적 대표, 자율성과 자기결정 등의 문제가 포함되었습니다. 이 보고관의 임무는 2010년 인권이사회에서 3년 갱신되었습니다.

국제 인권 협약 기구들도 원주민들의 권리를 고려합니다. 유엔 인종차별 철폐 위원회Committee on the Elimination of Racial Discrimination(CERD)(질문32~34 참고)는 원주민들이 겪는 차별적 상황을 검토해왔습니다. 유엔인권위원회(질문 14-16)는 〈시민적, 정치적 권리에 관한 국제규약〉 제27조에 따른 권리의 침해를 주장하는 원주민들의 사례들을 검토해왔습니다. 이 조항은 종족적, 종교적, 언어적 소수 집단에 속한 사람들의 문화적 권리를 증진합니다.

한편, 유엔총회는 원주민들의 관심사를 가시화하고, 적절한 반응이 이루어지게 지원하며, 국제적 협력을 강화하는 계획들을 촉진해왔습니다. 유엔은 두 차례에 걸쳐 '세계 원주민들의 국제 10년International Decades of the World's Indigenous People'(1995~2004, 2005~2014)을 선포했습니다. 2014년에는 '원주민들에 관한 세계회의World Conference on Indigenous Peoples'라는 이름의 고위급 전원 회의를 개최하기로 했습니다.[78]

52 이주 노동자들을 보호하기 위해 어떤 국제 문서와 절차들이 있나요?

최근 수십 년 간 일어난 이주민의 증가는 국제 공동체의 관심사이며 걱정거리입니다. 국제노동기구는 전 세계에 1억 명 이상의 이주 노동자와 그 가족들이 있다고 추정합니다. 특히 차별과 인종주의, 외국인 혐오가 두드러지게 증가하면서 이주민들이 취약한 상황에 처하게 되면서 많은 우려를 낳고 있습니다. 이와 관련해서 국제노동기구 는 이주 노동자들을 보호하기 위한 많은 원칙과 기준들이 수립하였습니다.

〈고용을 위한 이주에 관한 협약Convention concerning Migration for Employment〉(제97호), 〈학대받는 상황의 이주, 그리고 이주 노동자의 평등한 기회와 대우에 관한 협약Convention concerning Migration in Abusive Conditions and the Promotion of Equality of Opportunity and Treatment of Migrant Workers〉(제143호), 〈고용을 위한 이주에 관한 권고Recommendation concerning Migraton for Employment〉(제86호), 〈이주 노동자에 관한 권고Recommendation concerning Migrant Workers〉(제151호), 〈지구촌 경제에서 이주 노동자를 위한 공정 거래에 관한 결정〉(2004년 국제노동기구 총회), 〈가사 노동자 협약Domestic Workers Convention〉(2011년 6월 국제노동기구 총회에서 채택) 등이 그것입니다.

1990년 12월 유엔총회는 〈모든 이주 노동자와 그 가족 구성원들의 권리 보호에 관한 국제협약International Convention on the Protection of the Rights of All Migrant Workers and Members of their Families〉을 채택했습니다. 이 협약은 이주 노동자와 그 가족들의 인권을 보호하기 위한 하나의 포괄적인 권리 장전이라고 할 수 있습니다. 이 협약의 이행을 감시하고 협약이 인정하는 권리의 침해를 주장하는 개인 진정을 받기 위해 '모든 이주 노동자와 그 가족 구성원들의 권리 보호 위원회'[78]가 설립되었습니다. 위원회는 2004년 3월 첫 회기를 열었습니다. 2010년에는 협약 조항들에 관한 첫 '일반논평General Comment'을 발표하기도 했습니다. 다만, '개인 진정 절차는 최소 10개 이상의 당사국이 수용해야 한다.'는 협약 제77조의 요건을 충족하지 못해 아직 실행되지 않고 있습니다.

이 협약에서 중요한 특징 가운데 한 가지는 노동할 법적 권리를 가진 이주 노동자들뿐만 아니라 당사국 내에서 불법적으로 노동하는 모든 사람들에게도 이 협약이 적용된다는 점입니다. 다만, 이러한 불법 이주 노동자irregular migrant workers는 협약 3부에 규정된 기본적 인권을 누릴 자격이 주어질 뿐, 협약 제4부에서 규정하는 권리까지 누릴 수는 없습니다.[79] 4부에서 규정하는 권리는 합법적 이주 노동자에게만 적용됩니다. 한편, 이 협약은 '계절 노동자'와 '순회 노동자', '자기고용 노동자'와 같은 여러 종류의 이주 노동자를 포함합니다. 그러나 국제적 조직이나 외국 정부에 고용된 사람, 학생, 연수생, 난민 또는 무국적자는 포함되지 않습니다.

1999년 유엔인권위원회는 '이주민 인권에 관한 특별보고관Special Rapporteur on the human rights of migrants'을 임명했습니다. 보고관은 이민자들이 겪는 학대 문제에 위원회의 관심을 제고해 왔는데, 특히 가족 해체와 인신매매에 대해 각별히 우려하고 있습니다. 이런 상황이 빚어내는 비정상적 상황은 종종 이민자 자녀에게 전이되거나, 이들은 '무국적자'가 될 위험에 처하기도 합니다. 2011년 보고관의 임무는 유엔인권이사회에 의해 3년 연장되었습니다.

'세계이주그룹Global Migration Group'은 이민자들의 권리를 보호하기 위한 조직입니다. 세계이주그룹은 2006년 유엔 사무총장에 의해 10개의 유엔 회원 기구들이 모여 하나의 연결 기구로 설립되었습니다. 이주에 관한 국제적, 지역적 규범을 폭넓게 적용하고, 모든 참가 기구들이 국제 이주에 관해 일관성 있게 접근하도록 지원하는 것이 이 기구의 목표입니다. 2012년 6월 현재, 17개 회원 기구가 참여하고 있습니다.

53 장애인의 권리는 국제인권체계에서 어떻게 보호되나요?

1981년 유엔총회는 '완전한 참여와 평등Full Participation and Equality'이라는 슬로건을 내걸고 '세계 장애인의 해International Year of the Disabled'를 선포했습니다. 이후 장애인의 권리 보호에 관한 문제가 유엔의 의제 설정에서 점차 중요해졌습니다. 당시 '세계 장애인의 해'의 목표는 장애 예방과 장애인의 사회 복귀, 장애인과의 완전한 사회 통합을 보장하는 것이었습니다. 1992년에는 한 걸음 더 나아가 '세계 장애인의 날 International Day of Disabled Persons'이 선포되었습니다. 1993년 세계인권회의에서는 "모든 인권과 기본적 자유는 보편적이다. 따라서 장애인 역시 예외 없이 포함한다."고 재확인했습니다.[80]

2006년 12월 13일, 장애인의 권리 보호를 위해 국제적으로 가장 중요한 이정표가 세워졌습니다. 이날 유엔총회에서는 〈장애인 권리 협약Convention on the Rights of Persons with Disabilities〉과 〈협약에 관한 선택의정서〉가 채택되었습니다. 그리고 이 두 문서는 2008년 5월 3일에 발효되었습니다.

〈장애인 권리 협약〉은 장애인이 다른 사람들과 동등한 기반에서 인권을 향유하도록 보장하는 것을 목표로 합니다. 협약은 장애인의 범주를 정하고, 장애인들이 효과적으로 권리를 행사할 수 있도록 조정할 필요가 있는 영역을 확인했습니다. 이는 장애인들의 시민적 권리(결혼할 권리와 가족을 구성할 권리 등)와 정치적 권리, 경제적 · 사회적 · 문화적 권리(충분한 삶의 수준을 누릴 권리 등)를 포괄합니다.

특히, 협약에 따르면 당사국은 모든 장애인들에게 '법 앞의 인정 recognition before the law'을 보장하고, 착취 · 폭력 · 학대로부터 이들을 보호하기 위한 법률을 제정하며 필요한 모든 조치를 취해야 합니다. 그리고 당사국은 장애인들의 '이동성'을 높이고, 장애인들이 장애 때문에 자유를 박탈당하는 일이 발생하지 않도록 보장해야 합니다. 교육 분야에서도 당사국은 장애를 가진 학생들이 일반 교육에 통합되도록 보장하고, 직업교육, 성인교육, 평생학습에 평등하게 접근할 수 있도록 보장해야 합니다.

협약에 의해 도입된 중요한 요소가 '접근성accessibility'에 대한 문제입니다. 당사국들은 장애인이 공공시설과 교통, 정보통신 등의 서비스에 쉽게 접근할 수 있도록 보장하는 기준을 마련하고 발전시켜야 합니다.

한편, 〈장애인 권리 협약의 선택의정서〉는 협약 위원회가 협약에서 보장된 권리 침해에 대한 개별 진정을 접수해 검토할 권한을 승인하고 있습니다.[81] 위원회는 2009년 2월 23일부터 27일까지 첫 회기를 개최했습니다.

이외에도 유엔인권이사회의 여러 특별 절차들이 장애인의 권리 보호를 위해 마련되었습니다. 특히 '교육 받을 권리에 관한 특별보고 관'과 '모든 사람이 달성 가능한 최고 수준의 신체적, 정신적 건강을 누릴 권리에 관한 특별보고관'이 적극 활동해 왔습니다.

지역적 차원에서는 〈장애인에 대한 모든 형태의 차별 철폐에 관한 미주협약Inter-American Convention on the Elimination of All Forms of Discrimination against Persons with Disabilities〉을 들 수 있습니다. 이 협약은 1999년 채택되어 2001년 9월 발효되었습니다.[82] 그리고 협약에 따라, 협약의 적용에 관한 당사국 들의 보고서를 검토하는 위원회가 설립되었습니다.

54 국제법은 어떻게 난민을 보호하나요?

국내외 분쟁과 갈등이 발생하면, 사람들은 목숨을 보존하고 대규모 인 권 침해를 피하기 위해 집을 떠나게 됩니다. 이때 자기 나라의 다른 곳 으로 이주하는 사람을 '국내 피난민internally displaced persons'이라 부릅니다. 그리고 자신의 나라를 떠나는 사람은 '난민refugees'으로 불립니다.

1951년에 채택된 〈난민의 지위에 관한 협약Convention relating to the Status of Refugees〉과 1966년 채택된 〈난민의 지위에 관한 협약 선택 의정서〉[83]는 난민에 관한 포괄적 인권 보호를 규정하고 있는 문서입니다. 이 협약 은 난민을 '인종과 종교, 국적, 특정한 사회집단, 정치적 견해를 이유 로 박해받을 것에 대한 상당한 근거가 있는 두려움' 때문에 자기 나 라를 떠나 돌아갈 수 없는 사람 또는 그런 두려움 때문에 돌아가기를 꺼리는 사람으로 정의합니다(협약 제1조).

난민의 안전은 해당 국가가 비호를 제공하고 강제송환 금지 원칙 principle of non-refoulement을 준수하느냐에 달려 있습니다. '강제송환 금지 원칙'이란 한 개인이 어느 나라에 입국하더라도 위에서 열거한 이유 때문에 그 사람의 생명이나 자유가 위협받을 수 있는 나라로 추방 또는 강제 귀환해서는 안 된다는 것을 의미합니다. 또한 협약은 국민들이 누리는 것과 똑같은 권리를 난민에게 부여해야 하며, 최소한 다른 외국인과 동등한 권리를 가져야 한다고 규정합니다.

〈고문방지협약Convention Against Torture〉(질문26~27 참고)은 고문당할 위험에 놓인 사람의 경우, 강제송환 금지의 원칙을 강화하고 있습니다(제3조). 〈세계인권선언〉은 비호를 추구하고 향유할 권리를 인정하고 있지만(제14조), '비호의 권리the right to asylum'는 아직 보편적으로 성문화되지 않고 있습니다.

현존하는 지역적 문서들로는 미주국가기구Organisation of American States(질문 57, 질문99~100, 2부 제14조 참고)84에서 채택한 협약과 〈아프리카 난민 문제의 특수 측면에 관한 OAU협약Organization of African Union Convention Governing the Specific Aspects of Refugee Problem in Africa〉(질문57, 질문95 참고)이 있습니다.

55 유엔 난민고등판무관의 책임은 무엇인가요?

국제적으로 난민을 보호하고, 지원하기 위한 기구가 유엔 난민고등판무관United Nations High Commissioner for Refugees(UNHCR)입니다. 난민고등판무관은 각국 정부가 난민들의 자발적으로 귀환을 돕고, 새로운 국가 공동체가 난민을 흡수할 수 있도록 지원합니다. 이를 통해 난민을 보호하고, 난민 문제의 지속적인 해결 방안을 모색하기 위한 국제적 노력을 감독할 책임을 가지고 있습니다.

유엔 난민고등판무관실이 처음 수립되었던 1951년에는, 전 세계에 약 100만 명의 난민이 있다고 추정했습니다. 그러나 2010년 1월 현재는 5개 대륙에 약 3,650만 명의 난민들이 흩어져 있는 것으로 추정합니다.[85] 여기에는 난민, 난민과 유사한 상황에 있는 사람, 집으로 돌아왔지만 삶의 재건을 위해 도움이 필요한 사람, 난민들의 이동으로 영향을 받는 지역의 공동체, 국내 피난민과 같은 다양한 집단이 포함되어 있습니다. 이 모든 집단이 유엔 난민고등판무관의 지원을 받고 있습니다. 국내 이주민들은 국제법에 의한 보호와 구제를 받을 자격이 있는 것은 아닙니다. 그럼에도 약 1,560만 명에 달하는 국내 이주민들이 국제 인권법과 국제 인도주의법의 일반 조항 또는 일시적 사업에 기초해 유엔 난민고등판무관의 도움을 받고 있습니다. 난민에게 제공되는 것과 유사합니다.[86]

국내 이주민에 대한 지원은 최근 유엔 난민고등판무관은 분쟁의 근본적 원인, 난민의 흐름과 국제 이산을 방지하고 해결하기 위한 예방 전략, 조기경보 등에 더 많은 관심을 기울이고 있습니다. 난민고등판무관에 따르면, 이러한 예방 전략은 인도주의적 조치와 인권 보호, 나아가 개발 지원을 포괄하는 하나의 종합적 접근을 요구하고 있습니다.[87]

특히, 지난 10년 동안 엄청난 정치적 변화와 새로운 형태의 분쟁이 발생함으로써, 이에 대응하는 새로운 시도 역시 많이 생겨났습니다. 역동적으로 변화하는 환경에 대처하기 위해 유엔 난민고등판무관은 2001년 '국제 보호에 관한 세계적 협의Global Consultations on International Protection'라는 프로그램을 시작했습니다. 그리고 이는 '난민 보호를 위한 의제Agenda for Protection'를 정교하게 만드는 것으로 이어졌습니다. 난민 보호를 위한 의제는 1951년 협약과 협약 15주년을 맞아 1967년에 채택된 의정서의 당사국들이 채택한 선언에서 약속된 것으로, 난민과 비호 신청자들asylum seekers의 국제적 보호를 강화하는 데 역점을 두고 있습니다.

〈제네바난민협약Geneva Refugee Convention〉 60주년을 맞아, 2011년 유엔 난민고등판무관은 '1 캠페인'을 개시했습니다. 이 캠페인은 모든 개별 난민의 인간으로서의 가치를 강조합니다. 이를 통해 모든 난민의 어려움을 치유하는 일이 얼마나 시급한지를 일깨우고 있습니다.

56 난민의 보호를 위해 비정부기구는 어떤 역할을 하고 있나요?

유엔 난민고등판무관은 설립 이후, 많은 국내외 비정부기구들과 함께 일해 왔습니다. 이들은 긴급한 구조 활동, 장기적인 개발 활동, 그리고 인권 감시와 옹호 활동을 해왔습니다. 유엔 난민고등판무관 규칙UNHCR Statues은 난민에 대한 고등판무관실의 지원이 공적 기구들만이 아니라 사적 행위자들을 통해서도 전달된다고 분명하게 규정하고 있습니다.

1994년 유엔 난민고등판무관은 비정부기구들과 '파트너십'을 맺어 이러한 협력 활동을 더욱 강화했습니다. 난민고등판무관의 전체 프로그램 가운데 약 50퍼센트는 현재 국제 비정부기구들에 의해 실행되고 있습니다. 또 전체 예산의 약 20~25퍼센트가 800개 이상의 비정부기구들을 통해 난민 구제에 쓰입니다. 난민고등판무관과 비정부기구들이 공동 협력하기로 한 이 합의는 건강, 영양과 물의 공급, 위생, 공동체 개발, 교육, 현장 건설과 보수 등 다양한 영역에서 난민과 다른 주요 대상자 지원에 관한 것입니다. 이 파트너십은 2000년에 다시 확인되었습니다.

57 난민의 보호를 위해 지역별로 어떤 협약들이 채택되었나요?

가장 포괄적인 지역적 문서는 아프리카 연합 기구Organization of African Unity(질문95~98 참고)에 의해 1969년 채택되고, 1974년에 발효된 〈아프리카 난민 문제의 특수 측면에 관한 협약〉입니다.[88] 아프리카 연합 기구는 현재의 아프리카 연합African Union을 가리킵니다. 이 협약은 1951년 협약(제네바 난민 협약)에 비해 '난민'이라는 단어의 정의를 더욱 확대했습니다. 이 협약에서 '난민'의 정의는 외부 침략, 점령, 내란 등을 이유로 자신의 출신 국가 또는 시민권 보유국 외부에서 피난처를 구해야 하는 모든 사람에게 적용됩니다. 이렇게 확대된 규정은 멕시코와 파나마가 결합한 '중앙아메리카 국가기구Central American States'에서 채택된 1984년의 '난민에 관한 카르타헤나 선언Cartagena Declaration on Refugees'

에도 적용되었습니다. 나아가, 2001년 '아시아-아프리카 법률 자문 기구Asian-African Legal Consultative Organization'에 의해 채택된 〈난민의 지위와 처우에 관한 방콕 원칙Bangkok Principles on the Status and Treatment of Refugees〉(원래 1966년 채택)에서도 적용되고 있습니다.

58 국내 난민의 문제는 어떻게 다루어지고 있나요?

1990년대가 되면서 국내 난민의 문제가 긴급한 의제로 새롭게 부상했습니다. 이는 새로운 국내 분쟁이 야기한 '피난displacement'의 규모 때문이었습니다.[89] 이 문제는 지금까지 국제 사회의 우려를 낳고 있는 인권의 한 주제로 남아 있습니다. 1992년, 증가하는 국제적 우려와 유엔인권위원회의 요청에 따라 유엔 사무총장은 '국내 난민 대표 Representative on Internally Displaced Persons'를 임명했습니다. 유엔 대표의 임무는 국내 피난의 원인을 분석하고, 국내 난민들의 요구를 확인하며, 이들을 보호하기 위한 조치를 제안하고, 국내 피난의 해결책을 모색하는 것입니다.

유엔 대표는 국제인권법, 국제인도주의법, 국제난민법에 기초한 '국내 피난에 관한 주요 원칙Guiding Principles on Internal Displacement'이라는 이름의 기준을 마련했습니다. 이를 통해 국내 난민들에게 적용될 수 있는 기존 국제법의 다양한 조항들을 확인했습니다. 이 원칙은 정부가 국내 난민을 보호하기 위한 주요 행위자라는 것을 인정하면서 정부를 위한 가이드라인을 수립했습니다. 가이드라인에 따르면, 정부는 국내 난민들에게 공정하고 평등한 대우를 제공하고, 국내 피난으로 이어지는 상황의 발생을 최소화해야 합니다. 또 재정착과 재통합을 위한 안전하고 존엄한 귀환을 보장해야 합니다. 나아가 유엔 대표는 정부 통제가 미치지 않아 국내 난민들이 비국가non-state 행위자들에게 종속되고 인도주의적 접근마저 차단되는 상황에서 이들이 겪는 곤경에 주목해왔습니다. 이 원칙은 국내 난민을 위한 보호가 무엇을 의미하는지에 관해 규정한 첫 기준들입니다. 법적 구속력은 없지만, 각국 정부와 관련 유엔 기구들은 이 원칙의 이행을 심화하도록 요구됩니다.

유엔인권위원회의 권고에 따라 유엔 사무총장은 2004년 '국내 난민들의 인권에 관한 대표Representative on the human rights of internally displaced persons'를 임명함으로써 이들 집단의 인권에 한층 더 초점을 부여했습니다. 2010년 6월, 인권이사회는 '국내 난민들의 인권에 관한 특별보고관Special Rapporteur on the Human Rights of Internally Displaced Persons'로 이를 대체하고 그 임무를 3년 더 연장했습니다.[90]

지역적 차원에서는, 아프리카 연합이 2009년 10월 「아프리카 국내 난민들의 보호와 지원에 관한 협약Convention for the Protection and Assistance of Internally Displaced Persons in Africa, Kampala Convention」(캄팔라 협약)을 채택했습니다. 이 협약은 해당 국가에 국내 난민들을 보호하고 지원할 의무를 부과한, 법적 구속력을 가진 첫 지역 문서입니다. 2011년 6월 30일 현재, 협약은 아직 발효되지는 않고 있습니다.[91]

59 자유를 박탈당한 사람들의 처우에 관한 국제 성문법이 있나요?

1955년 '범죄 예방과 범죄자 처우에 관한 제1차 유엔 의회First United Nations Congress on the Prevention of Crime and Treatment of Offenders'가 열렸습니다. 이 회의에서 '수감자 처우를 위한 최소기준규칙Standard Minimum Rules for the Treatment of Prisoners'이 채택되었습니다. 이 규칙은 계속 수정되면서 1957년과 1977년에 유엔경제사회이사회에서 승인되었습니다. 이 규칙의 목적은 기준이 되는 하나의 구금 모델을 세부적으로 묘사하는 것이 아니라 수감자의 처우에 관한 원칙과 기준을 수립하는 데 있습니다.

1979년 유엔총회는 '법 실행 공무원을 위한 행동 강령Code of Conduct for Law Enforcement Officials'을 채택했습니다. 1988년에는 '모든 형태의 억류 · 구금 하에 있는 사람들을 보호하기 위한 원칙Body of Principles for the Protection of All Persons under Any Forms of Detention or Imprisonment'을 채택했습니다. 1990년에는 수감자 권리의 완전한 실행을 증진하기 위해 11개 항목으로 된 '수감자 처우를 위한 기본 원칙Basic Principles for the Treatment to Prisoners'이 채택되었습니다(유엔총회 결정45/111). 이에 따라 감금 때문에 생겨나는 제약을 제외하고, 수감자도 〈세계인권선언〉과 국제인권규약에 명시된 인권을 향유할 권리가 있습니다. 가령 수감자도 문화적 활동과 교육에 참여할 권리를 가져야 하며, 그들이 처한 법률적 상황에 따른 차별 없이 의료 서비스에 접근할 수 있어야 합니다.

그리고 유엔총회는 '자유를 박탈당한 청소년의 보호를 위한 행동 강령(1990년 12월, 결정45/11)'과 '정신질환을 가진 사람의 보호를 위한 행동강령(1991년 12월, 결정46/111)'을 채택했습니다. 이들 행동강령이 법적 구속력이 없지만 당사국들에게 자유를 박탈당한 사람들의 처우에 관한 중요한 지침이 됩니다.

60 인권 옹호자를 보호하기 위해 어떤 문서와 절차들이 있나요?

1998년 12월 9일, 유엔총회는 결정 53/44호를 통해「보편적 권리와 기본적 자유를 증진·보호하기 위한 개인, 단체, 사회 조직의 권리와 책임에 관한 선언Declaration on the Right and Responsibility of Individuals, Groups and Organs of Society to Promote and Protect Universally Recognised Human Rights and Fundamental Freedoms」을 채택했습니다. 이 선언은 일반적으로 '인권 옹호자 선언Declaration on Human Rights Defenders'으로 알려져 있습니다.

선언은 인권 운동가들의 활동에 관해 승인된 법적 범위를 재확인하고 명시하며 강화합니다. 또 인권의 증진·보호를 위한 인권 옹호자들의 역할을 인정합니다. 나아가 선언은 인권 기준의 효과적 이행과 보호를 위한 중요한 규범적 기초를 제공합니다. 인권 옹호자들은 이러한 목적을 위해 돈을 모금할 권리가 있고, 인권 침해에 맞서 비판하고 항의할 권리가 있습니다. 선언은 당사국들이 입법과 여타 조치를 통해 인권 옹호자들을 적극 보호하고 장려할 것을 요청합니다.

유엔인권위원회는 결정2000/61호에서 '많은 나라에서 인권과 기본적 자유를 증진하고 보호하는 데 관여한 사람과 조직들이 종종 위협, 희롱, 불안, 자의적 구금과 사법 외적 처형extra-judicial executions에 직면하고 있다.'고 말했습니다. 이에 더해, 인권위원회의 결정은 유엔 사무총장에게 특별보고관을 임명해서 전 세계 모든 분야의 인권 운동가들의 상황과 함께 '선언'에 따라 운동가들의 활동을 보호 · 증진하기 위한 모든 조치를 보고할 것을 요청했습니다. 첫 임기 3년 동안 임명된 특별보고관은 인권을 증진 · 보호하는 데 참여하는 모든 사람의 상황에 대한 정보를 찾고, 수집하고, 검토하고, 이에 대응할 수 있습니다. 이는 '선언'의 이행을 증진하기 위해 정부 및 다른 행위자들과 대화하고, 인권 옹호자들을 더 잘 보호하기 위한 효과적 전략을 권고하기 위함입니다. 특별보고관은 제58차 유엔인권위원회(2002년)에서 인권 옹호자들의 권리에 대한 심각한 침해를 주장하는 과거의 수많은 사례들이 '인권 운동가 권리의 증진과 보호가 지속적으로 필요하다.'고 보고하고 있습니다

2008년 5월, 유엔인권이사회는 '인권 옹호자들의 상황에 관한 특별보고관'을 임명했습니다. 그리고 보고관의 임무는 2011년에 3년 연장되었습니다. 2011년 7월, 특별보고관은 선언에 규정된 권리들의 지도를 작성하는 '인권 옹호자 선언에 대한 논평'에 착수하여, 이들 권리의 내용과 그 이행을 위한 권고를 마련하는 활동에 들어갔습니다.[92] 이 임무를 완수하기 위해 특별보고관은 아프리카 인권위원회African Commission on Human and Peoples' Rights의 '인권 운동가 특별보고관'과 미주 인권위원회Inter-American Commission on Human Rights 사무국의 '인권 옹호자 부서' 등 지역적 차원의 같은 기구와 협력합니다.

인권 보호와
신장을 위한 문헌

61 인권을 침해받았다고 느낄 경우, 개인이 이를 유엔에
진정할 수 있나요?

유엔은 개인 및 기관으로부터 인권침해라고 주장하는 청원을 지금까지 수십만 건 접수했습니다. 이 사항과 관련한 특별절차(질문65번 참고)를 도입한 이래 진정 숫자는 크게 늘었습니다. 유엔인권위원회와 2006년에 이를 대체한 인권이사회는 인권침해 사안에 대한 진정을 다루기 위해 다양한 절차를 마련했습니다. 또 인권 조약에 근거한 개인 진정 절차도 마련했습니다. 자유권위원회(질문16 참고), 인종차별철폐위원회(질문33 참고), 고문방지위원회(질문27 참고), 모든 형태의 여성차별 철폐위원회(질문36 참고), 모든 이주 노동자와 그 가족의 권리 보호를 위한 위원회(질문52 참고), 장애인의 권리보호를 위한 위원회(질문53 참고), 강제실종에 관한 위원회(질문30 참고)에서도 진정을 처리합니다. 경제적·사회적·문화적 권리 위원회는 개인 진정을 가능하게 하는 의정서가 아직 발효되어 있지 않아 개인 진정을 다루지 않고

있습니다(질문19 참고).

유네스코와 국제노동기구도 자신의 관할 업무와 관련된 분야에서 인권을 침해당했다고 주장하는 개인이 있으면 이들로부터 진정을 받는 절차를 갖추고 있습니다(질문77과 질문80 참고).

62 인권위원회 앞으로 인권침해에 관한 진정을 내는 절차는 어떻게 발전해 왔나요?

2006년 인권이사회로 대체된 유엔인권위원회는 유엔 내에서 인권 침해 진정을 포함해 인권 문제를 우선적으로 다루는 기구였습니다. 인권위원회가 처음 설치되었을 때는 개인이나 그룹을 위한 인권침해 시정절차가 없었습니다. 그 후에 인권침해에 대한 시정을 요구하는 절차(2006년 경제사회이사회 결의안 728F)가 마련되었습니다. 이 절차는 청원할 수 있는 사항을 두 가지로 분류해 제출할 수 있도록 했습니다. 그중 하나는 인권 보호와 신장에 관련된 일반적인 사항들로서 비밀 유지가 필요 없는 것입니다. 그리고 다른 하나는 국가를 상대로 한 진정으로, 비공개로 조사해야 하는 것들입니다.

비밀유지가 필요 없는 건들에 대한 절차는 1967년 획기적인 진전이 이루어졌습니다. 1967년에 유엔경제사회이사회는 결의안 1235호를 채택했는데, 이 결의안은 인권위원회에 남아프리카공화국의 인종차별 정책인 '아파르트헤이트apartheid'에 의한 인권침해에 대해 철저한 조사를 할 수 있는 권한을 부여했습니다. 즉 인권침해 행위임에 틀림

없지만, 아파르트헤이트에 의해 국가로부터 면죄부가 주어지고 있는 행위들에 대해 조사해서 이를 경제사회이사회에 보고하고 권고안을 제출할 수 있는 권한을 부여한 것입니다. 결의안에 따라 그해에 남아프리카공화국의 문제에 대해 전문가 실무반이 사실관계 확인 조사에 들어갔습니다. 또 그 후에는 아랍 점령 지역의 인권 침해 주장에 대한 조사를 임무로 한 그룹과 칠레 군사정권에 의한 인권침해를 조사하는 임시 실무반(1979년에 만료)이 만들어졌습니다. 인권위원회가 인권 보호 역할을 할 수 있었던 데는 이와 같이 인권침해 방지에 대한 정치적 의지와 합의가 밑거름이 되었습니다. 이로써 인권위원회는 세계 어느 지역에서건 인권 침해 및 기본적인 자유와 관련되는 상황에 대해 공개적으로 조사한다는 자신의 책무를 수행할 수 있었습니다.

비밀유지가 필요한 절차는 1970년에 〈경제사회이사회에 의한 결의〉 1503호에 의해 만들어졌습니다. 이 결의안은 전 세계 어떤 나라에서든 '인권과 기본적 자유에 대한 대규모의 일관된 침해 양상을 띠면서 침해라는 점이 확실하게 증명된 행위'가 벌어지면 그에 대해 조사를 할 수 있도록 한 것입니다. 이 결의에 의해 처음으로 인권침해의 희생자뿐만 아니라 침해에 대해 직접적으로 알거나 믿을 만한 지식을 갖고 있는 사람이라면 누구나 청원을 낼 수 있게 되었습니다. 개인이든, 그룹이든, 비정부기구든 간에 청원을 낼 자격을 가지게 된 것입니다.

〈경제사회이사회에 의한 결의〉 1503호에 의해 만들어져서 '1503절차'로 불리는 이 비밀절차는 경제사회이사회 결의2000/3에 의해 개정되었습니다. 개정절차에 따르면 접수된 진정은 먼저 인권보호와 신장을 위한 소위원회의 청원에 관한 실무반에서 심의됩니다. 이때 인권침해 당사국 정부로부터의 답변이 있으면 그 답변도 함께 제출됩니다. 이 실무반은 진정 사건을 절차의 두 번째 단계, 즉 인권위원회의 상황 실무반Working Group on Situations으로 넘길 것인지 말 것인지를 결정합니다. 실무반은 사안을 바로 인권위원회로 가져갈 수도 있는데, 그럴 경우에는 대개 어떤 조치를 촉구하는 특별권고를 내놓습니다. 위원회는 진정 사건에 대한 심의를 중단하고 상황을 재검토하고 독립적인 전문가를 지명할 것인지 혹은 비공개 절차에 의해 자료를 검토하는 것을 중단하고 경제사회이사회 결의1235호(XLII)에 의해 만들어진 공개적 절차를 따를 것인지를 결정할 수 있습니다. 이 절차의 다양한 국면에서 취해진 결정들과 개인과 정부에 의해 제출된 자료들은 비공개가 유지되며 공표되지 않습니다. 다른 유사한 절차들과 달리 긴급보호 조치 조항은 없습니다.

위원회는 같은 연도의 회기에 1503호에 따라 더 이상 심의 대상이 아닌 나라들과 조사를 받았던 국가들의 명단을 공개적으로 발표했습니다.[94] 이 절차의 효과는 각국이 얼마나 자발적으로 협력하느냐에 달려 있습니다. 이 절차는 세계인권선언과 국제 규약들에 의해 인정된 권리들을 모두 포괄한다는 점과 모든 유엔 회원국에 적용된다는 점에서 중요한 기능을 합니다. 그래서 이 절차는 당사국들에게만 적용되는 다른 조약 기반의 절차들에 대한 보충적 성격을 갖고 있습니다.

2007년 6월 인권이사회(2006년에 인권위원회를 대체함)는 결의5/1을 채

택했는데, 이에 따라 1503호 절차를 개혁할 새로운 진정 절차가 마련
되었습니다(질문63 참조).

63 인권이사회의 주요한 특징은 무엇인가요?

2006년 4월 3일, 유엔총회는 〈결의안 60/251〉을 통해 인권위원회를 대
체하는 인권이사회를 설치하기로 했습니다. 인권이사회는 유엔총회
의 산하 기구로, 인권위원회가 경제사회이사회의 산하에 있었던 것
과 대비됩니다. 그만큼 위상이 높아졌음을 뜻합니다. 인권이사회는
47명으로 구성되는데 이들은 유엔총회에서 다수결로 선출됩니다. 인
권이사회 회원국들은 인권 신장과 보호에 있어서 최고의 기준을 지
지하도록 요구받습니다. 나아가 인권이사회 회원국에서 대규모의
체계적인 인권침해가 일어날 경우, 이사회 다수결 투표에서 3분의 2
의 표가 나오면 회원국 자격이 정지됩니다. 이사의 배분은 지역별로
동등하게 이루어집니다. 인권이사회의 첫 회의가 있은 지 1년 만인
2007년 6월, 유엔총회 〈결의안60/251〉에 따라 인권이사회는 〈결의안
5/1〉을 채택했습니다. 이 결의안은 장차 인권이사회의 업무를 위한
절차와 구조에 관한 기본적인 사항들을 모아놓은 것입니다.

결의안은 '세계 어디에서나 또 어떤 여건에서나 모든 인권과 기본
적인 자유에 대한 중대하고 지속적인 침해가 있음이 입증될 경우' 이
용할 수 있는 새로운 진정 절차를 설치한다는 내용을 포함하고 있습
니다. 새 진정 절차는 기존의 1503호 절차에 뿌리를 둔 것으로 공정

하고 객관적이며 효율적입니다. 그리고 희생자를 중심으로 적기에 확실히 실행할 수 있도록 개선한 것입니다. 본래의 비공개적인 성격을 그대로 유지하고 있는데, 이는 해당 국가로부터 더욱 많은 협조를 이끌어내기 위해서입니다.

인권이사회의 어젠다와 업무 프로그램은 모든 인권 주제 및 이사회가 주의를 기울일 필요가 있는 상황들에 대해 토론할 기회를 제공합니다. 인권이사회는 인권위원회의 모든 기능을 승계했을 뿐만 아니라 새로운 기능을 추가했습니다. 그중에는 유엔 구조 내에서 인권 관련 업무의 조정과 '인권의 주류화'가 있습니다. 또 인권 분야에서 국제법의 심화 발전을 총회에 권고하고 〈국가별 인권상황 정례 검토제Universal Periodic Review〉(질문68 참조)를 이행하는 역할도 있습니다.

종전 인권소위원회Sub-Commission on the Promotion and Protection of Human Rights를 대체한 자문위원회Advisory Committee는 이사회의 업무를 지원하기 위해 만들어졌습니다. 자문위는 전문 지식을 제공하고 조언을 하는 싱크탱크 역할을 하며 이사회의 요구가 있으면 주제별 이슈에 대한 실질적인 조사와 연구를 수행합니다.[94]

64 유엔인권위원회와 인권이사회는 인권 침해 상황을 다루기 위해 어떤 계획을 실행했나요?

1979년 이후 점진적으로, 그리고 임시적으로 일련의 감독 메커니즘들이 개발되어 왔습니다. 이들 메커니즘의 정당성은 어떤 구체적인 인권 문서로부터 파생되지는 않았으나 각각 자신의 구체적인 권한과 임무를 갖고 있습니다. 이들의 설치와 활동 근거는 유엔경제사회이사회가 승인한 인권위원회 결정들에 의해 마련되었습니다. 본질적인 이행 메커니즘으로서 이 특별 절차들은 각국 정부가 인권 기준을 더 잘 준수하도록 하는 것을 목표로 하고 있습니다. 과거 유엔인권위원회와 현 인권이사회의 '특별절차Special Procedures'로 통칭되는 이들 메커니즘은 두 그룹으로 나뉩니다. 그중 하나는 전 세계적인 지평 위에서 '주제별' 인권 이슈를 다루는 그룹이며 다른 하나는 어떤 '특정 국가'의 전반적인 인권 상황에 초점을 두는 그룹입니다.

이들 메커니즘은 특별보고관Special Rapporteur, 특별 대표Special Representative, 독립전문가Independent Expert 또는 실무반Working Group처럼 다양한 이름을 갖고 있습니다. 실무반의 위원들과 보고관, 대표, 독립 전문가로 임명되는 개인들은 그들의 개인적 역량을 바탕으로 봉사하며, 어떤 보수도 받지 않습니다. 이에 더해, 유엔 사무총장도 주제별 혹은 국가 단위의 보고서들을 준비하도록 요구받을 수 있습니다.

65 유엔인권이사회가 계승한 유엔인권위원회의 '특별절차'는 무엇인가요?

유엔인권위원회가 수립한 특별 절차, 그리고 임명된 특별보고관과 실무반의 활동은 인권이사회에 이양되었습니다. 모든 주제별 임무들이 갱신되었고, 안전한 식수와 위생에 관한 임무처럼 몇몇 새로운 임무가 추가되기도 했습니다.

1980년에 첫 번째 주제별 기구가 설치되었는데, '강제 또는 비자발적 실종에 관한 실무반Working Group on Enforced or Involuntary Disappearances'이라 불렀습니다. 이 실무반의 주요 활동은 실종된 사람들의 위치를 명확히 하기 위해서 실종자의 가족과 정부 사이에서 중재자로서 활약하는 것입니다. 실무반은 실종된 사람들의 사건을 분석하고, 정부와 비정부기구들로부터 정보를 입수하며, 관련 정부에게 사건을 이관하면서 조사에 착수할 것을 요구하고, 정부의 반응을 실종자 가족들에게 전달하는 역할을 했습니다.

또 특정 국가의 일반적 성향에 대한 주장을 검토하고, 실종자의 친척이나 실무반에 협력한 사람이 협박이나 보복으로 고통을 받는 경우, 정부에 개입합니다. 실종 사건의 피의자에 대한 처벌 면제가 실종의 주요 원인으로 확인되면서 범인들이 자신의 범죄에 책임지도록 하는 것이 중요해졌습니다. 실무반은 일반적 결론과 권고를 정밀하게 만들어서 유엔인권이사회에 제출하는 보고서에 담았습니다(질문63 참조)[95]. 2011년 인권이사회는 실무반의 임무를 3년 갱신했습니다.

'자의적 구금에 관한 실무반Working Group on Arbitrary Detention'은 1991년 유엔인권위원회에 의해 수립됐으며, 자의적으로 부과된 구금에 관한 사건이나 해당 국가가 수용한 관련 국제 기준에 어긋나는 사례들을 조사할 권한을 가졌습니다. 1997년 이후, 실무반의 임무는 망명 신청자와 이민자들에 대한 행정 구금의 이슈를 포함하도록 확장되었습니다. 사건들은 '진정 절차' 속에서 접수되어 검토됩니다. 실무반은 사건을 검토한 뒤 개별 사건에 대한 '의견'을 채택하며, 이를 관련 정부에게 전달합니다. 어떤 개인에 대한 구금이 자의적이라고 실무반이 판단하는 경우, 해당 정부는 이 상황을 정리하기 위한 조치를 요구받습니다(2부 제9조 참조). 2011년 유엔인권이사회는 실무반의 임무를 3년 더 연장했습니다.

'초사법적, 약식 또는 자의적 처형에 관한 특별보고관Special Rapporteur on Extrajudicail, Summary or Arbitrary Executions'(2부 제3조 참조)은 1982년 설립되었고, 1985년에는 '고문에 관한 특별보고관Special Rapporteur on Torture'도 설립되었습니다. 위의 네 가지 메커니즘은 모두 긴급 대응 절차를 갖고 있으며, 정부들이 어떤 사건을 시정하거나 명백히 하기 위해 즉각적인 조치를 취할 것을 요구함으로써 우려되는 상황에 신속히 대응할 수 있습니다.

다른 '특별 절차들'에는 다음 주제들에 관한 보고관(또는 특별 대표)이 포함됩니다.

- 국내 피난민들Internally Displaced Persons(질문58 참조)
- 아동 매매, 아동 매춘, 아동 포르노그라피the Sale of Children, Child Prositution and Child Pornography(질문44 참조)
- 무력 분쟁 속의 아동Children in Armed Conflict(특별 대표가 유엔 사무총장에 의해 임명, 질문45 참조)
- 판사와 변호사의 독립성Independence of Judges and Lawyers(2부 제10조 참조)
- 여성에 대한 폭력, 그 원인과 결과Violence against Women, its causes and consequences(질문41 참조)

- 인종주의와 인종 차별, 대량 학살, 그리고 관련 불관용의 현대적 형태Contemporary Forms of Racism, Racial Discrimination, Xenophobia and Related Intolerance(질문34 · 35, 2부 제2조 참조)
- 아프리카 출신의 사람들People of African descent
- 종교 또는 신념의 자유Freedom of Religion or Belief(2부 제18조 참조)
- 의견과 표현의 자유Freedom of Opinion and Expression(2부 제19조 참조)
- 인권 옹호자의 상황Situation of Human Rights Defenders(질문60 참조)
- 원주민Indigenous People(질문50 · 51 참조)
- 인민들의 자기 결정권의 행사를 가로막는 수단으로서 용병의 활용Use of Mercenaries as a Means of Impeding the Exercise of the Right of Peoples to Self-determination; Minority Issues
- 이주민 인권Human Rights of Migrants(질문52 참조)
- 노예제도의 현대적 형태Contemporary Forms of Slavery
- 인권과 국제 연대Human Rights and International Solidarity
- 테러리즘에 맞서 인권을 증진하고 보호하기Promotion and Protection of Human Rights while Countering Terrorism
- 인신 매매, 특히 여성과 아동 매매Trafficking in Persons, especially in Women and Children
- 인권과 초국적 기업 및 기타 기업들Human Rights and Transnational Corporations and other Business Enterprises

경제적 · 사회적 · 문화적 권리들에 관한 주제별 임무는 교육권, 주거권, 식량권, 건강권, 인권과 극단적 빈곤 그리고 개발권(질문114,

115 참조)등이 있습니다. 또 안전한 식수와 위생에 대한 접근, 독성이 있거나 위험한 폐기물의 이동과 유기가 인권에 끼치는 부작용, 구조 조정, 해외 부채 등도 포함됩니다.

2008년 유엔인권이사회는 '결정 7/4'를 통해 이전의 두 개 임무를 합쳐서 '국가의 해외 부채와 기타 연관된 국제 금융 의무가 인권, 특히 경제적 · 사회적 · 문화적 권리의 완전한 향유에 미치는 효과에 관한 독립 전문가Independent Expert on the effects of foreign debt and other related international financial obligations of States on the full enjoyment of all human rights, particularly economic, social and cultural rights'의 직위를 설치했습니다.

2009년 문화적 권리 분야에서 독립 전문가의 임무가 정해졌고, 2010년에는 평화적인 집회와 결사의 자유에 관한 특별보고관, 법적, 현실적 여성 차별 이슈에 관한 실무반의 임무가 수립되었습니다.[96] 2011년 말에는 국가별 임무에 따라 여러 나라들이 특별보고관의 조사를 받고 있으며, 그 결과는 유엔총회와 인권이사회에 보고됩니다.[97]

66 '특별 절차'와 연관되는 활동 방식에는 어떤 것들이 있나요?

특별 절차를 수행할 임무를 띤 모든 사람은 국제 인권 기준의 효과적 이행이라는 차원에서 관련 이슈를 연구하고 검토할 권한을 갖습니다. 이러한 활동을 통해 이들은 정부 측과 인권 침해 피해자들을 포함한 비정부측으로부터 객관적인 정보 수집 활동을 벌일 수 있으며,

구체적 사건 정보에 관해 정부에 의견을 제시하도록 요구할 수 있습니다. 특정 사례나 전반의 상황에 대해 더 정밀하게 검토하기 위해 관련국의 동의를 받아 현장을 방문하기도 합니다. 이들의 목표는 해당 정부와 건설적인 대화를 수립하고 인권 보호와 관련된 문제를 개선할 방안을 권고하는 것입니다. 나아가 분쟁 상황에서 비정부기구와 협의할 것을 요구합니다. 그리고 나아가 국제기구들의 영향을 검토하기 위해 이들 기관을 점검하는 역할로 임무가 확대되고 있습니다. 특별보고관과 실무반은 최대 6년까지 임무가 연장될 수 있습니다. 이들은 유엔총회와 인권이사회에 대한 세부 보고서에 자신들의 임무가 다루는 인권 상황의 중대성과 본질을 드러내는 일반적 결론general conclusions과 추가적 행동을 위한 권고를 담고 있습니다. 특정 임무들과 연계되어 현장 담당관들을 활용할 수도 있습니다.[98]

2005년 특별절차 임무수행위원들의 제12차 연례 모임에서 조정위원회Coordination Committee의 설치가 합의되었습니다. 이 위원회의 주요 기능은 임무 수행자들 간의 활동을 조정하고, 이들과 유엔의 더 넓은 인권 체계인 인권위원회 그리고 시민사회 간의 가교 역할을 하는 것입니다.

67 인권 증진과 보호를 위한 '특별 절차'의 중요성은 무엇인가요?

전반적으로 특별 절차가 중요한 이유는 이들이 인권 활동의 진화를 보여주고 있기 때문입니다. 즉 초기에 인권 기준을 정립하는 데 초점을 두었던 것에서 점차 확립된 기준을 이행하고 준수하는 쪽으로 나아가고 있음을 반영한다는 것입니다. 이 같은 진화를 통해 인권 보호와 실현을 위한 절차와 메커니즘에 관한 틀이 수립되고 있습니다. 어떤 특별 절차의 초점이 된다는 것은 중대한 인권 침해가 있었음을 보여주는 지표입니다. 특별 절차의 대상이 되고 공적 감시를 받는 국가는 이에 대해 열심히 막후교섭을 벌입니다. 이와 같은 식으로 시민들에 대한 한 국가의 행위와 부당한 대우에 대한 공적 조사, 그 자체만으로도 추가적인 학대를 막고 생명을 구하는 인권 보호의 기능을 하게 됩니다. 긴급 행동 절차는 더 심각한 침해를 막을 수 있습니다. 인권침해 국가에 대한 국제적인 압력은 해당 국가의 인권 상황의 개선으로 귀결될 수 있습니다.

성공 여부는 궁극적으로 국가의 반응과 공적 조사, 유엔인권이사회 및 총회가 제기하는 의제에 대해 이들이 얼마나 민감하게 반응하느냐에 달려있습니다.

68 인권의 증진에 보편적 '정례 검토 절차'는 어떻게 기여하나요?

유엔인권이사회의 창설과 함께 도입된 하나의 혁신은 '보편적 정례 검토' 절차입니다. 유엔 반기문 사무총장에 따르면, 이 제도는 "세계의 가장 어두운 구석에서 인권을 증진하고 보호할 잠재력"을 갖고 있습니다.[99] 이 제도의 목적은 인권에 대한 전적인 보호와 존중의 책임에 대해 유엔 회원국들의 관심을 이끌어내는 것입니다.

2007년 6월 18일, 인권이사회에서 합의된 '보편적 정례 검토'는 인권 보호를 위해 마련한 '일련의 제도들'[100]의 핵심 요소 가운데 하나입니다. 이는 인권이사회 회원국들부터 시작해 193개 모든 유엔 회원국들의 인권 기록을 검토한 것입니다. 인권이사회 임무에 따르면, 이 절차는 '검토 범위의 보편성과 모든 국가들에 대한 동등한 대우'를 보장해야 합니다.[101] '보편적 정례 검토'는 국가들의 인권 상황을 평가하고, 인권 침해를 시정하며, 국가들이 인권 의무를 구현할 능력을 키우기 위해 기술적 지원을 제공하고, 국가들과 다른 이해 당사자들 사이에 인권 영역의 우수 사례를 공유하는 것을 포함합니다.

　　'보편적 정례 검토' 절차에 따르면, 모든 유엔 회원국들은 4년마다 검토를 받습니다(매년 48개국). 유엔인권이사회 회원국들은 자신이 회원국으로 있는 기간 동안 심의를 받습니다. 검토는 '보편적 정례 검토 실무반'이 실행하며, 각 국가의 심의는 '3인조'로 알려진 세 명의 인권이사회 위원들이 실시합니다. 이들은 보고관으로도 활동합니다. 심의는 보편적 정례 검토 실무반의 모임이 열리는 동안 토론을 통해 이루어집니다. 관련 국가는 자신에게 제기되는 질문에 답을 합니다.

　　토론이 끝나면, 검토 대상국이 참가하고 유엔 인권최고대표부가 지원하는 가운데 '3인조'가 요약 보고서를 준비합니다. 관련국은 권고 사항에 대해 의견을 제출할 기회를 가지며, 최종 보고서가 인권이사회 전원 회의에서 채택됩니다.

　　검토는 검토 대상국이 제공하는 정보와 특별 절차 수행자들(질문66 참조)의 보고서, 유엔 조약 기구, 다른 유엔 기구들의 보고서, 국가 인권기구들을 포함한 다른 이해당사자들의 정보에 기초합니다. '보편적 정례 검토' 절차에서는 비정부기구들도 보고서를 제출할 수 있고, 보편적 정례 검토 실무반의 심의에도 참석할 수 있으나 토론에 참가하지는 못합니다.

보편적 정례 검토 실무반의 첫 회기는 2008년 4월에 열렸습니다. 2011년 10월 제12차 회기에서 모든 유엔 회원국들에 대한 검토가 완료되었습니다. 2012년에 시작되는 두 번째 주기는 이 절차가 얼마나 효과가 있는지, 그리고 회원국들이 이 절차에 얼마나 중요성을 부여하는지에 대해 확실한 증거를 제시할 것입니다.

무력 분쟁 시기의
인권 보호

69 무력 분쟁 시기에 국제법은 어떻게 인권을 보호하나요?

무력 분쟁 시기라 하더라도 민간인과 전투원의 기본적 인권은 보호
되어야 합니다. 이것이 '국제인도주의법international humanitarian law'의 목표
입니다. 국제인도주의법의 역사는 적십자Red Cross의 역사와 밀접하게
연관되어 있습니다. 적십자는 1859년 솔페리노 전투에서 긴급구조대
를 조직한 스위스의 인도주의자 장 앙리 뒤낭Jean-Henri Dunant의 활동에
서 비롯되었습니다. 오늘날 적십자는 국제 적십자운동 · 적신월 위원
회International Committee of the Red Cross and Red Crescent Movement(ICRC)로 불립니다.

　〈제네바협약〉(1864)은 인도주의법에 대한 최초의 다자간 조약입니

다. 〈제네바협약〉에서 각국 정부는 전시 상황에서 적이든, 친구이든 모든 부상자를 보살피기로 했습니다. 협약은 1899년과 1907년의 〈헤이그협약〉 그리고 1906년과 1929년의 〈제네바협약〉으로 확대되었습니다.

제2차세계대전에서 국제인도주의법의 원칙이 엄청나게 침해를 당하는 모습을 목격한 이후, 기존의 규정들이 더욱 확대, 성문화되었습니다. 전투원과 비전투원을 위한 법적 보호는 군사 작전의 수행을 관장하는 규칙(헤이그법)과 전쟁 희생자를 보호하는 법률들로 이루어집니다. 이들은 주로 1949년에 체결된 4개 조항의 〈제네바협약〉[102]에서 확립되었습니다. 오늘날 전 세계 거의 모든 나라가 〈제네바협약〉의 당사국입니다. 오늘날 '제네바법Geneva Law'과 '헤이그법Hague Law'의 구분은 사실 큰 의미가 없습니다. 1977년 〈제네바협약〉에 관한 두 개의 추가 의정서가 두 유형의 규칙을 모두 포함했기 때문입니다.

'추가 의정서1Additional Protocol I '[103]은 국제적 무력 분쟁 시기의 민간인과 민간인 재산의 보호에 관련된 내용입니다. '추가 의정서2Additional Protocol II '[104]는 비국제적 무력 분쟁에서 민간인과 그들의 재산 보호에 관련된 내용입니다. 국제인도주의법의 주요 원칙 가운데에는 '비례의 원칙principle of proportionality'이 있습니다. 극단적이고 불필요한 고통을 초래하거나, 군사적 공격 대상이 되었다고 확신할 수 없는 경우, 무력을 사용해서는 안 됩니다.

〈제네바협약〉은 국제적, 비국제적 분쟁 시기의 불법 살인, 고문, 불공정 재판, 강제 노동을 똑같이 금지합니다. 또한 협약은 국제적 무력 분쟁 시기에 군대의 부상자와 환자, 난파된 사람들, 전쟁 포로들에 대한 존중을 요구합니다. 특히 네 번째 협약은 전시 민간인 보호에 관한 내용을 담고 있습니다. 추가의정서들은 보호 영역을 무력 분쟁 때문에 영향을 받는 모든 사람들로 확대합니다. 또 민간인과 민간 목표물에 대한 공격을 금지합니다.[105]

1993년에 열린 비엔나 세계인권회의에서 모든 국가들이 1949년 8월 12일에 작성된 〈제네바협약〉과 그에 따른 추가의정서들을 승인하고, 이의 완전한 이행을 위해 입법과 적절한 국내적 조치를 취할 것을 호소했습니다.

국제적십자위원회[106]는 무력 분쟁과 혼란의 시기에 중립적인 중재자로서 활동합니다. 위원회는 독자적인 계획이나 〈제네바협약〉과 추가의정서에 따라 모든 무력 분쟁의 희생자들을 보호하고 지원합니다.

70 인도주의법에 따라 대규모, 총체적 침해를 다루기 위해 설립된 임시 법정과 재판소는 어떤 역할을 하나요?

전쟁과 내전 등 무력 분쟁이 발생하면 대규모의 총체적 인권 침해가 발생하기 쉽습니다. 이런 행위를 예방하고, 재발을 방지하기 위해서는 전쟁 범죄와 반인도주의적 범죄 행위 등에 대한 사법적 심판이 이루어져야 합니다. 이러한 문제를 다루기 위해 많은 국제형사법정과 재판소가 설립되어 활동해왔습니다.

1993년 유엔 안전보장이사회는 '1991년 이후, 구 유고슬라비아 영토 내에서 행해진 심각한 국제인도주의법 위반'에 관한 책임자 기소를 위해 결정 제808호와 제827호를 채택했습니다. 그리고 이 결정에 의거해 '구 유고슬라비아에 관한 국제형사법정International Criminal Tribunal for the former Yugoslavia(ICTY)'을 설립했습니다. 법정은 설립 협정에 따라 다음과 같은 행위에 관여한 사람을 기소할 권한을 갖고 있습니다.

- 1949년 〈제네바협약〉의 중대한 위반(제2조)
- 전쟁법 또는 전쟁 관습법의 위반(제3조)
- 〈집단 학살 범죄의 예방과 처벌에 관한 협약Convention on the Prevention and Punishment of the Crime of Genocide〉에서 정의된 집단 학살(제4조)(질문25 참고)
- 나라 안팎에서 벌어지는 무력 분쟁에서 모든 민간인 집단을 상대로 행해지는 살인, 학살, 노예화, 강제추방, 구금, 고문, 강간, 정치적 · 인도적 · 종교적 박해 등 반인도주의 범죄(제5조)

네덜란드 헤이그에 있는 구 유고슬라비아에 관한 국제형사법정은 그러한 침해에 책임 있는 사람들을 기소하고 처벌할 목적을 만들어졌습니다. 구 유고슬라비아에 관한 국제형사법정은 11명의 독립 판사와 조사 및 기소에 책임을 지는 한 명의 독립 검사로 구성됩니다. 구 유고슬라비아에 관한 국제형사법정의 절차는 오직 검사에 의해 개시될 수 있습니다.

검사는 조사를 수행하면서 용의자와 피해자, 목격자를 심문하고 증거를 수집하며 현장 조사를 실시할 권한을 가집니다. 또 어떤 경로를 통해서든 정보를 수집할 수 있습니다. 모든 유엔 회원국들은 정보 전달과 용의자 양도를 포함한 사건의 준비와 결정의 이행 과정 모두에서 구 유고슬라비아에 관한 국제형사법정에 전적으로 협력할 의무가 있습니다.

물론 용의자도 공정한 재판을 보장받을 권리가 있습니다. 국제 법정에서 국제인도주의법을 심각하게 위반한 것으로 인정되는 사람에 대한 처벌은 구금imprisonment입니다. 형 집행은 그것을 동의하는 국가에서 이루어집니다. 그러나 구 유고슬라비아에 관한 국제형사법정 협정에 따라 사형은 허용되지 않습니다. 항소를 위한 규정도 있습니다. 구 유고슬라비아에 관한 국제형사법정은 유엔 안전보장이사회와 총회에 자신의 활동에 대한 연례보고서를 제출해야 합니다.[107]

구 유고슬라비아에 관한 국제형사법정은 일종의 임시 법정입니다. 이는 이 법정이 상설 기구가 아니고 어느 특정 시점에 활동이 종료된다는 의미입니다. 이에 따라 모든 조사가 협정의 '완료 전략'에 따라 2004년에 종결되었습니다. 그러나 남아있는 도주자들의 체포가 늦어지고 복잡하게 얽힌 특정 사건들 때문에 2010년까지 모든 계류 사건을 종료하려던 목표를 달성하지 못했습니다.[108]

이와 관련해 유엔 안전보장이사회는 2010년, 결정1996호를 통해 법정이 2014년 12월 31일까지 가능한 모든 수단을 활용해서 남은 업무를 완수하도록 기한을 연장했습니다. 이와 함께 안전보장이사회는 완료 전략에 추가적인 조치를 더하여 법정의 재판 관할, 권리, 의무, 필수적 기능을 인수하는 일과 그 유산을 유지하는 이중적 역할을 하는 '잔여 메커니즘Residual Mechanism'을 수립했습니다.[109] 이 메커니즘은 운영이 개시되는 2013년 7월 1일 이후에 발생하는 항소와 재심, 최종 판결의 재검토 등 모든 활동을 다룹니다. 아울러 법정과 추후 메커니즘은 중간 등급과 하위의 용의자에 대한 사건을 역량 있는 국내 사법부로 계속 이관합니다.

2003년 이래 법정은 지역 사법부를 강화하기 위한 노력의 일환으로 구 유고슬라비아 국가들의 지역 사법부와 법정들과 긴밀하게 활동해왔습니다. 또한, 유엔 안전보장이사회는 1994년 11월, 결정995호를 채택했습니다. 이 결정은 '르완다에서 대량 학살과 국제인도주의법에 대한 다른 체계적이고, 광범위하며, 극악한 침해가 행해졌음을 드러낸 보고서에서 심각한 우려'를 표하며, 임시 '르완다 국제형사법정International Criminal Court for Rwanda(ICTR)'을 설립했습니다. 법정의 담당은 르완다 영토에서 행해진 심각한 인권침해의 책임자와 이웃 국가에서 행해진 대량 학살, 여타 유사한 침해에 책임이 있는 르완다 시민으로 확대되었습니다.

문제가 되는 금지 행위에는 대량 학살(제2조)과 반인도적 범죄(제3조), 〈제네바협약〉 제3조와 두 번째 추가의정서 제3조의 침해가 포함됩니다. 법정의 시간적 관할은 1994년 1월 1일부터 1994년 12월 31일까지 발생한 사건들로 제한됩니다. 11명의 판사들과 1명의 검사로 구성된 법정은 탄자니아 아루샤Arusha에 본부를 두고 있습니다.

유엔 안전보장이사회 결정1503호(2003년)에 따라, 구 유고슬라비아에 관한 국제형사법정처럼 르완다 국제형사법정도 '완결 전략'을 갖고 있습니다. 이에 따라 법정은 2012년 6월까지 재판 업무를 종료할 계획이며, 안전보장이사회의 결정1996호(2010)[110]의 요청에 따라 항소 업무는 2014년 말까지 완료할 예정입니다. 결정1996호를 통해 구 유고슬라비아에 관한 국제형사법정의 것과 같은 기능을 하는 '잔여 메커니즘'을 수립했습니다. 이 메커니즘은 2012년 7월 1일부터 운영됩니다.

한편 2000년 6월, 시에라리온 정부는 1996년 11월 30일부터 시작된 시에라리온 내전 동안 잔혹 행위에 가담한 사람들을 재판하는 법원을 설립하기 위해 유엔의 지원을 요청했습니다. '시에라리온 특별 재판소에 관한 협정Statute for the Special Court for Sierra Leone'111은 2002년 1월 16일 유엔과 시에라리온에 의해 서명되었습니다. 2002년 3월 7일 시에라리온의 '특별 재판소 조약법Special Court Agreement(Ratification) Act으로 특별재판소 협정이 시에라리온 국내법에 통합된 뒤, 재판소가 설립되어 활동을 시작했습니다.

시에라리온 특별재판소는 국제법과 국내법에 따라 범죄를 재판할 사법권을 가진다는 점에서 여타의 국제형사법정들과 다릅니다. 재판소는 국내 법원과 공동 관할을 가집니다. 또 국제인도주의법의 심각한 침해 사건을 재판할 뿐만 아니라 어린 여성에 대한 학대와 고의적인 재산 파괴와 같은 특정 범죄도 다룹니다. 그러나 심각한 인도주의법의 침해를 제외하고 모든 전투원들에게 사면을 허용한 〈로메평화협정Lome Peace Accord〉에 따라, 법원은 1999년 7월 7일 이후에 일어난 국내법상의 범죄만을 다루게 되었습니다. 법원에 불려나온 모든 사람은 자신의 행위에 대한 개인적 책임을 맹세합니다.

특별재판소는 1심 재판부와 항소재판부, 독립검사사무소, 등기소로 구성됩니다. 이들은 시에라리온과 국제적 인물들로 충원됩니다. 2011년 7월 현재, 항소 사건을 포함한 8건의 사건이 종결되었습니다.

네덜란드 헤이그에 있는 국제형사재판소International Criminal Court(ICC)에서 개최된 라이베리아 전 대통령 찰스 테일러Charles Taylor 재판은 2011년 3월 마지막 단계에 접어들었습니다.

71 국제형사재판소의 책임은 무엇인가요?

1998년 7월 17일 로마에서 160개국이 참가한 한 국제회의에서 〈국제형사재판소에 관한 로마협정Rome Statute of the International Criminal Court〉이 채택되었습니다. 이로써 인도주의법의 총체적 침해와 반인도적 범죄, 대량 학살, 침략 범죄를 다루는 세계 최초 상설 재판소의 법적 틀이 마련되었습니다. 2002년 4월 11일, 60개국이 조약을 비준함에 따라 2002년 7월 1일 국제형사재판소가 정식으로 문을 열었습니다. 재판소는 네덜란드 헤이그에 자리하고 있습니다.[112]

국제형사재판소는 대량 학살이나 반인도적 범죄, 전쟁 범죄, 침략 범죄 등 가장 악질적인 범죄에 관여했다고 비난받는 만18세 이상의 개인들에 대한 심의 권한을 가집니다. 앞의 세 가지 범죄 유형은 협정에 분명하게 정의되어 있습니다.

첫째, 대량 학살은 특정 민족이나 종교, 종족, 인종 집단을 파괴할 의도로 전체 또는 국지적으로 행해진 말살 행위를 말합니다. 둘째, 반인도적 범죄는 특정 민간인을 대상으로 광범위하게 혹은 체계적인 공격의 일환으로 행해진 특정 금지 행위(예컨대 살인, 학살, 강간, 성적 노예화, 고문 등)를 일컫습니다. 셋째, 전쟁 범죄는 무력 분쟁 시기에 나라 안팎에서 대규모로 행해진 〈제네바협약〉과 전쟁 관련법들에 대한 심각한 위반을 말합니다. 이들 범죄에 대해 재판소는 최고 30년 금고형을 선고할 수 있으며, 희생자에게 돌아갈 보상을 결정할 수 있습니다.

2010년 6월 우간다 캄파라의 재검토 회의에서 채택된 〈로마협정〉개정안은 침략 범죄를 정의했습니다. 침략 범죄는 지도적 위치에 있는 인물이 침략을 위해 계획, 준비, 개시, 실행하는 행위로 정의되며, 이는 유엔 헌장의 명백한 침해에 해당합니다. 침략 행위는 정당한 자기 방위나 유엔 안전보장이사회에 의한 권위 부여 없이 한 국가가 주권과 영토, 정치적 독립성을 지닌 어떤 국가에게 무력을 사용하는 것을 의미합니다.[113]

재판소의 관할권 실행을 위해서는 두 가지 조건이 필요합니다. 즉, 재판소는 협정 수정안을 30개국이 비준 또는 승인한 지 1년 뒤에 행해진 범죄만을 다룰 수 있습니다. 이에 더해 당사국 2/3 이상의 다수가결이 필요합니다. 이 결정은 2017년 1월 1일 이후, 언제든 이루어질 수 있습니다.[114]

만약 어떤 사건이 한 당사국에 의해 독립 검사에게 이관되었거나, 검사가 예비재판부의 승인을 받아 조사를 개시했거나, 〈유엔헌장〉 제7부에 따라 유엔 안전보장이사회에 의해 이관된 경우, 해당 사건은 조사나 재판을 위해 국제형사재판소에 회부될 수 있습니다. 재판소는 용의대상이 〈로마협정〉을 비준 또는 승인한 국가의 국민이거나, 그 행위가 당사국들의 영토에서 일어난 경우, 사건에 대해 관할권을 가집니다. 조약 당사국이 아닌 국가는 임시적으로 재판소의 관할을 받아들일 수 있습니다. 안전보장이사회가 위탁한 사건의 경우에는 문제가 발생한 국가, 또는 범죄 용의자가 국민으로 속한 나라가 반드시 협정 당사국일 필요는 없습니다. 재판소가 다루는 범위는 협정이 발효(2002년 7월 1일)된 뒤에 행해진 범죄들에 국한되며, 재판소는 이 날짜 이전에 행해진 침해에 대해서는 다룰 권한이 없습니다. 나아가 재판소는 단지 해당 국가가 사건을 스스로 다루려하지 않거나 다룰 수 없는 경우에만 조사하거나 재판할 수 있습니다. 국가가 자유롭고 공정한 조사나 재판을 제공한 경우, 재판소는 어떤 결과가 나오건 이 사건에 관한 관할권을 갖지 않습니다.

재판소는 소장단Presidency, 재판부Chambers(항소재판부Appeal, 1심재판부Trial, 예비재판부Pre-Trial로 나뉨), 검사사무소Office of the Prosecutor, 등기소Registry로 구성됩니다. 재판소는 최대 9년 동안 봉직하는 18명의 판사들로 구성됩니다. 이들은 각자 전문성에 따라 세 개의 재판부로 나뉩니다. 세 명의 판사가 소장단(소장, 제1부소장, 제2부소장)으로 선출되어 재판소의 적절한 사법 행정을 책임집니다. 여기에 검사사무소는 포함되지 않고 독립적 기구로 남습니다. 재판소는 당사국 총회에 책임을 집니다. 당사국들은 재판소의 활동을 감독하고, 소장, 검사, 등기소장을 위한 재판소 행정에 대한 관리 감독을 제공합니다. 또, 예산 문제에 관해 결정하고, 재판관 수를 변경할지 결정하며, 어떤 국가가 재판소에 협력하지 않는 경우 이에 관한 모든 문제를 검토합니다.

2011년 6월 30일 현재, 검사 사무소는 6개 나라에서 조사를 개시했고(12개 사건, 그중 4개의 사건이 재판 단계에 있음), 18건의 체포 영장을 발부했습니다.[115] 재판소의 첫 재판은 2009년 1월 26일 시작되었습니다.

인권을 다루는
유엔의 산하 기구

72 유엔 인권최고대표의 역할은 무엇인가요?

비엔나 선언 및 행동계획Vienna Declaration and Programme of Action의 후속절차로
유엔총회는 1993년 12월, 결의안48/141을 만장일치로 의결해 인권최
고대표High Commissioner for Human Rights 직위를 만들었습니다.[116] 초대 인권최
고대표는 1994년 4월 5일자로 업무를 시작했습니다. 인권최고대표는
유엔에서 인권 관련 업무를 책임지는 최고의 직책이며 유엔 사무총
장 직속으로, 그의 지휘를 받습니다.

4년 임기에 한 번 연임할 수 있는 인권최고대표는 〈유엔헌장〉과 〈
세계인권선언〉, 인권의 존중과 준수와 관련된 조약의 틀 안에서 활

동합니다. 또 그는 인권이 보편적이며 떼어낼 수 없고 상호의존적이라 서로 연결되어 있다는 점, 그래서 인권의 신장과 보호는 국제공동체의 정당한 관심사라는 인식 하에서 활동해야 합니다.

인권최고대표의 업무는 유엔 시스템 안에서의 인권 신장과 보호를 위한 조정 업무를 맡으며, 사무총장에게 인권 분야에 대한 조언을 하는 등의 일입니다. 이 일을 수행하는 과정에서 인권최고대표는 모든 정부와 대화하며 인권 보호와 신장을 위한 방법을 모색합니다.

특정한 분야에서의 사명 개발권의 신장과 보호, 인권 분야에서의 유엔 관련 교육 및 대중 프로그램 조정, 인권 업무의 효율성과 효과성을 높이기 위해 제도를 합리화하고 새로운 상황에 맞게 적용시키며 강화하여 인권을 유엔 업무 속에서 '주류화' 시키는 것 등입니다. 인권최고대표는 인권최고대표사무소Office of the High Commissioner for Human

Rights(OHCHR)의 업무를 지휘하는데, 인권최고대표사무소는 인권 분야에서 실행 계획과 프로그램에 대해 조언하고 기술 및 재정적 지원을 담당합니다.

73 유엔 인권최고대표사무소의 임무는 무엇인가요?

인권최고대표부사무소의 핵심 사명은 '모든 사람의 모든 인권을 위해 일하며, 사람들이 자신의 권리를 깨닫도록 능동적으로 만들고, 이들 권리를 지지하는 소명을 맡은 사람들을 지원해 이들 권리가 확실히 이행되도록 하는 것'입니다.[117]

인권최고대표부는 유엔의 인권 관련 분야에서 핵심적인 역할을 하는 조직입니다. 대표부사무소는 인권이사회와 그 메커니즘(국가별 인권 상황에 관한 정기 검토를 포함해서)에서부터 조약기구 시스템에 이르기까지 유엔 인권 활동을 지원합니다. 조약기구 시스템은 각국의 국가적 수준에서 조약의 이행을 모니터링하는 9개의 권리 기구로 구성됩니다. 9개의 조약은 다음과 같습니다.

〈경제적, 사회적 및 문화적 권리에 관한 국제규약International Covenant on Economic, Social and Cultural Rights〉(질문18~23 참조), 〈시민적 및 정치적 권리에 관한 국제규약International Covenant on Civil and Political Rights〉(질문12~17 참조), 〈인종차별철폐에 관한 국제협약International Covenant on the Elimination of Racial Discrimination〉(질문31~33 참조), 〈여성에 대한 모든 형태의 차별 철폐에 관한 협약Convention on the Elimination of All Forms of Discrimination against Women〉(질문36 참

조), 〈아동권리협약Convention on the Rights of the Child〉(질문42~43 참조), 〈고문방지협약Convention Against Torture〉(질문26~27 참조), 〈모든 이주 노동자와 그 가족의 권리 보호를 위한 국제협약Convention on the Protection of the Rights of all Migrant Workers and Members of their Families〉(질문52 참조), 〈장애인의 권리에 관한 협약Convention on the Rights of Persons with Disabilities〉(질문53 참조), 〈강제 실종으로부터 모든 사람을 보호하기 위한 국제협약International Convention for the Protection of All Persons from Enforced Disappearance〉(질문30 참조)입니다.[118]

또 인권최고대표부는 4개의 인권 신탁기금을 운영합니다. 이 기금은 고문 피해자와 원주민의 권리에 대한 지원, 현대의 노예제도 폐지를 위한 활동 지원을 하며 인권 분야에서 각국에 대한 기술적인 공조 활동에 쓰입니다.[119]

또한 인권최고대표부의 광범위한 활동에는 독립적인 국가인권기구를 만드는 것, 인종주의와 외국인혐오증과 이와 관련된 억압에 대한 전 지구적인 캠페인을 확산시키는 것(질문34~35 참조), 원주민 문제를 다루는 상설 포럼에 대한 계속적인 지원(질문51 참조) 등이 포함되어 있습니다. 또 '아프리카 개발을 위한 새로운 파트너십'처럼 다양한 지역에서의 특정한 인권 수요와 전략을 모색하는 것을 지원하는 일, 국제 인권 문서들에 대해 각국이 승인하고 후속 절차 및 이행을 지원하는 일, 갈등을 겪고 있는 사회를 지원하는 일도 하고 있습니다. 또 인권최고대표부는 자신의 모든 활동에 성 관점을 접목, 통합시키고 유엔의 모든 활동과 기능에 인권을 주류화하기 위해서도 노력하고 있습니다.

인권최고대표부는 인권에 대한 조사와 연구 활동도 수행하며 이행 상황에 대한 보고서도 준비합니다. 또한 인권 분야에서 활동하는 비정부기구, 다른 국제기구들, 언론과의 공조 활동도 조정합니다. 나아가 인권과 관련되는 정보와 출판물을 배포하고 세계적으로 인권교육을 장려합니다. 인권최고대표부는 '유엔의 인권교육 10개년 계획 United Nations Decade for Human Rights Education(1995~2004)'의 틀 내에서 이뤄지는 활동들을 조정하는 임무도 맡고 있습니다. 대표부는 이 10개년 계획의 성과를 바탕으로 2005년부터 현재까지 계속되고 있는 '인권 교육을 위한 세계 프로그램'의 전 지구적인 공조에 대해서도 지원을 하고 있습니다(질문108~110 참조).

74 유엔 인권최고대표부의 기술적 공조 프로그램의 목적은 무엇인가요?

인권최고대표부가 인권 신장과 보호를 위해 하는 일 가운데 실제적인 업무는 다방면에 걸친 기술적 공조 활동을 통해서 이루어집니다. 이 프로그램은 각 국가들이 인권보호 시스템을 구축하는 것을 돕습니다. 국가별로 해당 국가의 필요성에 대한 평가에 따라 인권과 법치주의에 의한 민주주의를 신장시키고 유지할 수 있는 법적, 제도적 틀의 강화를 목적으로 통합적인 기술적 지원 프로그램이 만들어집니다. 인권최고대표부는 유엔의 다른 기구들 및 지역의 인권 기구들과도 공조합니다. 여러 지역에 지역 대표부를 두어서 기술적 공조 업무를 지원하기도 합니다.

이런 맥락에서 인권 기준이 각국의 법과 정책과 관행에 결합되고 이들 기준들을 이행할 수 있는 지속가능한 국가적 역량을 구축하도록 지원합니다. 한 지역의 민주주의적 질서를 공고히 하기 위한 지원 활동도 합니다. 가령 선거 지원이나 법관, 법 집행 담당자, 공무원, 무장 병력을 대상으로 국제 인권 기준에 대한 교육을 진행하기도 합니다.

지원 프로그램은 몇 가지 요소를 갖고 있습니다. 즉 인권교육, 인권의 보호에 있어서 대중매체의 역할 강화, 평화체제의 형성과 유지 및 구축을 지원하는 인권 활동 등입니다. 이중 후자는 갈등의 예방 및 평화적 해결을 위한 기술에 초점을 맞춥니다. 여기에는 유엔의 평화유지군에 대해 인권 보호 책무를 교육하는 것과 현장 사무소를 구축하는 것이 포함되어 있습니다.[120]

이 프로그램들은 시민사회를 형성하는 데 있어서 비정부 인권기구와 다른 커뮤니티 그룹의 중요한 역할을 인식하며 그를 위한 직접적인 지원을 제공하고 있습니다. 인권최고대표부의 행동계획은 2005년 세계정상회의가 인권최고대표부의 업무 및 역량 구축에 대한 기술적 지원의 중요성을 강조했다고 밝히고 있습니다.[121]

75 유네스코는 인권의 신장과 보호를 위해 어떤 기여를 하고 있나요?

유네스코United Nations Educational, Scientific and Cultural Organization(유엔 교육 · 과학 · 문화 기구)는 1945년에 창설되었습니다. 유엔의 전문기구 가운데 하나

인 유네스코는 195개 회원국과 8개 준회원국으로 이루어져 있습니다. 유네스코의 지도부는 총회와 이사회입니다.

〈유네스코헌장〉에 따라 유네스코는 '국가 간에 교육, 과학, 문화를 통한 공조를 촉진함으로써 평화와 안보에 기여하며 이를 통해 세계의 정의와 법치를 꾀합니다. 또한 〈유엔헌장〉에 의해 천명된 인종과 성, 언어, 종교에 따른 구별 없는 전 세계인의 인권과 기본적인 자유를 추구'합니다.

유네스코는 특별한 권리와 함께 특별한 책임을 갖고 있습니다. 교육을 받을 권리, 문화적 생활에 참여할 권리, 의견과 표현의 자유를 가질 권리(여기에는 정보에 대한 탐색, 수신 및 전달의 권리도 포함) 과학적 진보 및 적용의 수혜를 누릴 권리 등이 여기에 해당됩니다. 유네스코의 인권 신장을 위한 활동에는 인권 기준을 설정하는 것도 포함되어 있으며(이 기구의 문서들은 인권과 직간접적으로 관련), 인권에 대한 조사 및 인식의 제고 활동도 벌입니다(질문108 참조).

인종주의 및 다른 형태의 차별, 억압의 철폐는 유네스코의 모든 영역의 업무 중 핵심에 속합니다. 이 기구의 통상적인 활동은 전반적인 사항에 대한 문서들(즉 〈인종 및 인종적 편견에 대한 선언Declaration on Race and Racial Prejudice〉(1978), 〈관용의 원칙에 대한 선언Declaration of Principles on Tolerance〉(1995))뿐만 아니라 특정 영역에 관련되는 문서들(1960년의 교육에 있어서 반-차별약속)[122]을 통해 이루어집니다. 운영 차원에서는 '모든 사람을 위한 교육 운동Education for All(EFA)'이 유명한데, 이는 2000년 세네갈 다카르에서 열린 세계교육포럼에서 처음 주창된 것으로 모든 어린이와 청소년, 성인에게 기초 교육의 제공을 목적으로 하고 있습니다. 모든 사람을 위한 교육 운동의 6가지 목표는 밀레니엄 개발 목표의 교육에 관한 사항에도 수렴됩니다. 이 분야에서 유네스코의 활동은 정책 대화, 모니터링, 옹호 및 역량 개발 등에 초점을 맞추고 있습니다. 빈곤의 근절, 특히 극심한 빈곤의 근절에 있어서의 모든 사람을 위한 교육 운동의 중요성은 2005년 세계 정상회의[123]에서 승인된 바 있습니다. 2001년 남아공 더반에서 열린 반 인종주의 세계회의 이후, 유네스코는 자치 단체 수준에서의 반 인종주의와의 투쟁에 특별한 관심을 기울이고 있습니다. 그래서 2004년 인종주의에 맞서는 도시들의 국제적 연합을 발족시켰습니다. 이 연합은 유럽, 아프리카, 남미, 동남아시아 지역의 도시들 간의 더욱 긴밀한 협력과 공동 행동을 위한 자극제가 되고 있습니다. 지역 정부를 움직이려는 유네스코의 노력은 더반 점검 회의에서 인정, 독려되었습니다.

유네스코가 우선순위로 설정하는 것 가운데 하나는 모든 업무 영역에서의 성 평등의 추구한다는 점입니다. 유네스코의 업무는 회원국과 유네스코 안에서 '성에 맞춰진 프로그램'과 '성의 주류화'라는 두 갈래 접근법에 바탕을 두고 있습니다.

유네스코는 문화적 생활에 참여할 권리 및 문화적 다양성의 개발에서 선도적인 역할을 하기도 했습니다. 특히 표준안 개발과 이행 촉진에서 두드러진 활동을 했습니다. 〈국제적 문화협력의 원칙에 대한 선언Declaration of the Principles of International Cultural Cooperation〉(1966)은 '모든 문화는 존중받고 보존되어야 할 존엄성과 가치'를 지니고 있으며 '모든 사람들은 자신의 문화를 발전시킬 권리와 의무가 있다.'고 강조했습니다(제1조). 일반 국민의 문화 생활 참여와 그에 대한 기여를 위한 권고

Recommendation on Participation by the People at Large in Cultural Life and Their Contribution to It(1976)는 문화에 대한 접근권을 모든 사람이 정보와 교육, 지식을 얻고 문화적 가치를 누릴 수 있는 기회를 갖는다고 정의합니다. 특히 이를 위해 적절한 사회 경제적 여건이 마련되어야 한다고 밝히고 있습니다.

기념비적이라고 할 만큼 중요한 성취는 2001년에 발표한 〈문화적 다양성에 관한 선언Universal Declaration on Cultural Diversity〉이었습니다. 이 선언은 문화적 다양성이 인류의 공통적인 유산임을 확인하면서 문화적 다양성을 발전의 한 뿌리이며 국제 평화와 안정을 결정짓는 요인으로 존중할 것을 촉구했습니다. 또 선언은 모든 인권, 특히 문화적 권리의 완전한 이행은 문화적 다양성의 증진을 위한 전제 조건이라고 강조했습니다.

2005년에 채택된 〈문화적 표현의 다양성의 보호와 증진을 위한 협약Convention on the Protection and Promotion of the Diversity of Cultural Expressions〉은 2001년 선언을 구속력이 있는 규범으로 더욱 발전시킨 것입니다. 이 협약은 2007년 3월 18일 발효에 들어갔으며 2011년 6월 30일 현재, 117개국이 비준했습니다.[124] 문화와 관련 있는 유네스코의 다른 몇 개의 문서들은 문화적 자산과 유산 등을 장려하고 보호합니다. 이들 문서는 문화적 권리를 보호받기 위한 필수 요소이며 권리의 향유를 위한 환경을 만드는 데 많은 기여합니다.

몇 가지 예를 들면, 〈무력 갈등 시 문화적 자산의 보호를 위한 협약Convention for the Protection of Cultural Property in the Event of Armed Conflict〉과 협약의 실행을 위한 규정, 협약에 따른 2개의 의정서(1954, 1999) 그리고 1954년 총회 결의안, 〈세계 저작권 협약Universal Copyright Convention〉(1952, 1971), 〈

세계의 문화자연유산의 보호에 관한 협약Convention concerning the Protection of the World Cultural and Natural Heritage〉(1972), 〈수중 문화유산의 보호에 관한 협약Convention on the Protection of the Underwater Cultural Heritage〉(2001), 〈무형 문화유산의 보호를 위한 협약Convention for the safeguarding of the Intangible Cultural Heritage〉(2003) 등이 있습니다. 문화적 및 과학적 삶에 있어서 중요한 역할을 하는 사람들의 권리를 보호하는 다수의 협약도 채택되었습니다.[125] 특히 1989년 이후 유네스코는 회원국들이 미디어, 정보와 통신법을 설계하고 채택하는 데 있어서 이를 인권 원칙과 국제적으로 승인된 민주적 기준에 맞추도록 고무하고 지원하는 일해왔습니다.

사회 및 인문 과학 분야에서 유네스코의 중요한 업무는 현재 진행 중인 세계화 및 발전 모델을 통해 사회적, 경제적, 문화적 변화에 대한 학제 간 연구를 시행하는 것입니다. 국제 이주와 이주민의 권리, 빈곤 축소와 인권과 같은 이슈들이 연구 활동 및 운영 프로젝트의 주제들이었습니다.

인간 유전자 데이터에 대한 연구의 진전으로부터 파생된 도전들에 대응해 유네스코는 〈세계 인간 게놈 및 인권 선언Universal Declaration on Human Genome and Human Rights〉(1997)을 채택했습니다. 이 선언은 인권과 기본적인 자유에 대한 존중을 보호하는 것과 연구의 자유의 보장 간에 균형을 맞추고 있습니다. 선언은 인간의 존엄성을 충분히 존중하는 입장에서 연구와 치료가 이뤄져야 하며 누구도 유전적 특징에 근거해 차별을 받아서는 안 된다고 밝혔습니다. 〈세계 생명윤리와 인권에 관한 선언Universal Declaration on Bioethics and Human Rights〉(2005)은 의학과 생명과학 영역에서의 발전에 의해 제기된 광범위하며 복잡한 윤리적 딜

레마에 대한 대응이었습니다. 선언은 인권 원칙으로부터 도출되고 보편적으로 합의된 윤리적 가이드라인을 제시합니다. 선언은 이를 통해 생명윤리학이라는 특정한 영역에서의 윤리와 인권의 상호관계에 대해 명확히 하고 있습니다.

유네스코는 이런 활동들을 통해 궁극적으로 교육, 과학, 문화, 통신 분야에서의 모든 활동에 있어서 인권을 기반으로 한 접근을 추구하려는 모든 유엔 기구들과 프로그램 및 기관의 노력에 부합하고 있습니다.

76 유네스코의 모니터링 메커니즘은 어떻게 되어 있나요?

〈유네스코 헌장UNESCO's Constitution〉, 특히 제4조 6항에서는 회원국들에게 각국이 승인한 협약과 유네스코의 권고사항에 대한 전반적인 보

이 애들은 학교에서는 1등이 아닐지도 모르지만 시민으로서는 최고야!

고서를 제출하도록 명시하고 있습니다. 2003년까지는 총회에서 국가별 보고서를 심의했는데, 그해 총회에서 이 권한을 집행이사회로 넘기기로 의결했습니다.[126] 구체적으로는 협약과 권고에 관한 위원회가 이 심의를 맡고 있습니다. 이 위원회는 현재 3개의 협약(〈교육에서의 차별 금지 협약Convention against Discrimination in Education〉(1960), 〈문화재의 불법적인 반출입 및 소유권 양도의 금지와 예방수단에 관한 협약Convention on the Means of Prohibiting and Preventing the Illicit Import, Export and Transfer of Ownership of Cultural Property〉(1970), 〈기술 및 직업 교육에 관한 협약Convention on Technical and Vocational Education〉(1989))과 11개의 권고에 대한 점검 책임을 맡고 있습니다.[127] 이 메커니즘을 강화하기 위해 이사회는 다단계의 절차를 마련했으며, 국가별 보고서[128]를 위한 틀을 안내하는 가이드라인을 발표했습니다. 위원회의 견해는 회원국 보고서(혹은 분석적인 개요)와 집행이사회의 논평과 함께 총회에 전달됩니다.

유네스코에는 특정한 모니터링을 위한 다수의 문서들이 도입되었습니다. 그중에서는 다음과 같은 협약이 있습니다. 〈세계 문화 및 자연유산 보호에 관한 협약Convention concerning the Protection of the World Cultural and Natural Heritage〉(1972)(세계유산위원회에서 모니터링), 2003년의 〈무형문화유산 보호 협약Convention for the Safeguarding of the Intangible Cultural Heritage〉(2003, 정부 간 위원회에서 모니터링), 〈문화적 표현의 보호와 증진에 관한 협약Convention on the Protection and Promotion of the Diversity of Cultural Expressions〉(2005)에 따른 메커니즘 외에도 유네스코는 유엔 전문기구들과도 협정을 맺어 공통적 영역의 업무에 대해서는 공조하고 있습니다.

국제노동기구와 유네스코는 1968년 교사의 지위에 관한 권고의 적용에 대한 공동 전문가위원회(이 권고는 1966년 유네스코에 의해 채택되었다)를 구성했습니다. 이 위원회는 12명의 독립적인 전문가들로 이루어지는데 그중 절반은 국제노동기구에 의해 선임되며 나머지 절반은 유네스코가 선임합니다. 유네스코의 집행이사회가 지도부의 동의를 얻어 결정한 바에 따라, 이 위원회의 임무는 1997년 고등교육 교직종사자의 신분에 관한 유네스코의 권고로까지 업무가 확대되었습니다.[129] 이 결정에 맞춰 위원회의 명칭도 '고등교육 교직종사자의 신분에 관한 국제노동기구/유네스코 공동 위원회(CEART)'로 바꾸었습니다.

이와 비슷한 또 다른 예로는 유네스코 집행이사회가 설립한 '교육받을 권리에 대한 모니터링을 위한 유네스코/경제사회이사회 공동 전문가 그룹'이 있습니다.[130] 이 기구는 경제적 · 사회적 · 문화적 권리에 관한 2명의 대표와 협약권고위원회 측 2명의 대표로 구성되어 있습니다. 이 공동전문가 그룹의 임무는 교육받을 권리에 대한 유네스코/경제사회이사회의 공조를 강화하기 위한 권고를 마련하는 것, 모든 이를 위한 교육을 장려하는 것, 그리고 교육 받을 권리 지표들에 대한 조언을 제공하는 것 등입니다.

77 유네스코는 인권침해 주장에 대한 진정을 받을 수 있나요?

유네스코에는 교육, 과학, 문화, 커뮤니케이션 등 유네스코의 업무 영역에 속하는 분야에서 인권 침해 피해를 입었다고 주장하는 희생자, 혹은 그와 관련된 믿을 만한 정보를 갖고 있는 개인, 단체, 국내외 피해를 비공개로 심의합니다. 이에 대해관련 정부 대표는 위원회의 회의에 출석해 추가적인 정보를 제시하고 위원회 위원들의 질문에 답변할 수 있습니다. 위원회는 처음에는 개별 청원들에 대해 접수해야 하는 것인지를 심의하고, 청원이 접수 가능한 것으로 선언되고 추가적인 행동을 취할 만한 정당한 이유가 있는 것으로 간주되면 그 다음에는 유네스코의 권한 범위 내에서 인권 증진을 위해 취할 수 있는 호의적인 해결책을 내놓을 수 있는 방법을 찾습니다. 위원회는 그 다음에는 유네스코 집행이사회에 비밀 보고서를 내는데 이사회는 이에 대해 적절한 조치를 취할 수 있습니다.

이 절차의 특별한 점은 조약에 따른 절차가 아니어서 유네스코 회원국이라면 어떤 국가라도 그 나라에 진정을 제기할 수 있다는 것입니다. 이 절차는 모든 단계에서 엄격하게 기밀이 유지됩니다. 위원회는 정부와 대화하고 조치를 취할 때 국제사법기구로서가 아닌 화해와 상호이해의 정신으로 임합니다. 또 몇 가지 점에서 인권침해 주장에 대해 다루는 다른 국제 및 지역 절차들에 비해 청원이 접수될 수 있는 문호를 넓혀놓았습니다. 청원을 할 수 있는 전제조건이 다른 절차들에 비해 덜 엄격합니다. 가령 모든 국내적 구제절차가 완료될 필요가 없으며 단지 그 같은 구제조치를 시도했다는 것만 입증하면 됩니다. 또한 접수하려는 사건이 다른 국제기구에서 심의되고 있는 경우라도 유네스코의 절차를 밟을 수 있습니다.

1978년부터 2009년 9월까지 개인 청원은 협약권고위원회Committee on Conventions and Recommendations에서 심의되었는데, 그중 352건이 만족스러운 해결로 끝났습니다. 대부분 위원회와 관련국 사이의 대화를 통해서 였습니다. 위원회가 심의하는 보고서와 사건은 공개하지 않지만 2010년 수정된 집행이사회 절차 규칙(규칙 29조에 근거)에 따라 20년이 지나면, 이사회의 비밀문서는 예외가 없는 한 공개하게 되어 있습니다.[131]

78 국제노동기구가 인권과 기본적 자유의 신장과 보호에 기여한 것은 무엇인가요?

국제노동기구는 1919년 창설되어 1946년에 유엔의 전문기구가 되었습니다. 국제노동기구는 노동 분야에서의 활동을 통해 사회적 정의를 이루는 것을 목적으로 합니다. 이 목표는 '양질의 노동의 성취'라는 말로 잘 알려져 있습니다. 국제노동기구의 인권을 위한 활동의 기초에는 국제노동기준을 제정하고 회원국들이 이 기준을 잘 이행하는지 감독하는 것, 그리고 회원국 정부와 그 밖의 관련 기구들에게 기술적 지원을 제공함으로써 이들 기준과 원칙이 실효성을 갖도록 하는 것입니다.[132]

국제노동기구는 3자 대표 체제로 이루어진 기구입니다. 즉, 이 기구의 모든 정책 결정 단위는 정부와 사용자, 노동자 대표로 이루어집니다. 이들 3자는 의사결정 및 국제노동기구의 모니터링 절차에 따라 동등한 지위로 참여합니다.

국제노동규범은 국제노동기구에서 가장 중요한 기구인 국제노동총회에서 협약이나 권고의 형태로 채택됩니다. 협약은 국제노동기구가 관할하는 기본적인 인권과 관련된 것들입니다. 예를 들면, 결사의 자유, 강제 노동의 철폐, 고용과 업무의 차별로부터의 자유, 아동 노동 등입니다. 협약은 또 노동조건이나 업무상의 안전 및 보건, 사회적 안전망, 산업적 관계, 고용 정책 및 직업 안내 등의 분야에서 기준을 정하고 여성, 이주 노동자, 원주민 및 소수 부족 등 특수 집단에 대한 보호 규정을 제공합니다.

79 국제노동기구 내의 모니터링 절차는 어떻게 되어 있나요?

국제노동기구 규범의 이행 여부를 감독하고 모니터링하는 데는 여러 가지 절차가 있습니다. 어떤 국가가 협약을 승인하면 협약의 조항들이 실효적으로 되게끔 어떤 조치들을 취했는지 설명하는 정기적인 보고서를 내게 되어 있습니다. 각국 정부는 이 보고서를 자국의 노동자와 사용자 단체에 반드시 보내야 하며, 노사 단체는 이에 대해 의견을 제시할 수 있습니다.

　20명으로 이루어진, 독립적인 협약 및 권고의 적용에 관한 전문가 위원회가 이 보고서를 심의하고 정부의 이행 수준에 대해 논평을 합니다. 보고서에 대한 평가를 할 때 위원회는 협약의 이행에 대해 어느 정도의 유연성은 용납합니다. 그러나 정치적·경제적·사회적 시스템의 차이를 이유로 정부의 의무, 특히 기본적 인권에 관한 사항을 회피하는 것에 대해서는 용납하지 않습니다. 위원회는 매년 열리는 국제노동총회에 협약과 권고의 적용에 관한 보고서를 제출하고 심의

합니다.

이 위원회 역시 3자 기구로서 정부와 노동자, 사용자 대표로 구성되어 있습니다. 오랫동안 국제노동기구의 규범 제정과 감독 활동은 회원국들의 사회노동 분야 입법에 상당한 영향을 미쳤으며 노동 여건과 삶의 질 개선에 큰 도움이 되었습니다.

관련국이 협약을 이행하는 데 어려움을 겪는 경우 국제노동기구는 문제 해결을 돕기 위한 지원을 제공합니다. 이 지원 서비스는 전세계에 퍼져 있는 기술 자문단 네트워크 및 그 밖의 다양한 수단에 의해 이루어집니다. 모든 분야에서 국제노동기구의 기술적 지원은 국제노동기구의 표준에 입각해 있습니다. 또 각국은 국제노동기구 협약을 비준하는 데 어떤 장애물이 있는지에 대한 보고서를 내게 되어 있습니다.

80 국제노동기구는 인권 침해 주장에 대한 진정을 접수받을 수 있나요?

정부로부터 제공받은 자료를 바탕으로 진행하는 국제노동기구의 일반적인 감독 기능 외에도, 〈국제노동기구헌장〉에 따라 두 개의 진정 절차가 마련되어 있습니다.

첫 번째 절차는 회원국 자신이 비준한 협약의 의무사항을 이행하지 않을 경우, 모든 사용자 조직이나 노동자 조직이 국제노동기구에 진정할 수 있습니다. 국제노동기구 이사회의 특별3부위원회는 사건을 심의해서 협약이 사실상 지켜지고 있는지 여부를 판단합니다.

두 번째 절차는 협약을 모두 승인한 회원국 간에는 어느 회원국이든 다른 회원국이 협약을 제대로 이행하지 않는다고 판단되는 회원국에 대해 진정을 제기할 수 있습니다.

또한 이사회에 의해서도 진정이 제기될 수 있는데, 이사회 자체적으로 발의해서 할 수도 있고 연례 국제노동총회에 파견되는 대표단으로부터 진정을 접수 받는 식으로도 할 수 있습니다. 이사회는 진정을 전체적으로 조사할 위원회 위원들을 임명할 수 있으며 사실 관계를 확인하고 적절한 권고를 내립니다. 조사위원회의 조사는 일반적으로 지속적이며 심각한 위반행위를 저지르고 있다는 혐의를 받고 있는 회원국이 반복적으로 협약을 불이행하고 있는지를 추적하는 데 집중됩니다.

만약 문제가 되는 정부가 위원회가 내린 결론을 받아들이지 않을 때는 위원회는 이 사건을 국제사법재판소에 회부할 수 있습니다. 아직까지 이런 경우는 없었는데, 왜냐하면 조사위원회의 결과를 대체로 관련국 정부가 받아들였기 때문입니다. 또한 진정 절차는 다른 국제기구나 각국 정부들로부터의 지원을 받을 수 있다는 점이 〈국제노동기구헌장〉의 한 조항에 명시되어 있습니다. 11개의 조사위원회가 설립되기까지는 상대적으로 소수의 주장과 진정이 제기되었는데, 그것들은 중요한 문제와 관련된 것이었습니다. 특히 노동조합의 권리와 차별, 강제노동과 연계된 것들이었습니다.

81 국제노동기구는 노동조합의 권리를 보호하기 위해
   어떤 절차를 갖고 있나요?

1950년 국제노동기구는 노동조합의 권리와 사용자 조직의 권리 침해
에 대한 주장을 심의하기 위한 특별 절차를 마련했습니다. 이는 협약
의 전반적인 감독 절차를 보완하는 것이었습니다. 노동자 조직과 사
용자 조직, 정부가 모두 진정을 제기할 수 있습니다. 그러나 실제로
대부분의 진정은 각 국가나 국제적 노동조합 조직에 의해 제기되었
으며 이들 진정은 노동조합의 권리와 관련된 것이었습니다. 그 권리
에는 2개의 주요한 협약인 〈결사의 자유 및 조직의 권리 보호에 관한
제87조 협약〉(1948)과 〈단체 결성 및 단체 협상의 원칙의 적용에 관련
되는 협약 제98조 협약〉(1949)이 다루지 않는 권리도 포함됩니다. 진
정은 협약을 비준했건 안 했건 상관없이 어느 정부를 상대로도 제기
될 수 있습니다. '결사의 자유'에 관한 이사회의 3자위원회는 이들 주
장들에 대해 심의하며 더욱 자세한 조사를 위해 진정을 '결사의 자유
사실 관계 확인 및 조정 위원회'에 회부할 수 있습니다. 실제로는 접
수된 거의 모든 진정 사건을 3자위원회가 자체적으로 심의하고 있습
니다. 3자위원회의 권고는 법률의 폐기와 개정, 해고 노동자의 복직
에서부터 수감된 노동조합원의 석방에 이르기까지 조치를 취하도록
촉진하는 역할을 해왔습니다. 몇몇 사건에서는 노동조합원들에 대한
사형 선고를 철회시키기도 했습니다. 1952년부터 2011년까지 3자위원
회는 2,500여 건의 진정을 접수하고 심의했습니다.

82 세계화의 영향과 관련해 노동권의 보호를 위해
국제노동기구가 채택한 노동기준은 어떤 것들이 있나요?

1998년 6월, 국제노동기구는 〈일터에서의 기본적인 원칙과 권리에 대한 선언Declaration on Fundamental Principles and the Rights at Work〉과 그에 따른 후속조치를 채택했습니다. 이 선언은 세계화와 무역자유화의 전개가 노동자들의 권리를 위한 투쟁에 새로운 도전이 되고 있음을 인식하고 있습니다. 무역 장벽의 붕괴는 종종 국내 기업과 산업의 경쟁력을 강화하기 위한 정부의 수단이 되어 국내 기준을 낮추도록 합니다. 이는 사회정책을 재확인할 필요가 있음을 함께 제기합니다. 이 선언은 경제발전과 함께 사회적 진보가 이루어져야 한다는 것을 분명히 하는 데 목적이 있습니다.

이 목적을 위해 선언은 국제 공동체와 모든 국제노동기구 회원국들이 국제노동기구의 8개 기본적인 협약에 의해 인정되고 있는 4개의 원칙에 대해 긍정적으로 인식하며 이를 존중하고 증진하며 실현할 것을 재확인하고 있습니다.

4개의 원칙은 '노동자와 사용자의 결사의 자유 및 집단 협상의 권리에 대한 실효적인 인정(협약 제87호, 제98호)', '모든 형태의 강제적 및 강압적인 노동의 철폐(협약 제29호, 제105호)', '아동 노동의 효과적인 철폐(협약 제138호, 제182호)', '고용과 직업에 따른 차별의 철폐(협약 제100호, 제111호)'입니다. 선언은 노동 기준을 보호무역 목적으로 이용하는 것을 금지한다는 점도 분명히 했습니다. 어느 나라든 재화 생산과 서비스에서의 비교우위가 이 선언과 그 후속조치에 의해 영향을 받아서는 안 된다는 것을 재확인했습니다.

각국은 이들 원칙이 자국 내의 법률과 관행에서 준수할 의무가 있습니다. 그러나 선언은 또한 국제노동기구에 대해 회원국들이 이들 목표를 달성하도록 제도적, 재정적 자원을 충분히 활용해 지원할 의무가 있음을 밝히고 있습니다. 기본적인 협약의 이행을 촉진하고 경제적 사회적 발전을 위한 환경을 만들도록 촉진하는 데 있어서 국제노동기구의 지원 역할을 강조한 것입니다.

선언은 이들 목표의 이행을 촉진하기 위한 후속조치들을 내놨는데, 이들 조치는 2010년 6월 15일 수정되었습니다. 이는 2개의 보고수단에 바탕을 두고 있습니다. '연간 후속 조치 보고서'와 '글로벌 리포트'입니다. 이들 문서는 촉진적 성격을 띠고 있어서 국제노동기구의 기존의 감독 메커니즘을 대체하는 것은 아니며 보충적 역할을 합니다. 또한 이들 권리를 이행하기 위한 많은 기술적 지원 프로그램이 있으며, 이미 존재하고 있는 아동노동 근절을 위한 국제 프로그램 International Programme for the Elimination of Child Labour(IPEC)을 보완하고 있습니다.

'연간 후속 조치 보고서'는 선언에 구체화된 원리와 권리들을 지지하는 기본협약을 승인하지 않은 회원국들이 어떤 노력을 했는지를 기술한 정부 측의 보고서들로 이루어져 있습니다. 헌장 제19조 5절에서 그 양식이 기술되어 있습니다. 이들 보고서는 이사회에서 검토되며 각국이 자신들이 얼마나 진전을 이루었는지를 측정하는 기준선이 됩니다. 매년 국제노동기구 사무총장이 국제노동회의에 제출하는 '글로벌 리포트'는 4개의 부문의 원리와 권리가 일터에서 적용되는 상황을 검토합니다. 이 보고서는 국제노동기구가 제공한 지원조치의 효과와 미래의 우선순위를 평가하는 기초가 됩니다. 이를 통해 국제노동기구의 기술적 협력 활동이 회원국들의 기본적 원리와 권리 이행에 도움이 될 수 있도록 합니다.[133] 2000년 6월에 열린 사회적 발전을 위한 세계 정상회의의 정리 문건에서 참가국들은 위의 보고서 및 국제노동기구의 다른 제안들을 독려함으로써 세계화 시대에 노동의 질을 높이기로 다짐했습니다. 국제노동기구는 또한 유엔의 글로벌 컴팩트Global Compact(9개 원칙 가운데 4개가 노동권을 반영했음)와 빈곤 감축을 위한 전략 기획에도 참여하고 있습니다. 이들 역시 국제노동기

구가 정한 기준과 원칙에 기초하고 있습니다.

83 사회적 차원의 세계화에 대응하기 위해
국제노동기구가 취한 조치에는 무엇이 있나요?

국제노동기구는 '사회적 차원의 세계화에 관한 세계위원회World Commission on the Social Dimension of Globalization'를 발족시켜 세계화가 가져온 사회적 결과를 검토해 왔습니다. 2002년 3월에 첫 회의를 가진 이 위원회는 2개국의 정상에 의해 주도되었으며 세계 모든 지역에서 참여했습니다. 이 위원회의 최종적인 목표는 세계화가 가난과 실업의 감축에 기여하고 성장과 지속가능한 발전에 기여할 수 있도록 하는 방법을 찾는 것입니다. 위원회는 세계화의 과실이 더욱 공정하게 공유되는 방향으로 나아갈 수 있도록 세계화의 과정을 이끌고 그 골격을 만들 수 있는 구체적인 행동계획을 만들어내는 것을 목표로 합니다. 2004년 위원회는 '공정한 세계화: 모든 사람을 위한 기회의 창출A Fair Globalization: Creating Opportunities for All'이라는 최종 보고서를 제출했습니다. 이 보고서에서 위원회는 일련의 권고를 통해 세계화의 결과를 바꾸기 위한 전략을 제안했습니다.[134] 보고서는 두 가지 차원에서 후속 조치를 꾀하고 있습니다. 첫 번째는 위원회의 제안과 목표에 대한 인식을 확산시키고 그에 대한 지원을 강화하는 것입니다. 두 번째는 현재의 세계화 과정을 보고서의 제안에 맞춰 변경시키는 움직임을 기획하는 것입니다.[135]

2008년 6월 10일, 중요한 진전이 이루어졌습니다. 제97차 국제노동총회의 회의에서 〈공정한 세계화를 위한 사회적 정의에 관한 국제노동기구선언Declaration on Social Justice for a Fair Globalization〉을 채택한 것입니다. 이 선언은 세계화 시대를 맞아 국제노동기구의 책무를 이루기 위해 주어진 여건에서 무엇을 할 것인가라는 비전을 표현하고 있습니다. 이 문건에서 세계 182개 회원국에서 온 정부 대표, 노동자 조직, 사용자 조직들은 세계화라는 배경에서 진보와 사회적 정의를 달성할 수 있도록 국제노동기구가 핵심적 역할을 해야한다고 강조했습니다. 이들은 '좋은 일자리 아젠다Decent Work Agenda'136를 통해 이들 목표를 달성하기 위한 국제노동기구의 역량을 제고할 것을 다짐했습니다. 선언은 1999년부터 국제노동기구가 발전시켜 온 양질의 노동 개념을 국제노동기구의 정책의 핵심에 자리매김함으로써 이를 제도화하고 있습니다.

2011년 6월에 열린 국제노동회의 제100차 회의에서는 세계 전역에서 일하는 수억 명의 가사 노동자의 노동 여건을 개선하기 위한 일련의 국제기준을 채택했습니다. 이 기준들은 '가사 노동자를 위한 좋은 일자리Decent Work for Domestic Workers'에 관한 협약 제189호와 이를 지원하기 위한 권고 제201호에 포함되었습니다.

84 세계식량농업기구가 인권의 보호와 증진을 위해 기여한 것은 무엇인가요?

세계식량농업기구Food and Agriculture Organization(FAO)는 유엔에서 가장 규모가 큰 전문기구입니다. 1945년에 설립된 세계식량농업기구는 영양 수준의 향상과 농업 생산성의 개선, 농업 인구의 삶의 질 개선을 그 책무로 하고 있습니다. 세계식량농업기구는 농업 발전과 개선된 영양 및 식품 안전을 꾀함으로써 가난과 굶주림의 완화 방법을 모색합니다. 그 궁극적 목표는 환경을 악화시키지 않고 기술적으로 적정하며 경제적으로 생존할 수 있으면서도 사회적으로 수용 가능한 방식의 개발을 촉진하고 현재 및 미래의 세대의 수요를 모두 만족시키는 것입니다.

세계식량농업기구의 최고 기구는 회원국 총회로, 2년에 한 번씩 열리며 세계식량농업기구가 수행한 일에 대해 검토하고 향후 2년간의 업무와 예산안을 승인합니다. 세계식량농업기구가 인권 분야에서 주로 맡는 역할은 1996년 조직된 세계식량정상회의에 바탕을 두고 있습니다. 이 정상회의에서 나온 '행동계획의 7.4목표'에 따라 세계식량농업기구의 2000~2015년 전략의 틀은 인권에 기반한 식량 확보라는 접근법을 취하고 있습니다. 또 2002년에 세계식량농업기구는 '세계식량정상회의, 이후 5년'를 개최해 '모든 사람은 안전하고 영양이 넘치는 음식을 먹을 권리가 있음을 재확인한다.'는 선언을 채택했습니다.

2009년 11월 세계식량농업기구는 식량 안전에 대한 정상회의를 열어 지구상에서 기아를 확실히, 그리고 최대한 빨리 근절한다는 약속을 재확인하는 선언을 채택했습니다. 이 선언은 개발도상국의 농업에 대한 지원 확충을 촉구합니다. 선언은 밀레니엄 개발 목표의 첫 번째 항목인 극심한 가난과 기아의 근절을 이루기 위한 목표치와 2015 세계 식량 정상회의의 달성목표를 충족시키기 위해 각국 정부가 노력을 기울일 것을 거듭 강조했습니다.

85 세계보건기구는 인권과 기본적 자유의 증진 및 보호를 위해 어떤 기여를 하나요?

세계보건기구World Health Organization(WHO)는 보건에 관한 유엔의 전문기구로서, 1948년 4월 7일에 설립되었습니다. 세계보건기구의 목표는 모든 사람들이 가능한 최고 수준의 건강 상태에 이르도록 하는 것입니다. 이 기구의 헌장에서 건강은 기본적 인권으로 규정되고 있으며 이를 1998년 채택된 〈세계보건선언〉에서 다시 한 번 천명했습니다.

세계보건기구의 최고기구는 194개 회원국의 대표들로 이루어진 세계보건총회입니다. 세계보건총회의 주요 책무는 세계보건기구의 프로그램과 예산안을 2년마다 승인하고 주요 정책을 결정합니다. 세계보건기구는 국제 보건 분야에서 직접적으로 활동하거나 다른 기관과 공조하는 방식으로 활동합니다. 세계보건기구는 국제 보건 사항에 대한 정책 결정들을 전파하며 보건 정책에 대한 국제적인 합의를 촉진하고 보건을 위한 자원의 필요 근거를 제시하고 동원하는 것을 독려하고 개발도상국들을 지원합니다.

세계보건총회는 질병이 국제적으로 확산되는 것을 막기 위해 구상된 수많은 규정들을 채택했습니다. 그리고 영양과 가족 건강, 의학 연구 등 경제적·사회적·문화적 권리에 관한 국제규약에 포함된 권리들과 관련된 여러 가지 결의안도 채택했습니다.

보건과 인권에 관한 연구와 교육 활동들이 여럿 조직되었는데 여기에는 양질의 도서 구비나 관련 기구들의 데이터베이스, 결핵에 대한 인권적 접근에 관한 가이드라인뿐만 아니라 스태프에 대한 훈련 등이 포함되어 있습니다. 세계보건 보고서도 세계보건기구가 매년 발행하는 것입니다. 2008년판 보고서는 1차 보건 치료의 증진 필요성에 초점을 맞추고 있습니다. 2010년 보고서는 각국이 자국의 모든 국민들이 보건 서비스에 접근할 수 있도록 보건 재정 시스템을 발전시키기 위해 할 수 있는 방법에 대해 기술하고 있습니다. 이 보고서는 저소득 국가가 보편적인 보건망을 갖추고 보건 상황을 개선하기 위해 벌이는 노력에 대해 국제 공동체가 더 나은 지원을 할 수 있는 방법을 제시합니다.

86 유니세프는 자유와 인권의 신장과 보호에 어떤 역할을 하나요?

유엔아동기금 유니세프는 아동의 권리 보호를 위해 앞장서며 아동들의 기본적 필요를 충족시키고 아동들이 자신의 잠재력을 최대한 발휘할 수 있도록 더욱 많은 기회를 제공하는 것을 책무로 합니다. 유니세프는 〈아동권리협약Convention on the Rights of the Child〉과 두 개의 의정서에 따라 활동하고 있습니다. 세 번째 선택의정서에 규정된 통보 절차는 의정서가 발효되면 이용할 수 있을 것으로 예상합니다(질문42,43 참조).

또한 유니세프는 여성과 여자 아이들의 평등한 권리를 증진시키는 일도 하고 있습니다. 그래서 여성에 대한 모든 형태의 차별 철폐에 대한 협약은 유니세프의 핵심적인 업무입니다. 유니세프의 실제 업무에 기준을 제시해 주는 다른 국제인권기준에는 〈국제노동기구협약〉 제138호와 제182호, 그리고 국가 간 입양에 관한 〈헤이그협약〉 등이 있습니다.

모성 사망률, 에이즈, 아동 노동, 영양 부족, 아동에 대한 폭력, 여자 아이들의 교육받을 권리 등 인권의 실현에 영향을 미치는 복잡한 문제들에 대해 권리에 기반한 접근법을 구현하기 위해 유네스코는 각국의 파트너들과 공조하고 있습니다.

유니세프는 '어린이가 살기에 좋은 세계World Fit for Children'에 기여한다는 목적을 이루기 위해서, 아동과 여성의 권리 증진과 진보적이고 지속적인 인간 개발을 위해 힘쓰고 있습니다. 그리고 이것들이 모두 목표를 달성하는 데 불가분의 관계에 있음을 강조합니다.

87 유엔개발계획은 인권과 기본적인 자유의 증진과 보호를 위해 어떤 기여를 하나요?

유엔개발계획United Nations Development Programme(UNDP)은 개발도상국에서의 기술적 · 경제적 발전의 촉진을 목적으로 1965년에 설립되었습니다. 이 기구는 민주적 통치와 빈곤 감축, 위기 예방과 회복, 에너지와 환경, 정보통신 기술, 에이즈 등의 영역에서 인권 보호 활동을 벌이고 있습니다. 2011년 12월 현재 유엔개발계획은 177개 국가에 사무소를 두고 있습니다. 이 기구의 주요한 프로그램과 정책 결정은 선진국과 개발도상국 양측의 대표 36명으로 구성된 이사회에서 이루어집니다.

유엔개발계획이 주로 초점을 맞추는 것은 글로벌 네트워크를 통해 어려움을 겪고 있는 나라를 돕고 해결책을 공유하며, 협력을 통해 유엔의 국제적 지원 자원을 가장 효과적으로 사용할 수 있도록 하는 것입니다. 1990년 이래 매년 유엔개발계획은 '인간개발보고서Human Development Report' 프로그램을 실시합니다. 이 사업의 목적은 사람을 개발 과정의 중심에 놓는 것입니다. 즉, 경제적 논쟁과 정책 과정에서 소득을 넘어서 사람들의 장기적인 안녕을 도모한다는 의미입니다. 이 목적을 향해 인간개발지표 시스템은 꾸준히 발전해 왔습니다.

2010년 보고서를 따라 4개의 요소가 사용되고 있습니다.[137] 모든 보고서는 또한 보고서가 작성되는 시점에서 전개되고 있는 개발 논쟁 중 특정한 주제에 초점을 맞추면서 기존의 경로를 뛰어넘는 분석과 정책 권고를 제시합니다. 예를 들어, 2011년 이슈는 '지속가능성과 평등: 모든 사람들을 위한 더 나은 미래'였습니다. 2011년 보고서는 환경적 지속가능성에 관한 것으로 보건, 교육, 소득, 성 평등과 에너지 생산 및 생태계 보호에 대한 지구적 대응과 함께 이루어질 때 가장 공정하고 효과적으로 달성될 수 있다고 밝혔습니다.

이 보고서의 메시지(그리고 그 과제들을 이행하기 위한 수단)는 140개 국 이상에서 발행되는 국가별 '인간개발보고서'를 통해 전 세계인들에게 전파되었습니다. 인간개발보고서는 중립적인 관점에서 작성되는 보고서입니다. 탁월한 학자와 개발 전문가, 그리고 유엔개발계획의 인간개발보고서 사무소의 직원 중에서 선발된 이들이 보고서를 만듭니다. 보고서는 매년 10여 개 언어로 번역되어 100여 개국에서 열람할 수 있습니다.

88 세계은행, 국제통화기금, 세계무역기구는 인권과 관련이 있나요?

세계은행World Bank과 국제통화기금International Monetary Fund(IMF)은 자신들의 업무에 있어서 일관된 인권 정책 및 아젠다를 개발하지는 않습니다. 그런데 현재는 그로 인한 도전에 직면해 있습니다. 최근 수년 간 세계은행이 자신의 대출 정책을 인권과 빈곤 개선, 그와 유사한 이슈들과 관련이 있다고 규정하는 현상이 점점 뚜렷해지고 있습니다.

그런 움직임의 하나로 세계은행이 세계 식량 위기와 연계된 문제에 대응하기 위한 '국제식량위기대응 프로그램Global Food Crisis Response Programme(GFRP)'을 구축한 것을 들 수 있습니다. 이 프로그램은 150개국이 참여하고 있는 세계은행 그룹의 '세계 식량의 뉴딜정책New Deal on

Global Food Policy'의 일환입니다. 2011년 4월 현재, 국제식량위기대응 프로그램은 14억 7,910만 달러를 승인했으며 그중 11억 4,870만 달러가 2011년 6월까지 분배되었습니다. 이런 노력을 통해 국제식량위기대응 프로그램은 44개국에서 취약한 상황에 있는 4,000만 명에게 도움을 주었습니다.[138] 또한 세계은행은 식량 안보에 관한 고위급회담(스페인, 2009)에도 참가했습니다.

세계은행이 정치적 혹은 윤리적 개혁자로서 행동하는 것이 얼마나 적절한지, 자신의 법적인 책무 차원에서 순수한 경제적 사항이 아닌 인권에 대해 고려하고 대응하는 것이 얼마나 나아갈 수 있는지, 그리고 인권 문제에 얼마나 일관성을 갖고 관여할 수 있을지는 여전히 논란을 빚고 있습니다.

국제통화기금도 비슷한 논쟁을 벌이고 있습니다. 국제통화기금의 경우는 구제금융 지원 정책들(정부와 공공 분야 지출을 삭감하는 것을 요구한다)의 조건에 관한 논쟁을 하고 있습니다. 많은 시민 사회 영역에서는 국제통화기금의 이와 같은 정책이 교육이나 보건과 같은 중요한 사회적 이슈들에 대한 지출을 줄이는 결과를 낳고 있으며, 특히 농민이나 가난한 사람들의 처지를 더욱 불안하게 만들고 있다고 주장해 왔습니다.

세계무역기구World Trade Organization(WTO)는 인권과 개발이 첨예하게 맞서는 논쟁이 벌어질 때마다 그 중심에 있었습니다. 세계무역기구와 관련된 주요한 논쟁은 '사회적 조항'을 포함하는 것에 초점이 맞춰져 왔습니다. 결국 1994년 〈관세와 무역에 관한 일반협정〉에 인권과 노동기준을 포함시키기에 이르렀습니다. 카타르 도하 각료회의와 그전에 싱가포르에서 열린 각료 회의에서 각국 장관들은 국제노동기구가 국제적으로 승인된 핵심적 노동기준을 다룰 수 있음을 재확인했습니다. 세계무역기구와 관련된 논쟁의 핵심에는 무역 제한이 있는데, 상품을 제조할 때 노동 및 인권 기준을 위반한 경우, 그 상품에 대해 무역 제한 조치를 취할 것인가 말 것인가 하는 것입니다. 이 이슈에 대한 시각은 크게 엇갈립니다. 이 논쟁은 계속되고 있는데, 다만 그 초점은 무역제한에 대한 명시적인 규정을 집어넣는 문제로부터 인권과 노동기준에 관한 고려사항을 세계무역기구의 분쟁 해결 체계 내에 포함한다는 합의를 어떻게 해석할 것인가의 문제로 옮겨졌습니다.

개발도상국에서 세계무역기구협정에 따라 의무를 이행함에 있어서 직면하는 문제들이 쟁점화되고 있습니다. 특히 농업(식량 안보)과 지적 자산(의료에 대한 접근성, 생물다양성)과 관련된 문제입니다. 카타르 도하에서 열린 제4차 세계무역기구 각료회의(2001. 11.)에서 각료들은 몇 개의 결정들을 채택해서 세계무역기구협정의 이행과 연계되는 다수의 이슈들에 관한 개발도상국의 의무를 명확히 했습니다.

해결되지 않은 문제들에 대해서는 실무 프로그램에서 다루기로 합의했는데, 이들 문제는 '도하라운드' 혹은 '도하개발아젠다'로 알려져 있습니다. 도하 회의에 이어서 후속 각료 회담이 칸쿤(2003)과 홍콩(2005)에서 열렸습니다. 또 관련 협상이 제네바(2004, 2006, 2008), 파리(2005), 포츠담(2007)에서도 열렸습니다. 2008년 7월 제네바에서의 협상이 결렬된 이후, 2011년 12월 현재 협상은 답보 상태에 있으며 도하라운드는 아직 결론을 내리지 못하고 있습니다.

지역 인권 기구와
활동

89 유럽평의회는 어떻게 시민적, 정치적 권리를 보호하나요?

1949년 창설되었으며 스트라스부르에 위치한 유럽평의회^{Council of Europe}
는 〈인권과 기본적 자유의 보호를 위한 유럽협약^{European Convention for the}
^{Protection of Human Rights and Fundamental Freedoms}〉(유럽인권협약^{European Convention on}
^{Human Rights}으로도 알려져 있음)에 따라 1950년에 인권 보호 메커니즘을 도
입했습니다. 이 협약은 1953년 9월 3일자로 발효되었습니다. 이 협약
은 주로 시민적 및 정치적 권리를 다루고 있으며 서문에서 유럽의 각
국 정부들은 '세계인권선언에서 천명된 권리를 집합적으로 실행하기
위한 첫걸음을 내딛기로 결정했다.'고 밝혔습니다. 회원국들은 기본

적인 시민으로서의 권리 및 정치적 권리를 자국의 시민뿐만 아니라 관할권 내의 모든 사람에게 보장하고 있습니다.

유럽평의회 회원국은 그동안 47개국으로 늘어났습니다.[139] 평의회 회원국들은 〈유럽인권협약〉을 비준하고 개인 청원을 할 수 있는 권리를 부여했으며 유럽인권법원의 재판 관할권을 인정하도록 의무화하고 있습니다. 이 법원 기능의 실체적 및 실행적인 측면에 대한 의정서가 14개 제정되어 있습니다.

현재 유럽협약에 의해 보호되는 인권의 이행을 보증하는 기구는 유럽인권법원입니다. 유럽평의회 각료위원회는 이 법원의 판결이 이행되는지를 감독합니다. 이들 기구의 권한은 국가 간 사건 및 개인들의 그룹이나 비정부기구로부터의 청원을 포함한 개인 청원에 모두 적용됩니다.

인권법원의 결정은 법적으로 구속력이 있기 때문에 회원국은 법원의 명령에 따라야 합니다. 이는 통상 회원국들로 하여금 특정한 사건에 대한 인권법원의 판결에 맞춰 자국의 법률을 제정하거나 개정하도록 합니다(대개 위반 행위가 반복되지 않도록 개정). 예컨대, 오스트리아, 독일, 터키는 재판 전 구금에 관한 자국의 법률을 개정했으며 영국은 법정에 대한 접근권 보장에 관한 판결에 맞추기 위해 감옥 규정을 바꾸었습니다. 또 네덜란드는 군사 훈련에 관한 법률을 개정했으며, 불가리아는 자국의 형사 절차에 중요한 개혁을 단행했습니다. 프랑스는 특정한 전문 기구들의 징계 절차를 수정했으며 그 절차를 공개적인 것으로 만들었습니다.

또 인권법원은 종종 각국에 대해 권리가 침해당한 사람들에게 비용을 치르고 보상할 것을 요구하기도 합니다. 2008년에 인권법원은 총 1,545건의 판결을 내렸는데 그중 1,543건에서 협약에 대한 위반 행위가 선고되었습니다. 법원은 2009년에는 1,625건, 2010년에는 1,499건의 판결을 선고했습니다. 인권협약 의정서 14호가 협약의 모든 당사국이 비준하고 나서 2010년 6월 1일자로 발효되었는데 법원의 효율성을 높이기 위해 의정서는 명백히 각하 사유에 해당하는 사건에 대한 선별 능력을 강화했습니다. 또 제소자가 불이익을 당하지 않도록 하기 위해 새로운 사건 접수 기준을 도입했으며, 반복적인 사건에 대해서는 더욱 효율적인 처리 절차를 마련했습니다.

90 유럽평의회는 경제적 · 사회적 · 문화적 권리를 어떻게 보호하나요?

경제적 · 사회적 · 문화적 권리는 〈유럽사회헌장〉(1961)에 의해 보장되었으며 이 헌장은 1996년에 개정되었습니다. 개정된 사회헌장은 1999년에 발효되었습니다. 헌장 당사국들[140]은 주거, 건강, 교육, 고용의 권리, 인종, 성, 나이, 피부색, 언어, 종교, 의견, 출신 국적, 사회적 배경, 건강상태, 소수민족 등에 따른 어떤 차별도 없이 사회적 보호와 이주의 자유를 보장하기로 동의했습니다. 헌장은 또한 유럽사회적권리위원회를 만들었는데, 위원회는 헌장의 이행 상황을 점검합니다. 모든 당사국은 이 위원회에 매년 자신들이 헌장을 법적으로나 실질적으로나 얼마나 이행했는지를 보여주는 보고서를 제출해야합니다. 위원회는 보고서를 심의하고 당사국들의 이행 실적에 대한 최종보고서를 매년 출판합니다.

1995년 제정되어 1998년에 발효된 의정서에 따라 헌장 위반에 대한 집단 진정을 유럽사회적권리위원회에 제출할 수 있습니다. 집단 진정은 유럽노동조합연맹, 비즈니스유럽(전 유럽경제인연합회), 국제고용주기구유럽의 노동자와 고용주들의 조직에서도 낼 수 있습니다. 또 유럽평의회와 협의 자격이 있는 유럽의 비정부기구, 각국의 고용주 기구, 자국의 노동조합, 비정부기구들도 관련 회원국이 권한을 부여할 경우 진정을 제기할 수 있습니다. 회원국이 유럽사회권위원회의 결정에 대해 조치를 취하지 않을 때 각료위원회는 그 국가에 대해 법과 관행을 변경토록 권고할 수 있습니다.

집단 진정 절차의 목적은 노동자, 고용주, 비정부기구들의 참여를 증진시키기 위함입니다. 이는 헌장에 의해 보장된 사회권의 이행을 개선하기 위한 여러 가지 조치 가운데 하나입니다. 국제법률가위원회가 포르투갈을 상대로 제기한 것이 첫 번째 진정이었는데, 육체적·도덕적 위험으로부터 어린이를 보호하기 위한 것(제7조)이었습니다. 위원회는 포르투갈이 헌장을 위반했다고 결론을 내렸습니다.

91 그밖에 유럽평의회가 마련한
다른 기준, 메커니즘, 활동은 무엇이 있나요?

〈고문 및 비인도적이고 굴욕적인 대우와 처벌에 관한 유럽협약European Convention for the Prevention of Torture and Inhuman or Degrading Treatment or Punishment〉은 자유

를 박탈당한 사람들을 보호하기 위한 비사법적 예방 장치입니다. 고문방지위원회(질문29 참조) 전문가가 체계적인 점검과 방문조사를 통해 이 협약이 지켜지고 있는지 확인합니다. 이 위원회는 조사결과에 따라 권고(또 공개적인 성명을 발표할 수 있음)하고 각료위원회에 연례보고서를 제출합니다.

또 유럽평의회는 남성과 여성 간의 평등, 인종주의와 억압 퇴치에 무게를 두고 있습니다. 남녀평등조정위원회는 여성에 대한 폭력과 매춘에 관련된 문제들에 조치를 취해 왔으며, 상세한 분석과 회의 뒤에 구체적인 제안을 하는 절차가 갖추어져 있습니다.

2011년 4월 7일, 유럽평의회 각료위원회는 여성에 대한 폭력, 가정폭력 예방에 관한 획기적인 협약을 채택했습니다. 이 협약은 법적인 구속력을 가진 제도로는 처음으로 여성에 대한 폭력을 예방하고 희생자를 보호하며 가해자가 처벌받지 않는 것을 종식하는 법적인 틀을 만들었습니다. 또 협약은 국가 단위에서 그 이행 여부를 점검할 국제적 독립전문가 집단을 만들고자 했습니다. 1994년 '동등 민주주의parity democracy'라는 개념이 처음 선을 보였는데, 이는 남성과 여성이 50대 50의 동등한 기반에서 의사결정에 참여하도록 하기 위함이었습니다.

1994년 만들어진 유럽인종차별위원회(ECRI)의 목적은 인종주의와 억압을 퇴치하기 위한 국가 및 국제적 조치들을 효율적으로 평가하는 것입니다. 유럽인종차별위원회는 이행 실패 사례를 살펴보고 국가별 접근을 통해 좋은 성공사례를 모으고 전파하며 이에 대한 인식을 높이기 위해 각 국가 및 지역 비정부기구들과 공조합니다. 유럽평의회는 미디어 분야에도 관여합니다. 이는 표현의 자유 및 정보를 탐색하고 주고받을 권리를 강화하고 제고하는 것이 목적입니다.

1990년대에 유럽평의회는 소수자의 권리 보호 분야에서 두 개의 제도를 채택했습니다. 〈지역 및 소수집단 언어에 대한 유럽헌장〉(1992)과 〈국가별 소수자의 보호에 대한 기초 협약〉(1995)(질문49 참조)입니다. 국가별 소수자의 보호에 대한 기초협약에 의해 설립된 자문위원회는 회원국의 협약 이행 현황을 모니터링하고, 국가별로 구체적인 견해들을 채택해 각료위원회에 제출합니다. 자문위는 국가별 보고서를 심의하는데, 이를 통해 정기적으로 각 국가를 방문하는 관행을 발전시켜 왔습니다.

2005년 유럽평의회는 반 인신매매 협약을 채택했으며, 이 협약은 2008년 2월 발효되었습니다. 이 협약은 모니터링을 위해 2개의 메커니즘을 제공합니다. 독립적인 전문가들로 이루어진 기술적 기구인 반 '인신매매 전문가 집단'과 각국의 협약 대표들로 이루어진 '정치적 기구 회원국 위원회'입니다. 회원국 위원회는 2008년 12월 5일부터 8일까지 스트라스부르에서 열린 첫 회의에서 전문가 집단의 구성원을 선출했습니다.[141]

'베니스위원회'로 널리 알려진 〈법을 통한 민주주의를 위한 유럽위원회European Commission for Democracy〉는 헌법과 관련되는 문제들에 대한 유럽평의회의 자문기구입니다. 1990년 설립 이래 베니스위원회는 민주주의 원칙들과 인권 및 법치주의를 지지하는 것을 목적으로 하고 있습니다. 이 위원회가 활동하는 분야는 회원국에 법률 자문 제공, 선거 관련 입법 지원 및 감시, 헌법기관과의 공조, 민주적 제도의 기능 개선 등입니다.

유럽평의회의 인권위원은 독립적인 제도로서 각료위원회에 의해서 1999년 설립되어 유럽평의회 회원국들의 인권에 대한 인식과 존중을 촉진하는 것을 임무로 합니다. 인권위원은 각 나라들을 방문하고 인권상황에 대한 보고서를 발행하며 이 보고서는 각료위원회와 기구의회연맹Parliamentary Assembly of the Organization에 제출됩니다. 인권위원은 또 다양한 인권 이슈에 대한 주제별 권고를 내며 인권에 대한 인식을 제고하고 회원국들의 국내 국가인권기구의 권한을 강화하는 것을 목적으로 합니다.

92 유럽연합조약에는 인권 증진 및 보호 조항이 포함되어 있나요?

유럽연합은 〈유럽연합조약Treaty on European Union(TEU)〉(일명 마스트리히트 조약)이 발효되면서 1993년 창설되었습니다. 2009년까지 유럽연합은 3개의 기둥을 덮는 지붕 역할을 했습니다. 3개의 기둥 중 하나는 〈로마조약〉에 의해 창설된 유럽공동체European Community(EC)로 그전에는 유럽경제공동체European Economic Community(EEC)로 불렸습니다. 나머지 두 개의 기둥은 공동외교안보정책Common Foreign and Security Policy(CFSP)과 사법 및 국내 문제 협력체입니다. 유럽공동체는 마스트리히트 조약에 따라 유럽연합의 최대 기구가 되었습니다. 2007년 12월 3일 서명된 〈리스본조약〉을 통해 〈유럽연합조약〉을 개정했습니다. 그리고 2009년 발효되어 현재의 공동체와 기둥은 단일한 실체가 되었으며 독자적으로 법률적 성격을 갖게 되었습니다.

유럽공동체를 이끌어 낸 조약에 인권과 관한 조항들이 명백하게 포함하고 있지는 않았지만 유럽공동체의 기구와 회원국들의 정상 기구가 채택한 정책들은 모든 회원국들이 공통적으로 공유하고 있는 자유의 원칙, 민주주의와 인권, 기본적인 자유에 대한 존중을 반영하고 있습니다. 특히 유럽연합 사법재판소는 이들 원칙들이 공동체의 법률의 한 부분이라는 점을 인정했으며, 사법부는 인권을 최대한 고려해야 함을 분명히 했습니다.

마스트리히트 조약에 합의함에 따라 이들 원칙은 〈유럽연합조약〉에 구현되었습니다. 〈리스본조약〉이 발효되면서 〈유럽연합조약〉 제2조는 더욱 강화되었습니다. 유럽연합은 '인간의 존엄성, 자유, 민주주의, 평등, 법치주의와 소수자를 포함한 인권에 대한 존중 등의 가치에 바탕을 두고 설립'되었음을 밝히고 있습니다. 〈유럽연합조약〉 제49조는 연합에 새로 가입하고자 하는 국가는 이들 원칙을 존중해야 한다고 명시하고 있습니다. 또 제7조에서는 인권을 심각하게 위반하는 회원국에 대한 경제제재를 허용하고 있습니다. 경제제재를 받으면 협약으로부터 파생되는 특정 권리가 유보됩니다. 이 조항은 또 '국제적 현장에 대한 유럽연합의 활동은 민주주의와 법치주의, 인권과 기본적 자유의 보편성과 불가분성에 따라야 한다.'고 규정하고 있습니다(TEU 5부 제21조).

93 유럽연합의 대외 인권 정책의 주요 부분은 무엇인가요?

인권 분야에서의 유럽연합의 주요 조치들은 2009년까지 제3세계와 관련된 것이 대부분이었습니다. 일부는 유럽공동체에 의한 조치였으며, 일부는 공동외교안보정책에 의한 조치들이었다. 리스본 조약이 발효된 이후 유럽연합의 대외 조치는 외교안보정책 최고위원의 지휘를 받는 유럽대외관계국European External Action Service(EEAS)에 의해 집행됩니다.

유럽연합은 종전에 유럽공동체가 따랐던 접근법을 추구하고 있으며 제3세계와의 쌍무 무역 협력 협정에 이른바 인권에 대한 규정을 포함하고 있습니다. 인권에 대한 규정에는 인권과 민주주의에 대한 존중은 협정의 '본질적인 요소'를 이루고 있다고 명시하고 있습니다. 이를 위반할 때는 협정은 유보됩니다. 그러나 이 규정이 강조하고 있는 것은 응징 행위보다는 대화와 긍정적인 조치들을 독려하는 것입니다. 이 규정을 포함시킨 협정의 예로는 2000년 6월에 아프리카, 카리브해, 태평양 국가들과 맺은 〈유로–지중해 협정Euro-Mediterranean Association Agreements〉과 〈코토노우 협정the Cotonou Agreement〉이 있습니다.

2006년에 종전의 '민주주의와 인권을 위한 유럽의 발의European Initiative for Democracy and Human Rights'를 대체한 '민주주의와 인권을 위한 유럽 기구European Instrument for Democracy and Human Rights(EIDHR)' 펀드는 인권과 민주화, 갈등 예방 영역에 대한 지원에 자금을 배정하고 있습니다. 2007년부터 2013년까지의 예산은 110만 4,000유로입니다. 이 기금은 인권과 민주주의 위원회에 의해 지원되는 위원회에 의해 운영됩니다.[142] 민주주의와 인권을 위한 유럽 기구는 특별히 비정부기구들을 대상으로 하고 있는데, 이는 인권과 민주주의의 증진에 있어서 비정부기구들의 기여를 인정하고 있기 때문입니다. 이 기금은 각 정부들이 수행하는 다른 외부적인 지원 프로그램(가령 동유럽국가들의 유럽연합 가입을 지원하는 역할 등)에 대한 보충적인 성격을 띱니다. 왜냐하면 정부의 승인 없이 이들 프로그램을 수행하는 비정부기구들과 국제기구 및 다양한 파트너들이 함께 기금 집행을 이행할 수 있기 때문입니다.

공통의 전략과 입장을 정하고 공동 행동에 나서는 것은 유럽연합의 대외적 활동의 주요한 수단입니다. 그 같은 수단 중에서 많은 경우가 인권과 민주화에 초점이 맞춰져 있거나 인권적 요소를 상당 부분 포함하고 있습니다. 2003년 이후 유럽연합은 '유럽안보 및 방어 정책European Security and Defence Policy(ESDP)'에 따라 사절단을 파견하는 방법을 개발하고 있습니다. 이들 사절단은 세계 곳곳에 배치되며 지구적 안보를 증진하는 것을 목적으로 하고 있는데, 이들의 활동은 2006년 11월에 채택된 공동외교안보정책과 다른 유럽연합 정책들에 인권을 주류화하는 것에 대한 유럽이사회의 문건을 따르고 있습니다.[143] 현재 인권직 공직자와 전문가들이 이들 사절단과 함께 파견되어 유럽연합의 인권 아젠다를 증진하는 일을 하고 있습니다.

유럽연합의 인권에 관한 연간보고서는 유럽연합이 인권정책을 더 효과적이고 일관되게 입안하는 데 바탕이 되며 인권과 관련된 공통의 전략과 입장, 공동 행동을 전반적으로 검토할 수 있게 해줍니다. 또 유럽연합은 2001년 12월에 '인권 대화에 관한 가이드라인Guidelines on Human Rights Dialogues'을 채택했는데, 여기에서는 유럽연합이 제3세계와의 모든 접촉에서 인권, 민주주의, 법치주의 문제를 제기할 것이라는 것, 그리고 특정한 인권 관련 대화를 하기 위한 조건을 규정하고 있습니다. 그로부터 유럽연합 이사회는 일련의 인권 가이드라인을 발표했으며 이는 제3세계에서의 인권의 보호와 증진을 위한 틀로서 기능하고 있습니다. 2008년 이사회는 '여성과 소녀에 대한 폭력과 모든 형태의 차별에 대한 가이드라인', '사형에 대한 가이드라인, 고문에 대한 가이드라인', '인권옹호자들에 대한 가이드라인'을 발표했습니다.

또한 유럽연합은 제3세계의 당사국에게 종종 은밀한 방식으로 인권에 대한 우려를 전달하기도 합니다. 그리고 때로는 공개적인 선언을 통해 정부나 다른 정당에게 인권을 존중하도록 촉구하거나 긍정적인 발전을 치하하기도 합니다.

94 〈유럽연합기본권헌장〉의 목적은 무엇인가요?

1999년 10월, 이탈리아 콜로냐와 핀란드 탐페레에서 열린 유럽 각국 정상들은 이사회의 요청에 따라 〈유럽연합기본권헌장Charter of Fundamental Rights of the European Union〉의 초안이 마련했습니다. 이어서 2000년 12월 프랑스 니스에서 열린 유럽이사회에서 헌장이 엄숙하게 선포되었습니다. 헌장은 인권 분야 유럽연합 기구들의 활동에 대한 안내서로 기획되었으며 인권을 더욱 명백한 원칙으로 내세우고 시민들이 자신의 권리에 대해 더 잘 인식할 수 있게 한다는 취지에서 작성되었습니다. 헌장이 다루고 있는 내용의 범위는 제51조 1항에 정의되어 있습니다.

즉, 헌장은 '연합의 제도와 기구들을 대상으로 하고, 결정사항은 조직 전체가 아닌 관계 조직에서만 시행한다는 원칙에 따르며 회원국들에 대해서는 모든 법률이 아닌 유럽연합의 법을 이행하는 경우에만 적용한다'는 것입니다. 또 회원국들의 주권 행사 영역에 대해서는 구속력이 없습니다.

헌장은 매우 많은 부분에서 〈유럽인권협약〉을 모델로 삼았습니다. 1장에서는 생명과 인간의 존엄성과 관련된 권리, 즉 고문 금지와 같은 권리들을 담고 있습니다. 2장은 사생활, 표현의 자유, 종교와 결사의 자유, 교육을 받을 권리, 재산을 보호받을 권리, 망명의 권리 등을 포함하고 있습니다. 3장은 차별 반대, 문화적 다양성, 남녀 간의 평등 및 아동과 노인, 장애인의 권리를 규정하고 있습니다. 4장은 정보에 대한 권리뿐만 아니라 여러 가지 노동권, 보건과 환경 보호에 대한 조항을 포함하고 있습니다. 5장은 투표와 참정권을, 6장은 공정한 재판과 효과적인 법적 교정에 대한 권리를 담고 있습니다. 마지막으로 7장은 헌장의 위상과 범위에 대한 일반적인 조항들을 담고 있습니다.

〈리스본조약〉이 발효될 때까지 헌장의 위상은 선언과 같은 것으로, 법적인 구속력이 없었습니다. 그럼에도 불구하고 헌장은 유럽사법재판소의 판결과 유럽연합 기구들의 정책에 중요한 영향을 미쳤습니다. 〈리스본조약〉이 발효된 이후, 유럽연합은 "2000년 12월 7일의 유럽연합기본권헌장은 조약과 같은 법적 가치를 지닌다(유럽연합조약 제6조)."고 인정하고 있습니다.

95 아프리카통일기구와 아프리카연합에 의해 채택된 인권 기구에는 어떤 것들이 있나요?

아프리카통일기구 국가수반회의는 1981년 6월 26일 〈아프리카인권헌장African Charter on Human and Peoples' Rights〉을 채택했습니다.[144] 이 헌장은 1986년 10월 발효되었으며 53개 회원국 모두가 비준했습니다. 아프리카연합은 2002년 7월 이 기구의 헌법이 발효됨에 따라 아프리카통일기구를 대체했습니다. 아프리카통일기구가 채택한 다른 인권 관련 장치들로는 1969년 채택되어 1974년 발효된 〈아프리카 난민문제의 특정 부분에 관한 협약〉, 1990년 채택돼 1999년 발효된 〈아프리카 아동의 권리와 복지에 관한 협약〉이 있습니다. 2003년 7월 아프리카연합은 〈아프리카 여성의 인권에 관한 의정서〉를 채택했습니다. 이 의정서는 여성의 권리 존중에 있어서 매우 중요한 진전이었습니다. 이 의정서는 특히 아프리카의 여성에 대한 모든 형태의 폭력을 철폐하고 남성과 여성 간의 평등을 이룰 것을 규정하고 있습니다.

2007년에는 아프리카연합이 〈민주주의와 선거, 통치에 관한 아프리카헌장〉을 채택했습니다. 이는 아프리카 대륙 전역에 걸쳐 민주주의 원칙을 신장시키려는 노력이었습니다. 또 다른 중요한 장치는 〈아프리카청년헌장〉으로, 2006년 채택되어 2009년 8월 8일부터 발효되었습니다.[145] 이 헌장은 각 정부가 젊은이들을 위한 정책과 프로그램 개발을 강제하는 구속력이 있는 시스템을 만들었습니다.[146]

96 인간과 인민의 권리에 관한 아프리카 헌장이 보호하는 권리는 무엇인가요?

〈유엔헌장〉과 〈세계인권선언〉에서 힘을 얻어 제정된 이 헌장에는 다른 국제 및 지역별 인권 제도와 차별되는 몇 가지 요소들이 있습니다. 독특하게도 이 헌장은 시민적, 정치적 권리와 함께 경제적·사회적·문화적 권리도 함께 다루고 있는데, 그에 따라 모든 인권을 불가분적이고 상호의존적인 것이라고 강조하고 있습니다. 또 헌장은 '민중의 권리peoples' rights', 다른 말로 하면 집단으로서의 집합적 권리의 증진을 담고 있습니다. '민중의 권리'의 원리는 한 인간이 공동체 일원이 될 때 자신의 완전한 잠재력을 실현할 수 있다는 믿음과 연계되어 있습니다. 이런 이치에서 보면, 인간은 권리를 가질 뿐만 아니라 공동체에 대한 책임도 지니고 있습니다. 바로 가족과 사회, 국가, 국제 공동체에 대한 책임입니다. 헌장은 개발권의 실현을 위해 각 국가가 반드시 실천하도록 의무화하고 있습니다.

97 아프리카 헌장을 이행하기 위해 마련된 메커니즘은 무엇이 있나요?

1987년 〈아프리카헌장〉에 따라 아프리카 인권위원회African Commission on Human and Peoples' Rights가 설립되었습니다. 이 위원회는 아프리카에서의 인간의 권리 증진과 보호를 목적으로 탄생했습니다. 감비아 반줄에 본부를 두고 있는 인권위원회는 11명의 위원으로 구성되며 청렴하고 역량을 갖춘 이를 선출합니다. 위원들은 개인적 차원에서 업무를 수행할 뿐, 국가를 대표하지 않습니다. 연례 회의가 1년에 두 차례 열리는데 본부에서뿐만 아니라 아프리카의 다른 나라에서도 개최됩니다. 이는 위원회의 활동을 아프리카 전역에 걸쳐 널리 알리기 위함입니다.

위원회는 헌장에 명시된 권리의 보호와 협의의 촉진, 이들 권리의 발전 등 다양한 기능을 수행합니다. 아프리카인권위원회는 헌장 조항들의 이행 상황에 대한 회원국들의 정기 보고서를 심의하며 정부 대표들과 건설적인 대화를 합니다. 이런 활동들을 통해 회원국들이 인권 의무를 이행하도록 장려합니다.

각 위원들은 인권 증진을 목적으로 회원국들을 방문할 수 있습니다. 또한 위원회는 아프리카 정부들이 입법 작업을 할 때 기초로 하는 인간과 인민의 권리 및 기본적인 자유와 관련된 법적인 문제를 푸는 데 있어서 헌장의 특정한 조항들을 해석하는 성명을 발표하기도 합니다. 지금까지 발표된 성명들에는 공정한 재판과 인도주의법에 대한 존중 등에 관한 것 등이 있었습니다.

위원회는 약식 혹은 자의적, 초사법적 처형과 구금, 여성의 권리, 표현의 자유, 인권옹호자와 난민, 망명자, 국내 유민과 이주민 등에 관한 특별보고관을 임명한 바 있습니다. 또한 토착민 공동체, 경제·사회·문화적 권리, 사형제, 로벤 섬 가이드라인[147] 등과 같은 주제에 관한 실무반을 창설했습니다. 이들은 아프리카위원회의 업무와 관련된 특정한 문제를 담당했습니다. 위원회는 인권 상황이 심각한 우려를 자아내는 경우에는 조사단이나 점검 인력을 당사국들에 파견했습니다.

　의정서는 〈아프리카 인간 및 인민의 권리 재판소African Court on Human and Peoples' Rights〉를 설립할 목적으로 1998년에 작성되어 2004년 발효되었습니다. 2006년 1월, 아프리카연합의 집행이사회는 재판소를 설치하고 초대 재판관 7명을 선출했습니다. 헌장을 비준한 당사국에서 헌장에 명시된 인권 침해가 일어날 경우, 위원회로부터 관찰을 위임받은 개인이나 비정부기구가 이를 재판소에 제소할 수 있습니다. 2008년 〈아프리카 사법 및 인권 재판소 법에 관한 새로운 의정서〉에 의해서 아프리카 인민의 권리 재판소는 '아프리카 사법재판소African Court of Justice'로 통합되었습니다. 2011년 6월 30일 현재, 새 의정서는 아직 발효되고 있지 않습니다.[148]

98 국가, 또는 개인은 아프리카 위원회에 인권에 관한 진정을 제기할 수 있나요?

헌장의 독특한 점은 모든 회원국이 헌장을 승인하면 자동으로 헌장에 따른 인권 침해에 대한 진정을 접수받을 수 있는 권한이 생긴다는 점입니다. 이 같은 진정은 가해자가 헌장을 비준했을 경우 그를 상대로 회원국, 개인, 비정부기구에 의해 제기될 수 있습니다. 진정 절차는 전 과정에 걸쳐 비밀이 유지되지만 심의된 사건의 요약본이 위원회의 연간 보고서[149]에 담겨 발행됩니다. 위원회는 사실 관계, 확인한 사항과 권고를 담아 보고서를 작성하며 이는 당사국과 아프리카

연합 국가수반회의로 보내진다. 국가수반회의는 이를 공표할 것인지를 결정합니다.[150]

이 절차는 또한 당사국에 대해 잠정적인 조치(긴급 호소)를 취할 수 있는 조항도 갖고 있는데, 이는 위원회가 진정을 심의하기까지 헌장에 규정된 인권 침해를 당하고 있는 것으로 추정되는 피해자가 회복할 수 없는 타격을 입는 것을 예방하기 위한 것입니다.

99 미주기구의 인권보호체제는 어떻게 되어 있나요?

미주기구Organization of American States(OAS)[151]는 1948년에 설립된, 지역기구로는 가장 오래된 것이며 35개국으로 구성되어 있습니다. 캐나다에서부터 칠레에 이르는 미주의 모든 독립국가들입니다. 이 기구가 설립된 해와 같은 해에 〈미주인권선언American Declaration of the Rights and Duties of Man〉이 채택되었습니다. 이 선언은 세계인권선언에 비견되는 선언으로서 법적인 구속력은 없었지만, 미주인권선언의 대부분의 조항들은 국제관습법으로서의 구속력을 갖게 되었습니다. 미주기구헌장과 미주인권선언에서 미주인권위원회Inter-American Commission on Human Rights의 설립을 예상했지만, 1959년에야 비로소 위원회가 설립되어 '인권 존중과 보호의 증진'을 위한 물리적 체계가 마련되었습니다. 처음에는 위원회에 개인 진정을 심의할 수 있는 권한이 없었습니다. 그러다가 1965년 위원회의 권한이 확대되어 개인 진정을 다룰 수 있게 되었습니다.

1969년에는 〈미주인권협약American Convention on Human Rights〉이 채택되어

1978년 7월에 발효되었습니다.[152] 〈미주인권협약〉은 그 감독을 위해 두 개의 기구를 규정했습니다. 이미 현존하는 미주인권위원회와 미주인권재판소Inter-American Court on Human Rights가 그것입니다. 미주인권위는 미주기구에 의해 설립되었기 때문에 위원회는 협약 회원국이 아닌 국가에 대해서도 미주인권선언에 명시된 인권을 침해당했다고 주장할 경우 그 진정을 검토할 수 있습니다.

미주 인권협약에 관한 두 개의 추가적인 의정서가 또 채택되었습니다. 그중 하나는 경제적·사회적·문화적 권리의 영역에 관한 것으로, 〈산살바도르 의정서Protocol of San Salvador〉로 알려져 있습니다. 다른 하나는 사형제 폐지에 관한 것으로 각각 1999년 11월 16일과 1991년 8월 28일자로 발효되었습니다. 미주기구 회원국들에 의해 채택된 다른 인권 조약들에는 1987년 2월 28일 발효된 〈고문 방지를 위한 미주 협약Inter-American Convention to Prevent and Punish Torture〉, 1996년 3월 28일 발효된 〈강제실종자에 관한 미주 협약Inter-American Convention on Forced Disappearance of Persons〉, 2001년 9월 14일 발효된 〈장애인에 대한 모든 형태의 차별 철폐를 위한 미주 협약Inter-American Convention on the Elimination of All Forms of Discrimination against Persons with Disabilities〉이 있습니다. 또 〈여성에 대한 폭력의 예방과 처벌 및 근절에 관한 미주 협약the Inter-American Convention on the Prevention, Punishment and Eradication of Violence against Women〉이 있는데, 1994년 6월 9일 이 협약이 채택된 브라질문 도시 이름을 따서 '벨렘 도 파라Belem do Para 협약'으로 불립니다. 위 협약들 중 마지막 두 개는 각각의 이슈를 다룬 협약으로는 최초의 국제협약입니다.

100 미주 인권위원회의 책무는 무엇인가요?

미주기구 헌장에 의해 설립된 미주인권위원회는 7명의 위원으로 구성되며 미국 워싱턴 D.C.의 미주기구 본부에 자리잡고 있습니다. 위원회는 두 개의 주요 기능을 갖고 있습니다. 첫째, 회원국의 인권침해를 주장하는 청원을 심의하고 처리합니다(청원은 국가, 개인, 개인의 집단, 비정부기구 모두 제기할 수 있음). 이때 회원국에는 미주인권협약에 가입한 회원국으로서 미주인권선언을 따르는 국가는 물론 미주인권협약 회원국이 아닌 국가도 포함됩니다. 둘째, 당사국에 대한 현장 방문조사를 하는 것으로, 위원회가 현장 조사 및 그 조사에 대한 보고서를 내는 것이 바람직하다고 판단할 때 이루어집니다. 청원을 처리할 때 위원회는 분쟁의 당사자들에게 우호적 해결에 이르도록 한다는 관점에서 자신의 역할을 설정합니다. 중대하고 긴급한 사건의 경우에는 위원회가 가능성을 심의한 뒤 피고 측의 입장에 있는 국가의 사전 동의를 얻어 현장 조사를 할 수 있습니다. 만약 상호 화해에 의한 해결에 이르지 못하면 위원회, 혹은 해당국가가 미주법원의 관할권을 인정한 경우에는 이 사건을 미주법원에 넘길 수 있습니다. 그럴 경우 위원회는 원고 역할을 맡습니다.[153]

민주화가 진전된 이 지역의 정치적 변화로 인해 최근 위원회에 제출되는 사건들의 특징은 과거에 다수를 이뤘던 대규모의, 그리고 조직적인 인권침해 위반에 대한 것보다는 회원국의 시스템의 부적절성에 초점을 맞춘 것이 많다는 점입니다. 적절한 절차와 법원에 대한 접근성, 표현의 자유, 조사의 실패, 재판과 처벌 등에 대한 문제가 현재의 주요 아젠다입니다. 그래서 위원회는 스스로 특별한 주목을 할 가치가 있는 것으로 본 이슈들을 다루기 위해서 다수의 특별보고관 제도를 만들었습니다.

특히 표현의 자유 특별보고관은 상설보고관입니다. 또 위원회 위원들은 다른 중요한 이슈들에 관한 보고관으로서의 역할을 하는데, 여성의 권리, 아동의 권리, 원주민의 권리, 이주 노동자의 권리, 국내 난민과 수형자들의 권리와 같은 주제들입니다. 보고관들은 회의에 참석하며 현장 방문 조사를 하고 자신의 주제와 관련된 관계자 전체 회의에 보고서를 제출합니다. 2001년에는 위원회 본부에 인권옹호자 팀이 신설되었는데, 이 팀은 2011년 인권옹호자들의 상황에 대한 보고관 사무실로 전환되었습니다. 2011년 현재 보고관 제도가 운영 중인 주제들은 원주민의 권리, 여성의 권리, 아동의 권리, 미주 지역에서 자유를 박탈당한 이들의 권리, 아프리카계인들의 권리, 인종차별과 이주 노동자 및 그 가족의 권리 같은 것들입니다.

주로 비민주주의적인 정부에 의해 자행되는 인권 침해에 대한 보고가 거듭 미주기구의 정치적 조직들에 제출되면서 인권위원회는 회원국들의 이 같은 관행을 응징하는 데 중요한 역할을 했습니다. 2010년 위원회는 협약 상의 인권을 침해받았다고 주장하는 1598건의 진정을 접수했으며 16건을 인권재판소로 보냈습니다.

101 미주인권재판소의 역할은 무엇인가요?

미주인권재판소는 7명의 판사로 구성되는데, 미주인권협약이 1978년 7월 18일 발효되면서 설립되었으며 코스타리카 산호세에 자리 잡고 있습니다. 2011년 12월 현재 협약 회원국은 24개국인데 그중 21개국이 재판소의 관할권을 인정하고 있습니다.[154]

최근 몇 년간 미주인권위와 인권재판소는 몇몇 나라들의 '사면법'이 회원국의 협약에 대한 의무와 양립할 수 없다는 중요한 법리를 도출했습니다. 이들 사면법은 미주 대륙의 많은 나라에서 군사독재 시절, 인권 침해를 저질렀다는 이유로 보안군이나 정부 관리들이 기소되는 것을 막기 위해 제정된 것입니다. 1970년대와 1980년대 이들 나라들에서 많은 군인들이 민중의 저항을 진압하기 위해 부당한 수단을 사용했고 수천 명의 실종자가 발생했으며, 고문, 자의적 구금 등이 행해졌습니다. 예를 들면 아르헨티나의 법원들은 자국의 사면법을 배제하는 근거로 이 미주 인권체계의 법리를 인용했습니다.

또 위원회와 재판소는 니카라과의 원주민들의 집단적 재산 소유권, 과테말라의 '거리의 아이들'의 생존의 권리, 페루 시민들이 군사법정에서 재판받지 않을 권리, 테러 용의자가 적법한 절차에 따라 재판을 받을 권리 등에 대해 중요한 결정을 내렸습니다. 재판소는 또 인권침해 희생자들이 배상을 받을 권리를 제시했습니다. 여기에는 물질적 및 도덕적 손실과 비용, 지출에 대한 금전적 보상뿐만 아니라 국가로 하여금 인권침해에 책임이 있는 이들에 대한 조사와 재판, 처벌을 하게 할 수 있는 권리도 포함되어 있습니다.

102 유럽안보협력기구는 인권의 증진과 보호에
   어떻게 기여하나요?

유럽안보협력기구Organization for Security and Co-operation in Europe(OSCE)는 동구와 서구 사이의 대화와 협상을 위한 다자 간 포럼입니다. '유럽안보협력회의Conference on Security and Cooperation in Europe(CSCE)'라는 이름으로 1970년대부터 활동을 시작했습니다. 기구는 1995년에 이름을 바꾸었습니다. 1975년 서명된 「헬싱키 최종협약Helsinki Final Act」155에서 참가국들은 국가 사이의 행동과 자국의 시민들에 대한 정부의 행동에 대한 기본 원칙에 합의했습니다. 국가들은 다음 3개의 주요 영역에서 유럽안보협력회의 프로세스를 심화 발전시키는 것에 동의했습니다. 유럽의 안보에 관한 문제, 경제, 과학기술, 환경 분야의 협력, 인도주의와 기타 분야의 협력 등을 다룹니다.

이어 열린 후속 모임에서 참가국들은 또한, 소수자에 대한 처우에서 고문 예방, 성별 이슈들, 표현의 자유의 보호, 사형제 폐지에 이르기까지 인권과 기본적 자유에 관한 기준과 규범들을 확립하기 위해 노력했습니다. 현재, 인권 이슈들은 유럽안보협력기구의 포괄적 안보 개념의 일부분으로서, 이 기구의 '인간 안보 부문Human Dimension of Security'의 '민주주의 제도와 인권 사무소Office of Democratic Institutions and Human Rights(ODIHR)'에 의해 증진, 향상되고 있습니다.

인권과 민주화라는 폭넓은 분야 안에서 민주주의 제도와 인권 사무소의 전문 분야와 활동들은 민주적 선거, 당사국들의 유럽안보협력기구 인권 협약 이행에 대한 점검, 인신매매human trafficking에 맞서 싸우기,

집시Roma and Sinti 이슈, 테러리즘과의 투쟁 과정의 인권 보호, 종교의 자유, 시민사회, 이동의 자유, 법의 지배, 성 평등, 인종주의와 유사 형태의 불관용에 맞서 싸우기와 같은 영역에 초점을 두고 있습니다.

나아가, 1991년 '유럽안보협력기구 인간 부문에 관한 모스크바 회의Moscow Conference on the Human Dimension of the OSCE'의 최종 문서는, 기구의 '인간 부문Human Dimension'에서 이루어진 노력들은 모든 참가국들의 직접적이고 정당한 관심 사안이며, 관련국의 내정 문제에 배타적으로 귀속되지 않는다고 적고 있습니다. 이 약속은 후속 조치들 속에서 강화되었습니다. 유럽안보협력기구의 결정들은 합의를 바탕으로 이루어집니다. 그러나 인권과 기본적 자유에 관한 유럽안보협력기구 협약들에 대한 분명하고 총체적인 침해의 경우, 예컨대 1992년 구 유고슬라비아의 퇴출 조치와 같은 사례는 예외입니다.

모든 참가국들은 동등한 지위를 가지며, 결정들은 정치적 구속력을 갖습니다. 기구의 '각료이사회Ministerial Council' 연례 회의와 '상임이사회Permanent Council'가 인권 이슈들에 대한 결정을 내리는데, 여기에는 인신매매와 맞서 싸우기, 유럽안보협력기구 영역 내에서 법의 지배를 강화하기, 집시의 권리를 증진하고 차별을 철폐하기 등의 문제가 포함됩니다. '인간 부문 연례회의'는 지속적으로 인권 이슈들을 다루어왔습니다.

유럽안보협력기구는 자신의 역내에서 민주주의, 법의 지배, 인권 존중의 증진이 필요한 모든 곳에 적극적인 지원을 제공합니다. 기구는 역내에서 발생하는 모든 단계의 분쟁과 기타 여러 분야로 활동을 확대하고 있습니다.

103 유럽안보협력기구는 어떤 인권 활동을 수행해 왔나요?

유럽안보협력기구에 의해 설립된 '민족적 소수집단을 위한 고등판무
관High Commissioner for National Minorities'은 역내 지역에서 분쟁으로 발
전할 수 있는 종족적 긴장에 대해 가능한 가장 초기 단계에 대응합니
다. 고등판무관의 의무는 그러한 긴장을 제어하고 줄여나가며, 유럽
안보협력기구의 주의를 일깨우는 것입니다. 고등판무관은 항상 불편
부당한 태도로 신뢰를 잃지 않으면서 독립적으로 활동합니다. 이 활
동은 유럽의 평화와 안정을 보장하기 위한 유럽안보협력기구의 예방
외교에 핵심적으로 기여합니다.

유럽안보협력기구의 '민주주의 제도와 인권 사무소The Office of
Democratic Institutions and Human Rights (ODIHR)'는 인간 부문 협약들에 대한 국가
들의 이행을 다루는 하나의 포럼을 제공함으로써 인권, 민주주의, 법
의 지배를 촉진합니다. 사무소는 민주적 제도 형성에 관한 정보 교
환의 틀을 제공하고, 이러한 견지에서 선거 모니터링과 자문, 지원
을 제공하는 것을 조율합니다. 유럽안보협력기구의 집행 활동에 책
임을 지는 사무소장은 특정한 인권 상황을 조사하기 위해 개인 대표
들을 임명할 수도 있습니다. '민주주의 제도와 인권 사무소'에 의해
수립된 절차 가운데 하나는 이른바 '인간 부문 메커니즘Human Dimension
Mechanism'으로, 이는 개별 참가국이나 그룹 단위의 국가들에 의해 특
별히 개별 문제에 한해서 발동될 수 있습니다. 두 가지 요소(비엔나
와 모스크바 메커니즘)로 구성된 이 메커니즘은 유럽안보협력기구 국가
들의 인간 부문에 관해 의문을 제기하고, 특정한 인간 부문 이슈의

해결을 지원하기 위한 독립 전문가의 일시적 임무 수행을 허용합니다.[156]

'미디어의 자유에 관한 대표A Representative on Freedom of Media'가 더 자유롭고, 독립적이며, 다원적인 미디어를 실현하는 데 참가국들을 지원할 목적으로 1998년 임명되었습니다.

'인신매매와 싸우기 위한 특별 대표와 중재자 사무소Office of the Special Representative and Co-ordinator for Combating Trafficking in Human Beings'는 유럽안보협력기구 참가국들의 반 인신매매 정책 발전과 이행을 지원합니다.

분쟁과 잠재적 분쟁, 그리고 분쟁 이후의 재적응 상황에서 발생하는 문제를 해결하기 위한 유럽안보협력기구의 주요 활동 가운데 하나는 기구의 현장 활동 속에서 나타납니다. 장기적 임무와 기타 현장 활동의 임무, 구성, 규모, 운영 등은 다양합니다. 그러나 모든 임무의 중심 활동은 '인간 부문'의 이슈들과 민주주의 그리고 법의 지배를 수립하는 것입니다. 현재 주요 임무들이 코소보, 보스니아와 헤르체고비나, 몬테네그로, 세르비아, 몰도바, 알바니아에서 수행되고 있습니다. 유럽안보협력기구의 다양한 임무와 현장 활동들은 남동 유럽, 동유럽, 중앙아시아, 남부 코카서스 등 많은 다른 지역에서 벌어집니다.

104 다른 지역의 인권 시스템을 수립하기 위한 계획에는 어떤 것들이 있나요?

1993년, 인권에 관한 적절한 지역적 기제라는 이슈가 10개 회원국으로 구성된 지역의 정부 간 기구인 동남아시아국가연합ASEAN 각료회의의 의제가 되었습니다.[157] 이와 나란히, 시민사회 대표들로 구성된 '아세안 인권 메커니즘을 위한 실무반Working Group for an ASEAN Human Rights Mechanism'도 그러한 기제의 촉진을 위해 활동해 왔습니다. 2007년 11월에 채택되고 2008년 12월에 발효된 〈아세안헌장〉 제14조는 인권을 보호하고 증진하기 위해 아세안 인권 기구의 창설을 요구하고 있습니다. 이 기구의 설립에 관한 고위급 회의High Level Panel(HLP)가 2008년 7월, 싱가포르에서 열린 제41차 아세안 각료회의 기간에 첫 모임을 가졌습니다. 2008년 9월 11일, 고위급 회의는 인권 기구의 임무와 권한에 관한 실무반의 권고를 받아들였습니다. '아세안 정부간 인권위원회ASEAN Intergovernmental Commission on Human Rights(AICHR)'는 2009년 10월 아세안 정상회의 기간에 공식 출범했습니다. 위원회의 목적은 아시아 인민들의 인권을 증진, 보호하고, 역내 평화, 안정성, 화합을 증진하며, 국제 인권 기준을 준수하는 것입니다.[158] 위원회는 특히, 전략과 공동의 접근, 주제별 연구를 발전시키고, 자문서비스를 제공하며, 인권에 관한 역량 증진을 강화할 임무를 띤 협의 기구입니다. 위원회는 또한 2012년에 발표될 예정인, 〈아세안인권선언ASEAN Human Rights Declaration〉의 안건을 만들 임무도 부여받았습니다. 2009년 10월의 아세안 정상회의는 인권에 관한 두 번째 협의 기구인 '여성과 아동 권리의 증진과 보호를 위한 아세안 위원회ASEAN Commission for the Promotion and Protection of the Rights of Women and Children'의 임무를 승인했고, 이 위원회는 2010년 4월의 차기 정상회의에서 출범했습니다. '아세안 정부간 인권위원회AICHR'와 비슷한 기능을 가진 이 위원회는, 요구가 있을 경우 유엔 조약 기구들과 보편적 정례 검토ᵁᴾᴿ에 대한 아세안 회원국들의 보고서 준비를 지원하는 임무도 갖고 있습니다. 위원회의 우선순위 이슈 가운데 하나는 여성과 아동에 대한 폭력을 철폐하는 것입니다(질문40, 41 참조).

〈아랍인권헌장ᴬʳᵃᵇ ᶜʰᵃʳᵗᵉʳ ᵒⁿ ᴴᵘᵐᵃⁿ ᴿⁱᵍʰᵗˢ〉은 1994년 9월 15일, 아랍국가연맹이사회ᶜᵒᵘⁿᶜⁱˡ ᵒᶠ ᵗʰᵉ ᴸᵉᵃᵍᵘᵉ ᵒᶠ ᴬʳᵃᵇ ˢᵗᵃᵗᵉˢ에 의해 채택되었습니다.¹⁵⁹ 그러나 이 헌장은 비준되지 않았고, 따라서 작동되지 않았습니다. 2004년 5월 22일, 수정된 「아랍인권헌장」이 아랍 국가 연맹에 의해 채택되었습니다. 헌장은 7개국의 비준 동의 요건을 채운 뒤에 2008년 3월 15일 발효되었습니다. '이슬람 회의 기구ᴼʳᵍᵃⁿⁱᶻᵃᵗⁱᵒⁿ ᵒᶠ ᵗʰᵉ ᴵˢˡᵃᵐⁱᶜ ᶜᵒⁿᶠᵉʳᵉⁿᶜᵉ'는 1990년 8월 5일 〈이슬람 지역의 인권에 관한 카이로 선언ᶜᵃⁱʳᵒ ᴰᵉᶜˡᵃʳᵃᵗⁱᵒⁿ ᵒⁿ ᴴᵘᵐᵃⁿ ᴿⁱᵍʰᵗˢ ⁱⁿ ᴵˢˡᵃᵐ〉을 채택했습니다.

인권 분야에서
시민사회와 사적 부문의 역할

105 비정부기구들은 인권 증진에 어떤 역할을 하나요?

국제적, 지역적, 국내적 수준에서 인권을 증진하기 위한 비정부기구들의 역할은 국제 공동체에서 널리 인정받고, 지지를 얻고 있습니다. 비정부기구들은 유엔 인권 프로그램에 중요한 기여를 하며, 인권 분야의 주요회의에 적극 참여해왔습니다. 이들은 고유한 정보의 원천으로서 기여하고, 새로운 국제적 기준을 세우고 확립하는 일을 지원합니다. 또 인권 침해 피해자들의 치유를 위해 노력하고, 특히 비공식적 차원에서 인권 교육의 증진을 위해 중요한 역할을 합니다.

인권 분야에서 매우 활동적인 국제적, 국내적 차원의 수많은 비정부기구들이 있습니다. 유엔경제사회이사회는 자신의 활동 영역을 다루는 비정부기구들과 협의할 권한이 있으며, 2011년 6월 30일 현재, 3,382개 비정부기구들이 경제사회이사회로부터 협의적 지위를 부여받았습니다.[160] 2011년 12월 기준으로 368개의 국제 비정부기구와 22개의 재단 및 유사 기관들이 유네스코와 공식적 관계를 맺고 있고, 약 200개의 비정부기구들은 국제노동기구에 협의적 지위를 갖고 있습니다.

'세계인권회의World Conference on Human Rights'(1993)는 국내, 지역, 국제적 수준에서 모든 인권의 증진과 인도주의적 활동에 비정부기구들이 갖는 중요한 역할을 인정했습니다. 회의는 특히 인권 이슈에 대한 대중의 인식 향상과, 이 분야의 교육과 훈련, 연구, 기준을 세우는 과정에 비정부기구의 기여를 높이 평가했습니다. 나아가 회의는 비정부기구들의 활동이 유엔의 목적과 상반되어서는 안 된다고 언급했습니다. 국내법과 〈세계인권선언〉의 틀 속에서 활동하는 한 비정부기구들은 간섭없이 자유롭게 자신들의 인권 활동을 수행할 수 있어야 합니다. 2005년 '세계정상회의World Summit'161는 발전과 인권 프로그램의 증진과 이행에서 비정부기구들이 기여하는 것의 중요성을 강조했습니다(2005년 세계정상회의 결과 보고서, 2005년 10월 24일의 유엔총회 결정60/1).

유엔 인권최고대표부는 비정부기구들이 인권의 증진과 보호에 미치는 비판적 기여를 인정하고, 인권 옹호자들이 '보편적 인권 의제의 이행 과정에서 필수 파트너'임을 강조했습니다. 대표부실은 비정부기구들과 대표부실 간의 상호작용을 촉진하기 위해 2004년에 '비정부기구 연락 담당관'이라는 직위를 새로 설치했습니다. 이어서 2008년 대표부실은 유엔과 비정부기구들과 시민사회의 협력을 증진하기 위해 시

민사회 운동가를 위한 핸드북을 발간하기도 했습니다.[162]

106 국가인권기구National Human Rights Institutions는 인권의 증진에 어떤 역할을 하나요?

국가인권기구의 창설은 국제 인권 기준들의 효과적 이행에 이들이 기여할 수 있다는 점에서 중요한 우선순위 의제로 인정되어 왔습니다. 인권의 증진과 보호에서 이들 기구의 중요하고 건설적인 기여는 1993년 '세계인권회의'에서 채택된 '비엔나 선언과 행동 강령'에서 재확인되었습니다.

1991년 파리에서 열린 국제 워크숍은 국가인권기구의 역할, 구성, 지위, 기능에 대한 일련의 권고를 내놓았고, 이는 흔히 '파리원칙'으로 알려졌습니다. 그 뒤 유엔총회의 승인(1993년 12월 20일, 결정 48/134의 부록)을 받은 파리 원칙은 국가인권기구의 설립과 운영을 위한 준거점이 되었습니다.

이 원칙에 따르면, 국가인권기구의 임무는 그것이 헌법에서 발생하건, 법률 조문에서 발생하건 가능한 폭넓게 적용해야 합니다. 특히 다음 책임을 포괄하도록 확대되어야 합니다.

• 정부, 의회, 기타 다른 어떤 권한 당국에게든 자문할 수 있는 위상을 갖고 의견, 권고, 제안, 보고서를 제출하는 것
• 국가의 법률, 규정, 관행이 국제인권법과 조화를 이루도록 증

진하고 보장하는 것

• 유엔 기구에 대한 국가 보고서에 기여하는 것
• 인권에 관한 정보를 전파하는 것
• 인권 교육에 기여하는 것 등

또한 이 기구는 개인적 인권침해 상황에 관한 진정과 청원을 듣고 검토할 권한을 가지고 있습니다. 국가인권기구의 다원성과 독립성은 특히 중요한데, 이는 구성원의 선발, 임무 권한의 안정성, 조사 권한을 포함한 운영 방법, 나아가 위원회의 사무처 등 하부구조와 이용 가능한 자원 등의 문제와 연결되어 있습니다.

현존하는 국가인권기구의 다수는 '인권위원회human rights commissions'와 '옴부즈만ombudsman'이라는 두 개의 유형으로 그룹을 나눌 수 있습니다. 보편적이지는 않지만, 매우 중요한 또 하나의 유형은 인종·언어적 소수집단, 원주민 집단, 아동, 난민, 여성 등 구체적인 취약 집단의 권리를 보호하는 기능을 하는 특수한 국가인권기구들입니다. 유

엔, 특히 인권최고대표부는 각 국가들이 국가인권기구를 설립하고 이들 기구의 활동을 지원하도록 북돋우면서 하나의 촉매 역할을 하고 있습니다.

1993년, '인권의 증진과 보호를 위한 국가인권기구 국제조정위원회International Coordinating Committee of National Institutions for the Promotion and Protection of Human Rights(ICC)'가 파리 원칙과 일치되는 국가인권기구의 설립과 강화를 지원하고, 국가인권기구들 간, 나아가 인권최고대표부실 및 유엔 기구들과의 협력과 조정을 강화할 목적으로 설립되었습니다. 1998년, 국제조정위원회는 절차에 관한 규정을 개발했고, 16개 회원국으로 확대되었습니다. '국제조정위원회 승인소위원회Sub-Committee on Accreditation to the ICC'는 국가인권기구를 승인하고, 이들이 파리원칙을 준수하도록 권고할 책임을 갖고 있습니다. 2011년 8월 현재, 70개의 국가인권기구들이 국제조정위원회에서 'A' 등급을 승인받았습니다.[163]

2010년 10월 스코틀랜드 에딘버러에서 열린 제10차 국가인권기구 국제조정위원회는 '기업 경영과 인권: 국가인권기구들의 역할Business and Human Rights: the Role of NHRIs'이라는 주제를 집중 조명했습니다. 이 회의에는 국가인권기구와 재계, 비정부기구들, 학계, 정부간 기구에서 250명 이상이 참석했습니다.

107 기업에 인권 보호의 의무가 있나요?

전통적으로 국제인권법은 인권을 보호하고 증진하기 위한 국가의 책임과 깊은 관련이 있습니다. 그러나 세계화와 국제적 비교우위에 의한 교역의 확대로 국가에 비해 일부 초국적 기업들의 역할과 권력이 더 커졌습니다. 그러나 인권에 대한 적정한 고려 없이 초국적 기업들의 권력이 행해져서는 안 됩니다.

이러한 우려들이 국제적 포럼들에서 제기되었습니다. 〈리우선언Rio Declaration〉164과 〈코펜하겐선언Copenhagen Declaration〉은 개발과 환경 보호에 대한 초국적 기업들의 책임을 강조했습니다. 초국적 기업들이 인권의 증진과 보호에서 중요한 역할을 한다는 것이 점점 더 널리 인정되고 있습니다. 1999년 1월 유엔 사무총장이 제안한 '글로벌 컴팩트Global Compact' 계획은 하나의 규제 수단이나 행동 강령이 아니라, 보편적 원칙에 기초한 좋은 실천을 증진할 목적으로 설계된 가치 중심의 플랫폼value-based platform입니다.

글로벌 컴팩트는 〈세계인권선언〉, 국제노동기구의 '작업장에서의 권리에 관한 기본 원칙Fundamental Principles on Rights at Work', '환경과 개발에 관한 리우 원칙Rio Principles on Environment and Development'을 포함한 국제 문서들에서 도출된 아홉 가지의 원칙들을 포괄합니다.165 이 원칙들은 구체적으로 다음과 같습니다. 각국이 그들의 영향권 내에서 국제 인권의 보호를 지원·존중하고, 자국의 기업들이 인권 침해에 연루되지 않도록 보장하며, 결사의 자유와 단체협상권의 효과적 인정을 허용하며, 모든 형태의 강제적 의무 노동을 철폐합니다. 또 아동 노동의 효과적 폐지를 보장하며, 고용과 직업에서의 차별을 없애고, 환경적 도전에 관한 예방적 접근을 지원하며, 환경에 대한 책임을 증진할 계획들에 착수하고, 환경 친화적 기술의 발전과 보급을 장려하도록 고

취합니다.

이는 인권 향유에 관한 '책임있는 기업에 의한 효과^{responsible corporate} impact'를 성취하기 위해 사적 영역과 유엔이 자발적으로 협력한 사례를 보여주는 것입니다. 더욱이, 기업들과 산업별 기업 협회들(의류산업의 기업협회와 같은)은 점점 더 자발적으로 행동 강령을 채택하거나, 인권, 노동권, 또는 환경적 우려를 모니터링하고 개선하기 위한 행동 강령과 원칙을 개발하기 위해 비정부기구들이나 다른 그룹들과 파트너십을 맺고 있습니다. 글로벌 컴팩트 아래에서, 컴팩트의 원칙을 증진하기 위한 하나의 협치적 틀^{Governance Framework}이 확립되어 2005년 8월 갱신되었습니다. 이 틀에는 다음 기관들이 속해 있습니다.

- 글로벌 컴팩트 지도자 회의^{Global Compact Leaders Summit}
- 지역 네트워크^{Local Networks}
- 연례 지역 네트워크 포럼^{Annual Local Networks Forum}
- 이사회^{Board}
- 글로벌 컴팩트 사무소^{Global Compact Office}
- 기구간 팀^{Inter-Agency Team}
- 기부자 그룹^{Donor Group}

2005년, 유엔 인권최고대표는 유엔인권위원회에 '인권에 관한 초국적 기업과 관련 기업의 책임'에 관한 보고서를 발표했습니다(E/CN.4/2005/91. 2005년 2월 15일). 2005년 2월 15일, 위원회(2006년 인권이사회로 대체됨)는 유엔 사무총장에게 첫 2년 임기를 가진 '인권과 초국적 기업 및 관련 기업에 관한 특별 대표Special Representative on Human Rights and Transnational Corporations and Other Business Enterprises'를 임명하도록 요청했습니다. 특별 대표의 주요 책임은 다음과 같습니다.

- 인권에 관한 기업의 책임과 초국적 기업 및 관련 기업의 책임성에 대한 기준을 확인하고 명확히 하기
- 인권에 관해 초국적 기업과 관련 회사들의 역할을 효과적으로 규제하고 상벌을 내리는 데 국가의 역할을 정교화하기
- '결탁complicity'과 '영향력의 범위sphere of influence'와 같은 개념이 초국적 기업과 관련 회사들에게 미치는 함의를 연구하고 명확히 하기
- 초국적 기업과 관련 회사들의 활동에 대한 인권 영향 평가를 수행할 자료와 방법론을 개발하기

'분쟁 관련 지역의 기업경영과 인권: 국가의 대응을 향한 도전과 선택Business and human rights in conflict-affected regions: challenges and options towards state responses'이라는 보고서가 2011년 5월 유엔인권이사회에 제출되었습니다. 이 보고서는 분쟁이라는 맥락에서 기업 관련 인권 침해를 예방하거나 억제하기 위해 본국, 유치국, 인접국들이 갖고 있거나 개발할 수 있는 일련의 정책적 선택 방안들을 제시하고 있습니다.[166] 2011년 6월, 유엔인권이사회는 특별 대표를 '인권과 초국적 기업 및 관련 회사들에 관한 실무반Working Group on Human Rights and Transnational Corporations and Other Business Enterprises'으로 대체했습니다.

인권 교육

108 인권 교육은 인권의 보호와 증진에 어떤 역할을 하나요?

자신과 타인의 권리에 대한 인식은 인권의 실현하는 데 반드시 필요
한 전제조건에 속합니다. 인권을 보호하는 다양한 기준과 메커니즘
에 대한 지식은 사람들이 자신의 권리, 나아가 타인의 권리까지 요구
하고 주장할 수 있는 힘을 길러줍니다. 일찍이 〈세계인권선언〉은 인
권 교육과 평화 교육의 중요성을 인정했습니다. 선언은 '교육이 인간
개성의 온전한 실현, 그리고 인권과 기본적 자유에 대한 존중을 강화
하는 방향으로 이루어져야 한다.'(제26조)고 명시했습니다.

　'인권 교육을 위한 유엔 10년의 행동 계획Plan of Action of the UN Decade

for Human Rights Education 1995-2004'은 인권 교육을 '지식과 기술의 전달과 태도의 함양을 통해 보편적 인권 문화의 건설을 지향하는 훈련, 보급, 정보 제공의 노력들'이라고 정의했습니다. 나아가, 인권 교육은 모든 인권(시민적, 정치적, 경제적 · 사회적 · 문화적 인권)의 분리불가능성indivisibility, 상호의존성interdependence, 상호연관성interrelation 그리고 동등한 중요성의 원칙에 부합해야 합니다.[167]

'인권 교육에 관한 세계 프로그램'(2005~현재)과 '세계 인권 학습의 해'(2009)는 인권의 증진과 보호를 위한 인권 교육의 중요성을 한층 강화했습니다(질문109 참고). 이는 다시 2011년 12월 9일 유엔총회에서 〈인권 교육과 훈련에 관한 선언Declaration on Human Rights Education and Training〉이 채택되는 것으로 이어졌습니다.[168]

이 선언에 따르면, 인권 교육과 훈련은 세 가지 차원을 포괄합니다(제2조 2절). '인권에 대한 교육Education about human rights'은 인권 규범과 원칙들, 그 바탕에 있는 가치들, 그리고 이를 보호하기 위한 메커니즘에 대한 지식과 이해의 제공을 포함합니다. '인권을 통한 교육Education through human rights'은 교육자와 학습자 모두를 존중하는 방식으로 배움과 가르침이 행해져야 한다는 것을 말합니다. 마지막으로, '인권을 위한 교육Education for human rights'은 개인들이 자신의 권리를 향유 · 행사하고 타인의 권리를 존중 · 보호할 수 있도록 자력화하는 것을 수반합니다. 선언은 인권 교육이 이용 가능하고, 접근 가능하며, 융통성 있고, 질적으로 우수할 것을 요구합니다.

나아가, 인권 교육은 "인권의 보편성에 반영되어 있는 것처럼, 문명, 종교, 문화의 다양성과 다른 나라들의 전통으로부터 영감을 이끌어내고, 나아가 이들을 포용하며 더욱 풍요롭게 해야 한다."(제5조 3절)고 되어 있습니다.

109 인권 교육을 증진하기 위해 유엔은 어떤 조치를 취해 왔나요?

유엔총회는 인권에 대한 공공의 인식을 높이는 일이 중요하다는 것을 인정하면서 1988년 12월 10일 '인권을 위한 세계 공공 정보 캠페인'(결정 43/128)을 시작했습니다. 이 캠페인의 목표는 가르침, 교육, 정보 프로그램을 널리 실천적인 방식으로 발전시키는 것입니다. '비엔나선언과 행동 프로그램Vienna Declaration and Programme of Action'(1993)은 '인권과 민주주의 교육에 관한 세계 행동 계획World Plan of Action on Education for Human Rights and Democracy'169을 고려하면서 국가들이 문맹률을 없애고, 모든 공식적, 비공식적 교육 과정에 인권과 인도주의법, 민주주의, 법치주의를 포함할 것을 권고합니다. 나아가, 공적 정보를 폭넓게 전달할 수 있는 프로그램을 발전시키도록 장려합니다. 국가는 특히 여성과 아동, 소수집단에 속하는 사람들, 원주민, 이민자, 노인들의 인권적 요구를 고려해야 합니다.

1994년 12월, 유엔총회는 1995년 1월 1일부터 '인권 교육을 위한 유엔 10년'이 시작된다고 선포했습니다. 이 유엔 10년의 목표는 유엔총회에서 채택된 행동 계획에 명시되어 있습니다(2절). 유엔 10년은 인권 교육을 위한 필요성 진단, 효과적 전략 수립, 다양한 수준의 역량 증진, 자료 개발 등에 기여했습니다. 더 중요한 것은 유엔 10년이 광범위하게 활동가들을 동원함으로써 인권 교육을 지원하는 커다란 큰 계기를 마련했다는 점입니다. 각국 정부와 유엔 특별 기구, 지역의 정부간 기구, 비정부기구, 시민 사회 조직과 미디어가 유엔 10년의 틀 속에서 추진된 다양한 활동에 참여했습니다.

유엔 10년의 성취에 기반하여 2004년 12월 10일, 유엔총회는 '인권 교육을 위한 세계 프로그램World Programme for Human Rights Education'을 선포했습니다. 이 프로그램의 목적은 인권 교육의 기본 원칙과 방법론에 대한 이해를 증진하고, 행동을 위한 구체적 틀을 제공하며, 파트너십과 협력을 강화하는 것입니다. 이 계획은 2005년 세계정상회의에서 유엔 회원국들의 전폭적인 지지를 받았습니다.

이 프로그램은 단계적으로 구성됩니다. 프로그램의 첫 단계는 2005년부터 2009년까지로, 초중등학교 시스템에 초점을 맞추고 있습니다. 첫 단계를 위한 행동 계획에서는 국가적 수준에서 인권 교육을 실행하기 위한 구체적 전략과 실천적 아이디어를 제안했습니다. 세계 프로그램의 두 번째 단계는 2010년부터 2014년까지입니다. 이 단계는 고등교육, 교사와 교육자, 공무원, 법 집행 공직자, 군인을 위한 인권 훈련 프로그램에 초점을 맞추고 있습니다.

2007년 12월 18일, 유엔총회는 2008년 12월 10일부터 2009년 12월 31일까지를 '국제 인권 학습의 해'로 정해 선포했습니다(결정 62/171). 국제 인권 학습의 해는 '발전권the right to development'을 포함해 모든 인권에 대한 지식을 증대할 목표를 가지고 있습니다. 유엔총회는 인권이사회와 인권고등판무관에게 회원국, 시민사회, 그리고 모든 유엔 기구, 기금, 프로그램들과 협력하여 '사회의 모든 수준에서' 인권에 대한

배움을 증진할 것을 요청했습니다.

위에서 언급된 모든 계획들이 인권 교육에 관한 규범적 문서인 「인권 교육과 훈련에 관한 유엔 선언」의 채택의 계기가 되었습니다. 이 선언은 2011년 4월 유엔인권이사회에 의해 승인된 뒤(결정 16/1), 2011년 12월 19일 유엔총회에서 채택되었습니다(결정 66/137).

110 인권 교육 분야에서 유네스코는 어떤 활동을 해 왔나요?

유네스코는 1945년 설립된 이후 인권 교육 분야에서 많은 활동을 해왔습니다. 이 기구는 인권 교육에 대한 전일적 접근을 장려하고, 이러한 접근 자체를 교육권과 인권의 통합적 요소로 고려합니다. 인권은 내용 전달과 체험, 둘 다를 통해 가르쳐야 하며, 교육 시스템의 모든 과정에서 실행되어야 합니다. 그러므로 인권은 커리큘럼의 내용뿐만 아니라 교육 방법, 교육 과정, 학교 운영을 포함한 교육 환경 전반을 규정해야 합니다. 이러한 전일적 접근 안에서 인권 교육은 인권의 배움과 실천을 증진하는 국가적 교육 개혁의 기초이자 동력이 됩니다.

규범적 수준에서 인권 교육은 1960년 〈교육 차별 철폐 협약Convention against Discrimination in Education〉(제5조)과 1974년 〈국제 이해, 협력, 평화를 위한 교육과 인권, 기본 자유에 관한 교육 권고Recommendation concerning Education for International Understanding, Cooperation and Peace and Education relating to Human Rights and Fundamental Freedoms〉에서 다루어졌습니다. 이 권고는 국가적 교육 정책을 위한 지도 원칙을 수립하고, 학습과 훈련의 민족적, 시민적, 문

화적 측면 등을 논의하며, 인권 교육을 증진하기 위한 구체적 행동을 제안하고 있습니다. 유네스코 운영 이사회의 보조 기구인 협약과 권고 위원회에서 이 두 문서의 이행을 감독하고 있습니다(질문76 참고).

인권 교육에 관한 규범적 틀을 보완하는 다른 중요한 문서들이 있습니다. '인권 교육에 관한 국제회의'에서 1994년 채택된 '인권과 민주주의 교육에 관한 세계 행동계획'과 선언 그리고 1995년 채택된 '평화, 인권, 민주주의 교육에 관한 통합 실천계획Integrated Framework of Action on Education for Peace, Human Rights and Democracy'(1995)[170]이 바로 그것입니다. 이 회의는 2011년 12월 19일 유엔총회에서 채택된 〈인권 교육과 훈련에 관한 유엔 선언〉의 초안 작성에도 적극 참여했습니다.

1995년부터 2004년까지, 인권 교육 분야에서 유네스코의 활동은 '인권 교육을 위한 유엔 10년'(1995–2004)과 관련 행동계획의 틀 안에서 이루어졌습니다. 유네스코는 유엔 인권고등판무관과 함께 행동계획의 실행을 주도했습니다(질문109 참고). 그 주요 목표 중 하나는 지역적 수준에서 인권 교육 전략의 수립을 촉진함으로써 각 지역에서 인권 교육이 활발하게 추진되도록 하는 것입니다.

유엔 10년의 결론을 따르면서, 2005년부터 지금까지 유네스코는 인권 교육에 관한 전략을 '인권 교육에 관한 세계 프로그램'의 우선순위에 맞춰 조정해 왔습니다. 유네스코는 '학교 시스템에서의 인권 교육에 관한 유엔 기구간 조정위원회United Nations Inter-Agency Coordinating Committee on Human Rights Education in the School System'의 조정 과정에도 적극 참여해왔습니다. 유네스코는 공식적, 비공식적 교육 시스템을 모두 포괄하면서 다음과 같은 주요 행동 방향을 추구합니다.

- 교육권을 보장하고 인권 교육을 증진하는 데 회원국들을 지원하기 위해 정책 대화를 확대하고 인권 교육의 틀과 가이드라인을 확립한다.
- 국가적, 하위 지역적 프로젝트와 프로그램의 개발 및 교수 학습 재료와 도구를 정교하게 만들기 위해 협력하고, 인권 교육을 위한 국가적, 지역적 역량을 지원한다. 예컨대, '교과서 연구와 수정에 관한 유네스코 가이드북UNESCO Guidebook on Textbook Research and Textbook Revision'과 교육자와 교사를 위한 매뉴얼, 〈함께 살기를 배우다: 윤리 교육을 위한 문화간, 종교간 프로그램Learning to Live Together: Intercultural and Interfaith Programme for Ethics Education〉 등을 들 수 있다.
- 서로 다른 지역에서 모두를 위한 교육Education for All(EFA)에 대한 인권 중심 접근human rights-based approach을 공동으로 추진하기 위해 다른 유엔 기구들과 협력한다.
- 인권 옹호advocacy와 네트워크 활동을 수행한다. 유네스코는 '결연 학교 프로젝트 네트워크Associated Schools Project Network', '유네스코 의 장단 네트워크network of UNESCO Chairs', '연구와 훈련 기관 네트워크 Network of Research and Training Insitutions', '라틴아메리카 인권 교육 전자 네트워크Electronic Network on human rights education in Latin America', '남동유럽 에서 시민 교육과 인권 교육을 위한 유네스코 교육 서버 프로 그램UNESCO Education Server Programme for Civic and Human Rights Education in South East Europe' 등과 긴밀하게 협력한다.171

유네스코의 다른 계획들 중에는 〈유네스코/빌바오 인권 문화 증진상UNESCO/Bilbao Prize for the Promotion of a Culture of Human Rights)이 있습니다. 이 상은 1978년 만들어져 15회 수여된 '유네스코 인권 교육상UNESCO Prize for Human Rights Education'을 계승한 것입니다.

현재의 도전들

111 인권의 실현에 세계화는 어떤 영향을 주고 있나요?

세계화는 20세기 후반부터 심화된 정치, 경제, 사회, 문화의 특정한 변화 경향을 말합니다. 특히, 금융 자본의 자유화, 국가와 공공 부문의 민영화, 시장 원리의 확대와 상품화 등으로 특징되는 신자유주의적 자본주의의 발전이 지난 30년간 세계 경제와 금융 질서를 새롭게 재편했습니다.[172] 소련과 동구 공산주의 국가들이 붕괴되면서 냉전질서가 무너졌고, 인터넷과 정보통신기술은 시공간의 차이를 소멸시키면서 전 세계를 하나의 지구촌으로 만들었습니다.

금융과 무역의 자유화에 힘입어 세계화는 유례없는 경제적 부와 성장을 가져온 것으로 인식되었습니다. 그러나 다른 한편 많은 국가, 집단, 개인들은 새로운 빈곤, 불평등, 소외의 증가를 경험해온 것도 사실입니다. 일찍이 전 유엔 사무총장 코피 아난은 '발전을 추구하고, 세계화에 참여하며, 변화를 관리하는 일은 모두 인권의 대의를 따라야 합니다. 그 반대가 아니다.'라고 했습니다. 2008년 세계 금융 위기는 신자유주의적 세계화의 내적 모순을 극적으로 드러냈고, 세계화 현상을 장밋빛으로 그렸던 기존의 관점은 심각하게 도전받고 있습니다.

세계화의 영향으로 인권 의제도 기존의 전통적 접근에서 벗어나 다양하게 확장되고 있습니다. 첫째, 발전과 빈곤 문제가 점점 더 국제 인권의 관점에서 조명되고 있습니다. 그래서 해외 원조와 부채, 국내 사회정책에 대한 국제 경제 질서의 영향 등의 이슈가 요즘에는 인권 용어들로 논쟁이 됩니다. 이제 인권적 접근은 해외 원조를 제공하는 국가의 의무와 책임까지 함의합니다. 둘째, 인권법의 초점이 인권 보호에 관한 국가의 배타적 책임이라는 전통적 개념에서 국제금융기구와 기업 등 비국가적 행위자의 의무와 책임을 포함하는 쪽으로 넓어지고 있습니다.

그러므로 이제는 다양한 국제기구의 역할에 대한 기본적 이해가 필수적입니다. 특히, 다음 세 기구에 대한 고려가 반드시 필요합니다.

- 세계은행World Bank: 개발 지원에 관한 세계 최대의 재원을 가진 정부 간 기구다.
- 국제금융기금: 개별 국가의 경제 · 재정 정책에 대한 평가를 통

해 회원국들의 환율 정책을 감독하고 어떤 국가에 대한 대출 조
건으로 특정 정책 요건들을 부가시키는 기능을 한다.

- 세계무역기구: 국가들 사이의 무역 규칙을 관장하는 국제기구
  이자 정부 간 기구다(질문 88 참고).

금융위기와 경제위기는 전 세계 사람들의 삶에 영향을 미칩니
다. 이러한 위기는 빈곤의 증가로 이어지며, 사회경제적 개발을 촉
진하는데 어려움을 줍니다. 특히, 유엔이 채택한 '새천년 개발 목표
Millennium Development Goals'의 실현에도 큰 차질을 일으키고 있습니다(질문
113 참고). 결국 지구적 경제위기는 보편적 인권의 향유에도 심각한
영향을 미치게 됩니다. 유엔인권이사회(질문112 참고)와 유엔 시스템
도 이를 인정하면서 개선 방안을 고민하고 있습니다. 그러나 이러한
도전은 국제인권공동체가 현 시스템의 취약성을 보완하고, 기존 구
조와 가치를 다시 검토할 수 있는 기회이기도 합니다. 실제로 어떤
상황에서든 인권은 보호될 필요가 있습니다. 나아가, 세계 경제 위기
의 영향을 가장 많이 받는 지역에서 경제적·사회적·문화적 권리를
향유하는 것에 대한 특별한 고려가 필요합니다.

112 세계화, 지구적 금융 위기와 경제 위기 그리고 인권에 관한 이슈들은 유엔에서 어떻게 다루어지고 있나요?

유엔은 지난 수년 간 세계화의 인권적 차원을·연구해 왔습니다. 이는 유엔총회, 유엔인권위원회와 2006년에 이를 대체한 인권이사회, 구 '인권의 증진과 보호에 관한 소위원회', 그리고 '경제적 · 사회적 · 문화적 권리 위원회'의 주요 관심 주제였습니다.

1999년 유엔인권위원회는 세계화가 경제적 문제뿐만 아니라 인권에 영향을 미치는 정치, 사회, 환경, 문화, 법적인 문제가 있으며, 나라마다 다를 수 있음을 인정했습니다. 2000년에 위원회는 '인권, 특히 경제적 · 사회적 · 문화적 권리의 완전한 향유와 관련해 해외 부채와 관련 국제금융의무가 국가들에 미치는 영향에 대한 독립 전문가Independent Expert on the Effects of Foreign Debts and other related International Financial Obligations of States on the Full Enjoyment of Human Rights, Particularly Economic, Social and Cultural Rights'를 임명했습니다. 보고관의 임무는 2011년 인권이사회에서 3년 연장되었습니다.

'유엔인권소위원회Sub-Commission on Human Rights'는 2002년 7월에 경제적 · 사회적 · 문화적 권리에 관한 포럼을 개최했습니다. 이 포럼은 '사회 포럼'으로 알려져 있습니다. 사회 포럼의 목표는 현대 세계의 주요 이슈, 특히 세계화가 사람, 빈곤, 발전, 협력, 인권 실현에 미치는 영향에 관해 논의하는 것이었습니다. 이 포럼은 유엔 인권 메커니즘과 풀뿌리 조직 등 다양한 이해당사자들 간의 대화를 위한 공론의 장이 되었습니다. 2008년 유엔인권이사회는 사회포럼을 매년 계속 열기로 결정했습니다(결정 A/HRC/6/13).

1998년 12월 17일, 유엔총회는 '유엔 새천년 정상회의Millennium Summit of the United Nations'를 개최했습니다. 이 회의는 유엔 사무총장에게 세계화가 모든 인권의 실현에 미치는 영향에 대하여 보고서를 제출하도록 요청했습니다.[173] 보고서는 2000년 8월 유엔총회의 제55차 회기에 제출되었습니다. 이 보고서는 세계화의 영향에 관한 하나의 포괄적 연구였습니다. 이 연구는 세계화의 양면적 효과를 진단합니다. 세계화는 경제 성장과 부를 증대하고, 사람과 문화 간에 상호연결을 더욱 촉진하며, 새로운 개발의 기회를 제공하는 등 인권의 증진과 보호를 위한 잠재력을 제공합니다. 그러나 실제로 그러한 혜택이 평등하게 향유되지는 않고 있다고 보고서는 진단했습니다. 이 문제를 해결하기 위해 인권의 원칙과 기준이 세계화의 본질적 패러다임이 되도록 해야 한다고 보고서는 제안합니다.

2008년 세계 금융 위기와 경제 위기가 발생했습니다. 이로 인해 오히려 세계화와 인권 실현이 어떤 관계를 갖고 있는지 더욱 분명해졌습니다. 유엔인권이사회는 위기의 중대성을 인정하고, 나아가 이것이 인권의 향유에 끼치는 위험성을 확인했습니다. 2009년 2월, 인권이사회는 이 주제에 대한 특별 회기를 개최하고, '인권의 보편적 실현과 효과적 향유에 관한 지구적 경제·금융 위기의 영향Impact of the Global Economic and Financial Crises on the Universal Realization and Effective Enjoyment of Human Rights'에 대한 결정을 발표했습니다(S-10/1, 2009년 2월 23일).[175] 인권이사회는 위기 때문에 인권 실현과 개발 계획에 차질을 빚고 있는 회원국들에 대해 깊은 우려를 나타냈습니다. 또, 이사회는 유엔의 특별 절차 기구들과 조약 기구들에게 인권 실현에 대한 경제 위기의 영향을 평가하여 보고하거나 권고를 발표하도록 요청했습니다.

유엔총회도 2009년 6월 지구적 금융·경제 위기와 그 영향에 관한 고위급 회의를 개최했습니다. 다른 유엔 기구들 또한 이 이슈를 검토하고, 회의와 세미나를 개최했습니다. 세계보건기구는 '금융 위기와 지구적 건강에 관한 고위급 협의 보고서WHO Report of a High-Level Consultation on the Financial Crisis and Global Health'를 발표했습니다.

113 〈유엔새천년선언〉의 핵심 목표는 무엇인가요?

2000년 9월 6일부터 8일까지 유엔 새천년 정상회의가 열렸습니다.[175] 최대 규모로 열린 이 회의에 참석한 세계 지도자들의 지지를 바탕으로 유엔총회는 〈유엔새천년선언〉을 채택했습니다. 이 선언은 평화와 인권의 증진을 위한 유엔의 역할을 다시 확인하고, 세계화에 대한 적절한 규제가 필요함을 인정했습니다. 선언은 세계화가 전 세계 시민을 위한 긍정적 힘이 되도록 하는 것이 현재 직면한 도전이라고 밝혔습니다. 나아가, 선언은 새로운 지구촌 세계를 위해 필수적인 근본 가치들을 제시했습니다.

새로운 세계를 위한 근본 가치는 자유, 평등, 관용, 연대, 자연 보호 등에 부과된 공유된 책임을 뜻합니다. 선언은 이러한 가치에 기반해 성취해야 할 핵심 목표 영역을 아래처럼 제시했습니다.

• 평화와 안보

- 개발과 빈곤 퇴치
- '우리 공동의 환경' 보호
- 인권, 민주주의, 선정善政
- 취약한 사람들의 보호
- 아프리카의 특별한 요구 충족
- 유엔의 강화 등

선언은 이러한 이슈를 유엔 활동의 모든 차원에 통합하기로 결의했습니다. 인권의 틀 속에서 이들 목표를 실행하는 것은 사회의 가장 취약한 구성원들에게 긍정적 영향을 미칠 것으로 기대됩니다. 이는 또한 인권의 주류화를 위한 중요한 기회를 제공할 것입니다.

나아가, 전 세계 국가와 정부의 대표들은 '새천년개발목표Millennium Development Goals'를 실현하기로 약속했습니다. 이는 빈곤을 줄이고 사람들의 삶을 개선하기 위한 전 지구적 목표를 나타냅니다. 이에 따라 2015년까지 극단적 빈곤과 기아를 절반으로 줄이고, 보편적 초등 교육을 실현하며, 발진을 위한 지구적 파트너십을 창출하는 것, 나아가 원조와 무역을 늘리는 대신 부채를 탕감하려는 노력이 시작되었습니다.

2011년 '새천년개발목표보고서Millennium Development Goals Report'가 발표되었습니다. 이 보고서에 따르면, 초등학교 등록률, 초등교육에서 성별 평등 지수, 안전한 마실 물에 대한 접근, 말라리아 · 에이즈 · 폐결핵 퇴치 등의 분야에서 위 개발 목표의 진전이 일부 이루어졌습니다.[176] 그러나 가장 취약한 계층의 사람들은 여전히 방치되어 있고, 2015년까지 모든 목표에 도달하기는 아직 요원하다고 평가되었습니다.

반기문 유엔 사무총장도 이러한 인식을 공유했습니다. 그는 2011년 7월 유엔 새천년개발목표보고서에 관한 성명을 발표했습니다. 성명은 위 목표를 향한 중요한 성취가 있지만 "여성과 소녀들을 힘을 키우고, 지속가능한 개발을 확대하며, 가장 취약한 사람들을 보호하기 위해 우리가 가야 할 길은 여전히 멀다."고 선언했습니다.

114 '발전권the right to development'이란 무엇을 의미하나요?

발전권, 곧 발전(개발)에 대한 권리는 1977년 유엔인권위원회에서 처음 인정되었습니다. 그뒤 1986년 유엔총회는 '발전권에 대한 선언 Declaration on the Right to Development'177를 채택했습니다. 이 선언은 발전권의 정의를 더욱 심화했습니다.

선언에는 '발전권은 양도할 수 없는 인권이다. 이 권리를 통해 모든 인간과 모든 민족들은 경제, 사회, 문화적 발전에 참여하고, 기여하며, 이를 향유할 자격을 부여받는다. 그러한 과정 속에서 모든 인권과 기본적 자유가 온전히 실현될 수 있다.'고 되어 있습니다. 이 권리는 천연 자원에 대한 완전한 주권과 자기결정권, 개발 과정에 대한 민중의 참여, 기회의 평등을 포함합니다. 발전권의 보장을 위한 책임은 국가에 있습니다. 모든 국가는 발전권을 실현하기 위해 우호적 국제 환경과 새로운 국제 질서를 만들어 갈 공동의 책임을 가집니다.

특히, 선언은 발전권을 실현하기 위해서는 개발도상국에 대한 원조 제공과 강압적 부채 부담 폐지가 필요하다고 강조합니다. 이러한 부채 부담이 경제적 · 사회적 · 문화적 권리의 이행을 가로막는 요소입니다. 이 주장은 지금도 계속 논쟁적 문제로 남아있습니다.

1993년 비엔나에서 열린 '세계인권회의'는 발전권의 보편적이고 양도 불가능한 성격을 재확인했습니다. 또 민주주의, 발전, 인권과 기본적 자유에 대한 존중이 상호 의존적이고 상호 강화적임을 인정했습니다. 1992년 〈환경과 개발에 관한 리오 선언Rio Declaration on Environment and Development〉은 '지속 가능한 개발에 관한 관심의 중앙에 인간 존재'를 상정하고, 환경적 관심을 개발 과정과 연계시켰습니다. '사회 발전을 위한 세계정상회의World Summit for Social Development'(코펜하겐(1995), 요하네스버그(2002))도 이러한 연계를 한층 강화했습니다(II부 제28조 참고).

'발전권에 관한 선언'이 채택된 지 25주년인 2011년에는 인권 관점을 통해 빈곤과 불평등의 근본 원인을 해결하고, 발전권을 지속가능 개발을 위한 정책 · 프로그램에 연계하는 데 다시 초점을 맞추는 계기가 되었습니다.

115 발전권과 지속가능 개발에 관해 유엔은 주로 어떤 활동을 해 왔나요?

유엔 내부의 다양한 기구와 절차가 발전권과 지속가능한 개발의 실현을 위해 많은 노력을 해왔습니다. 1998년 유엔경제사회이사회의 결정 제269호에 따라 유엔인권이사회는 발전권의 실행을 위한 심화된 방법을 모색하기 위한 메커니즘을 수립했습니다. 임기가 개방된 '발

전권에 관한 실무반Working Group on the Right to Development'이 구성되었고, 2004
년에는 고위급 태스크포스가 만들어졌습니다. '발전권에 관한 독립
전문가Independent Expert on the Rights to Development'도 임명되어 2005년까지 활동
했습니다. 2005년에는 '인권과 국제 연대에 관한 독립 전문가Independent
Expert on Human Rights and International Solidarity'가 임명되어 발전에 관한 문제를
다루었습니다. 이 전문가의 임무는 2011년 인권이사회에서 3년 연장
되었습니다. 특히, 유엔 인권고등판무관실은 발전권을 증진할 책임
이 있습니다. 판무관실은 이를 위해 유엔 내부 관련 기구들의 지원을
더 이끌어내기 위해 노력하고 있습니다.

1997년 당시 유엔 사무총장은 유엔 개혁을 위한 의제를 제시했
습니다.[178] 이 의제는 인권 의제의 중심적 위상을 강조하고, 개발과
인도주의적 조치 등 유엔의 모든 활동에 인권이 포함되어야 한다
고 강조했습니다. 이 의제에 따라 유엔 인권고등판무관은 개발 프
로그램 속에 인권을 중심 과제로 통합하는 책임을 맡아 활동해 오
고 있습니다.

세계 지도자들은 또한 '새천년개발목표'를 수립했습니다. 2002
년 멕시코 몬테레이에서 열린 '개발 재원 국제회의International Conference on
Financing for Development'는 개발 재원에 관한 내용을 다루었습니다. 국가의
수반들은 〈새천년선언〉을 포함해 국제적으로 합의된 개발 목표를 실
현하는데 필요한 재정 자원을 동원하고, 대내외적 조건을 달성하기
로 동의했습니다. 이들은 또한 세계은행, 국제통화기금, 세계무역기
구와 협력해 국제 금융 시스템을 재건하기 위한 주요기구로서 유엔
을 강화하는 데 동의했습니다.

2002년 요하네스버그에서 열린 '지속가능한 개발에 관한 세계정상회의'에서 각국 정부는 지속가능 개발 목표의 효과적 이행을 위한 국가의 책무와 행동 목표를 확인했습니다. 이 정상회의에서는 시민사회 대표들의 의견도 중요성을 인정받았습니다. 그리하여 회의 결과를 실천하고 파트너십 프로그램을 증진하는데 시민사회가 수행하는 역할도 적극 인정되었습니다.

같은 해 12월에는 '지속가능 개발에 관한 요하네스버그 선언과 실행 계획Johannesburg Declaration on Sustainable Development and Plan of Implementation'이 유엔 총회에서 승인되었습니다. 이제 지속가능한 개발은 유엔의 활동, 특히 〈유엔새천년선언〉에서처럼 국제적으로 합의된 개발 목표를 성취하기 위한 활동의 핵심 요소로 인정되었습니다.

2008년 도하에서 열린 '개발 재원에 관한 후속 국제회의Follow-Up International Conference on Financing for Development'는 위 몬테레이 합의의 이행을 재검토했습니다. 또, 이 회의는 '개발 재원에 관한 도하 선언Doha Declaration on Financing for Development'를 발표했습니다. 이 선언은 몬테레이 개발재원 국제회의에서 얻어진 합의와 발전에 대한 사람 중심의 접근의 적용을 재확인했습니다.

'리오+20'으로도 불리는 '지속가능 개발에 관한 유엔 회의United Nations Conference on Sustainable Development'가 2012년 6월 4일부터 6일까지 브라질에서 열렸습니다. 1992년 〈환경과 개발에 관한 리오 선언Rio Declaration on Environment and Development〉이 열린 지 20년 만입니다. 이 회의의 목표는 지속가능한 개발을 위한 정치적 책임을 재정립하고, 그 동안의 진전과 남아있는 공백, 새로운 도전들을 평가하는 것입니다(II부 제28조 참고).

116 유엔 인권고등판무관은 어떻게 발전권을 증진하나요?

인권고등판무관은 인권을 중시한 개발 사례를 지원합니다. 나아가, 발전권의 내용과 실행 방안에 대한 연구를 지원합니다. 판무관실은 세계 여러 나라 현장에서 행해지는 '유엔 개발프로그램'의 활동에 인권적 역량을 증진하기 위해 이 프로그램과 공동으로 노력합니다. 또한, 판무관실은 빈곤 감소 전략과 부합되는 인권 가이드라인을 마련하기 위해 애써왔고, 개발 과정에서 경제적 · 사회적 · 문화적 권리를

증진하기 위해 활동합니다.

유엔 인권고등판무관은 인권이사회의 특별절차 기구들을 지원합니다. 또 발전권에 관한 인권이사회의 연례 및 예비심의 실무반의 업무를 지원합니다. 나아가, 판무관은 식량농업기구와 협력해왔습니다. '유엔 에이즈'와도 파트너십을 맺고 에이즈에 관한 인권 가이드라인을 발전시켜왔습니다. 2008년, 인권고등판무관은《새천년개발목표의 요구: 인권적 접근Claiming the Millennium Development Goals: A Human Rights Approach》이라는 책자를 펴냈습니다. 이 책은 인권을 중심으로 발전에 대해 서술하고 있습니다.[179]

117 국제인권법은 테러리즘에 대한 어떤 대응을 요구하나요?

2001년 9월 11일 미국 뉴욕의 세계무역센터 건물에 대한 테러가 발생했습니다. 그 후로 테러리즘에 대한 대응과 그 과정에서 인권 문제를 둘러싼 첨예한 논쟁이 계속되고 있습니다. 그러나 사실 테러리스트들의 행위에 맞서 싸우기 위한 국제 협력의 필요성은 9/11 테러가 있기 훨씬 전부터 인정되었습니다. 유엔총회는 1970년대 초반부터 테러리즘에 관한 다양한 협약을 채택했습니다.

- 〈외교관을 포함해 국제적으로 보호되는 사람들에 대한 범죄의 예방과 처벌에 관한 협약〉(1973)
- 「인질 억류에 관한 국제 협약」(1979)

- 「폭탄 테러의 억제를 위한 국제 협약」(1997)
- 「테러 자금 조달 억제를 위한 국제협약」(1999)

나아가, 지역적 수준에서도 테러리즘에 대한 여러 문서들이 정교하게 마련되었습니다. 미주국가기구는 1971년 「국제적 중요성을 가진 사람 및 관련강탈에 대한 범죄의 형식을 지닌 테러행위의 방지 및 처벌에 관한 협약」과 2002년 「테러리즘에 대한 미주 협약」을 채택했습니다.

유럽평의회는 1977년에 「테러리즘의 억제를 위한 유럽 협약」을 채택했습니다. 아랍 국가 연맹은 1998년 '테러리즘 억제에 관한 아랍 협약'을 채택했습니다. 이슬람회의기구는 1999년에 〈국제 테러리즘과의 투쟁에 관한 협약〉을 채택했습니다. 아프리카연합(구 아프리카연합기구Organization of African Unity)은 1999년 〈테러리즘에 대한 예방과 투쟁에 관한 협약〉을 채택했습니다.

2005년에는 〈핵무기 테러리즘 행위의 억제를 위한 국제협약〉이 유엔에 의해 채택되었습니다.

그런데 이 모든 문서들의 공통점은 테러리즘에 대한 일반적이고 포괄적인 정의가 없다는 것입니다. 이들은 다만, 테러리즘의 개념을 적용하는 그 시점에 이의가 제기되지 않는 특정 범죄 행위들을 불법으로 규정할 따름입니다.

또 이 문서들의 조항은 오직 당사국의 의무만을 만들어냅니다. 무장 단체를 포함한 비국가적 행위자들은 이 문서들에 의해 구속받지 않습니다. 그러나 모든 국가는 어떤 행위가 전쟁 범죄와 반인도적 범죄를 구성하는 한, 조직적인 연계 여부와 상관없이, 테러 행위에 책임이 있는 모든 개인을 보편적 사법권의 원칙에 따라 재판정에 세울 수 있습니다.

테러리즘과 인권 침해 사이의 직접적 연계가 인정된 것은 1993년 비엔나 세계인권회의에서였습니다. 〈비엔나선언〉과 행동 강령은 '모든 형태 속에서 이루어지는 테러리즘의 행위, 방법, 실례들은 인권, 기본적 자유, 민주주의를 파괴하고, 영토의 통일성과 국가 안보를 위협하며, 정당하게 구성된 정부를 불안하게 할 목적의 행위'임을 확인했습니다. 이 선언은 '국제 공동체가 테러리즘을 예방하고 이에 맞서 싸우기 위한 협력을 강화하는 데 필요한 조치를 취해야한다.'고 강조했습니다.

그 밖에, 유엔총회는 많은 결정들(48/122, 49/185, 50/186, 52/133, 54/164)에서 반복적으로 테러리즘에 대한 강도 높은 비난을 표현해왔습니다. 그러나 2001년 9월 11일의 테러는 테러리즘의 예방과 제거라는 문제를 국제 의제의 맨 위에 올려놓았습니다. 유엔 안전보장이사회는 만장일치로 테러리즘을 비난하는 결정1368호(2001년)와 1363호(2001년)를 채택했습니다. 결정 1363호는 안전보장이사회의 모든 회원국으로 구성되어 이 결정 조항들의 이행을 모니터하는 '반테러리즘위원회Counter-Terrorism Committee'를 설립했습니다. 유엔총회는 2001년 특별회기를 개최하여 결정56/1호를 채택했습니다. 유엔총회는 인권의 완전한 향유, 법의 지배, 민주적 자유의 확립에 관해 테러리즘이 미치는 부정적 효과를 국제 공동체가 충분히 인식하고 있다고 밝혔습니다.

2001년 10월 1일, 유엔 사무총장은 '유엔과 테러리즘에 관한 정책 실무반Policy Working Group on the United Nations and Terrorism'을 설립했습니다. 실무반은 2002년 총회에 보고서(Document A/57/273-S/2002/875)를 제출했습니다. 이 보고서는 테러리즘이 유엔 헌장의 핵심 원칙과 목적을 훼손, 위협하고 있음을 역설했습니다.

나아가 보고서는 테러리스트들이 종종 그들의 행위에 대한 지지를 얻기 위해 인권 침해를 활용하기 때문에, 인권 침해에 맞서 싸우기 위한 집중적인 노력이 필요하다고 강조했습니다. 이와 동시에 실무반은 테러리즘과의 싸움은 국제 인권 의무를 존중해야 함도 강조했습니다.

한편, 유엔총회는 결정 57/219에서 특정 권리는 어떤 상황에서도 손상될 수 없다고 규정한 〈시민적, 정치적 권리에 관한 국제규약〉 제4조의 조항들을 상기시켰습니다. 이 결정은 국가들이 테러리즘에 맞서기 위한 어떤 조치도 국제법, 특히 국제인권법, 국제난민법, 국제인도주의법에 따른 그들의 의무와 일치한다는 것을 보장해야 한다고 확인했습니다. 유엔 사무총장은 테러리즘 방지 활동과 인권 보호 사이에 어떠한 거래도 있을 수 없다고 말했습니다.

실제로, 많은 국제기구들이 유엔 안전보장이사회 결정1368호와 1373호의 적용 과정에서 생겨나는 인권 침해에 대해 깊은 우려를 표했습니다. 이들은 인권을 제약하는 어떤 조치도 정당한 국가 안보에 대한 우려와 근본적 자유 사이에 균형을 이루고 있으며, 국제법상 국가의 책무와 완전히 일치한다는 것을 국가가 보장해야 한다고 촉구했습니다.[180] 이처럼 유엔 시스템, 지역의 정부 간 기구 그리고 인권 분야의 많은 조직과 단체들이 테러리즘 관련 이슈에 더 많은 관심을 쏟고 있습니다.

2005년 4월, 유엔인권위원회는 '테러리즘과의 투쟁 시 인권의 증진 과 보호에 관한 특별보고관Special Rapporteur on the Promotion and Protection of Human Rights while Countering Terrorism'의 임무를 수립했습니다(결정 2005/80). 보고관 의 임무는 2007년 인권이사회에서 갱신되었고, 2010년에 3년 더 연장 되었습니다. 2010년 12월의 특별보고관 보고서는 전 세계 많은 나라 에서 다양한 사례들을 수집하여 테러리즘과의 투쟁에서 인권을 보호 한 좋은 사례들을 발표했습니다.[181]

2006년 유엔이 채택한 '전 지구적 반테러리즘 전략UN's Global Counter-Terrorism Strategy'은 이 주제에 관한 유엔의 노력을 조정하기 위한 플랫폼 입니다. 전략은 테러리즘과의 싸움에서 인권을 방어하고 법의 지배 를 증진할 필요를 강조합니다.

118 개발 협력에 대한 '인권 중심 접근'이란 무엇을 의미하나요?

인권에 기반한 접근human rights-based approach이란 국제 인권 기준과 규범에 따라 인권을 증진하고 보호하는 방향으로 개발 계획을 이끌기 위한 개념입니다. 이 접근은 개발 문제의 중심에 놓여있는 불평등을 분석 하고, 개발 과정의 차별적 관행과 정의롭지 못한 권력 배분을 치유하 기 위해 노력합니다.[182]

인권에 기반한 접근 속에서 개발에 관한 계획, 정책, 과정은 국제법상의 권리에 상응하는 의무 체계 안에 위치합니다. 이 접근의 목적은 사람들 자신, 특히 가장 주변화된 사람들의 힘을 길러 이들이 정책 결정 과정에 참여하게 하고, 이를 통해 개발의 지속가능성을 높이며, 행위 의무자들의 책임을 제고하는 것입니다. 많은 행위자들과 프로그램이 오래전부터 이러한 인권적 원칙과 기준에 기반해 활동을 시작했습니다. 1997년 당시 코피 아난 사무총장이 착수한 인권 주류화 활동은 유엔 개혁에서 우선순위를 차지했습니다.

2002년 유엔 개발 그룹에서 승인된 인권 중심 접근에 대한 '공동 이해'를 증진하기 위해 2003년 다양한 유엔 기구와 프로그램이 한자리에 모였습니다. 또한, 인권 주류화를 위한 유엔 시스템의 노력은 2005년 유엔 세계정상회의(2005년 세계정상회의 결과 126절 참고)에서 확실한 정치적 지지를 받았습니다. '공동 이해'의 세 기둥은 다음과 같습니다.

- 개발 협력의 모든 프로그램, 정책, 기술 지원은 〈세계인권선언〉과 다른 국제 인권 문서들에 보장된 인권의 실현을 심화시켜야 한다.
- 〈세계인권선언〉 등 국제 인권 문서에서 제시된 인권 기준과 원칙들이 개발 계획과 협력의 모든 부문과 단계에서 개발 활동을 지도한다.
- 개발 협력은 '의무를 가진 자들'이 자신의 의무를 준수하고, '권리를 가진 자들'이 자신의 권리를 주장할 역량을 키우는 데 기여한다.

'인권에 기반한 접근'의 틀 속에서 고려되어야 할 인권의 원칙들
은 다음과 같습니다.

- 보편성과 양도 불가능성(inalienability)
- 분리 불가능성(indivisibility)
- 상호 의존성(inter-dependence)
- 상호 연관성(inter-relatedness)
- 평등과 차별 금지
- 참여와 포용
- 책임성과 법의 지배

이 원칙들은 활동의 내용과 목표, 나아가 그것의 실현을 이끄는
과정에도 영향을 미칩니다.[183]

특히 국가적 수준에서 이 원칙과 가이드라인을 운용하기 위한 수
단이 2004년부터 2007년까지 수행된 '행동2 프로그램'입니다. 이 프
로그램은 유엔의 국가별 상주 기관들의 역량 강화에 기여했습니다.
이 기관들은 새천년개발목표를 달성하는 과정에서 회원국들이 국가
적 인권보호 시스템을 강화하도록 지원하는 임무를 맡고 있습니다.
또 다른 중요한 초석은 이 기관들이 '유엔 개발 지원 체계UN Development
Assitance Framework(UNDAF)'의 모든 단계에 적용해야 하는 5개의 기획 원칙
들 속에 2007년부터 '인권 중심 접근'을 포함시킨 일입니다. '유엔 개
발 지원 체계'는 국가적 개발 우선순위에 대한 유엔 시스템의 집합적
대응을 설명하는 전략적 기획의 틀입니다.

유엔 시스템 전반에 '인권 중심 접근'의 적용을 강화한 가장 최근의 활동은 2009년 유엔개발그룹의 '인권 주류화 메커니즘UNDG Human Rights Mainstreaming Mechanism(UNDG-HRM)'의 창설입니다. 이 메커니즘은 정책 지침과 운영 도구의 일관성을 증대하고, 국가적 역량 건설 노력을 조율하며, 시스템 전반의 인권 옹호 활동을 강화하는 것을 목표로 하고 있습니다.

세계인권선언

선언의 21개 조항은 대부분
시민적 · 정치적 관리로 불리는 것에 관한 것으로
자유와 신체의 안전을 다룹니다.

> **제1조** | 모든 사람은 태어날 때부터 자유롭고, 존엄성과 권리에 있어서 평등하다. 사람은 이성과 양심을 부여받았으며 서로에게 형제애의 정신으로 대해야 한다.

이 조항은 모든 인간이 평등하다는 것을 의미하나요?

'자유롭게' 태어났다는 것은 모든 사람은 자유에 대한 평등한 권리를 갖고 있음을 의미합니다. 그러나 우리는 사람들이 사는 동안 시민 정치적으로 뿐만 아니라 경제적 사회적으로 제약에 영향을 받는다는 것을 알고 있습니다. 자유는 절대적인 것이 아니고 그럴 수도 없으며 어느 한 사람의 자유는 다른 사람의 자유를 희생한 대가로 얻어져서도 안 됩니다. 자유는 그래서 무정부 상태와 같은 것일 수 없습니다.

'평등'은 개인들의 육체적 혹은 정신적 역량, 재능 및 특징이 동일하다거나 비슷하다는 의미가 아닙니다. 실제로는 각 개인은 다른 사람과 다르며 어떤 사회적 문화적 그룹 내에서든 개인 간의 차이는 서로 다른 사회적 문화적 그룹에 속한 개인 간의 차이보다 클 수도 있습니다. 지적인 역량이나 유전적 특징을 근거로 그룹들 간에 위계를 지어 분류하는 것은 어떤 것이든 간에 정당화될 수 없습니다. '인종'을 이유로 한 차별이나 배제, 혹은 다른 사회적, 인종적 그룹 사이의 선천적인 불평등이 있다는 반사회적 신념에는 과학적 근거가 전혀 없습니다. 사람들이 어디에 속했는지에 따라 그들의 잠재력을 충분히 개발할 수 있는 가능성을 부인하는 것은 중대한 불의이며 그들의 평등권 및 존엄성을 부정하는 것입니다. 이 조항은 또한 모든 사람들이 다른 사람들을 '형제애의 정신'으로, 즉 같은 인류 동료로서 권리와 존엄성에서 평등하게 대해야 할 의무가 있다는 것을 환기시켜 줍니다.

관용의 실천은 사람들이 서로 '형제애의 정신'으로 평화롭게 살아갈 수 있게 하는 기반입니다. 이 원리를 증진하기 위해 유엔총회는 1995년을 '유엔 관용의 해'[184]로 선포했습니다. 유엔은 '관용(다른 사람을 인정하고 존중하는 것이며 함께 살아가고 다른 사람의 말을 경청하는 능력)이 모든 문명사회와 평화의 건전한 기초'라고 밝혔습니다. 그리고 1996년 유엔총회는 결의안 51/95에 의해, 11월 16일을 '국제 관용의 날'로 지정하고 유엔 회원국들을 초청해 이 날을 기렸습니다. 유네스코는 '국제 관용의 날'을 처음 주창했으며, 이를 주재하는 역할을 했습니다. 유네스코의 문서인 〈관용의 원리에 관한 선언〉(1995)은 이 원리를 더욱 강화한 것입니다. 2005년 세계정상회의에서 유엔 회원국들은 다른 문화와 문명, 민족들 간의 관용과 존중, 대화, 협력을 독려하자는 다짐을 했습니다(세계정상회의 정리 문서, 총회 결의 60/1, 2005년 10월 24일, 145절).

제2조 | 모든 사람은 인종, 피부색, 성, 언어, 종교, 정치적 또는 그 밖의 견해, 민족적 또는 사회적 출신, 재산, 출생, 기타의 지위 등에 따른 어떠한 종류의 구별도 없이, 이 선언에 제시된 모든 권리와 자유를 누릴 자격이 있다.

나아가 개인이 속한 나라나 영역이 독립국이든 신탁통치지역이든, 비자치지역이든 또는 그 밖의 다른 주권상의 제한을 받고 있는 지역이든, 그 나라나 영역의 정치적, 사법적, 국제적 지위를 근거로 차별이 행하여져서는 아니 된다.

제7조 | 모든 사람은 법 앞에 평등하고, 어떠한 차별도 없이 법의 평등한 보호를 받을 권리를 가진다. 모든 사람은 이 선언을 위반하는 어떠한 차별에 대하여도, 또한 어떠한 차별의 선동에 대하여도 평등한 보호를 받을 권리를 가진다.

이 두 개의 조항은 〈인권선언〉과 그 후에 나온 모든 차별 금지에 관한 인권 장치들의 지침이 되는 원리를 표현하고 있습니다. 이 원리는 인권 보호에 있어서 중대한 원리입니다. 제2조는 선언의 조항들을 적용하는 데 있어서 차별 금지에 관한 것이며, 제7조는 일반적으로 법(즉 실질적으로 각 국의 국내법)을 적용하는 데 있어서 차별 금지의 원칙을 확실히 해야 한다는 것입니다. 제7조는 모든 국가에 대해 제2조에서 제시된 기준들의 어떤 것에 의한 것이든 간에 어떠한 종류의 구별도 법률 체계 내에 만들어져서는 안 된다는 것을 보장하도록 하고 있습니다.

법 앞의 평등은 사법부나 경찰과 같은 법률 집행 공무원에게 해당하는 것으로, 모든 사람이 법적 방어권을 얻을 수 있는 시스템을 갖출 것을 요구하고 있습니다. 더 나아가 각 국가들은 모든 소수자들을 어떠한 형태의 차별에서도 보호해야 할 의무가 있습니다. 또한 그러한 차별을 '고무시키는', 즉 다른 사람에게 차별 행위를 하도록 부추기는 것은 불법입니다.

자유권위원회(1부 질문14~17 참고)는 자유권 규약의 관련 조항에 대한 해석에서 동등한 기반 위에서의 권리와 자유의 향유의 의미는 모든 경우에 똑같은 처우를 받는 것을 뜻하는 것이 아니라고 지적합니다. 예를 들면, 청소년 범법자는 성인과는 다르게 취급받아야 합니다. 자유권위원회는 또한 당사국들은 규약에서 금지된 차별을 지속적으로 낳거나 부추기는 여건을 제거하거나 완화시키는 적극적 조치를 취해야 한다고도 밝혔습니다(일반 논평 18호).

모든 형태의 인종 차별 철폐에 대한 협약(1부 질문31~33 참조)은 인종차별을 '인종이나 피부색, 혈통, 민족이나 종족의 기원에 근거를 둔 어떠한 구별이나 배제, 제한, 우선권을 말하며, 이는 정치 경제 사회 문화 또는 기타 어떠한 공공생활의 분야에 있어서든 평등한 기반 위에서의 인권과 기본적 자유의 인정, 향유 또는 행사를 무효화하거나 침해하는 목적 또는 효과를 가지고 있는 경우'라고 정의합니다(제1조).

인종주의와 인종 차별의 관행의 뿌리는 주로 인종이나 민족 집단 간에 우열이 있다는 관념에 있는데, 이는 '열등한' 존재를 노예로 만들거나 심지어 절멸시키는 것을 정당화하는 데 이용됩니다. 1978년에 채택된 인종 및 인종적 편견에 대한 유네스코 선언에 따르면 그 같은 이론은 어떤 것이라도 '과학적 근거가 전혀 없으며 도덕적 및 인종적 인간애의 원리에 반하는' 것입니다(제2조, 1절).

인종주의 및 인종차별의 관행은 어느 정도로 근절되지 않고 있나요?

인종적 혹은 종족적 기원을 근거로 한 차별은 우리 시대에 주요한 문제가 되고 있으며 여러 방식으로 나타나고 있습니다. 지난 세기의 전반부에 인류는 '반유대주의'라는 인종주의 이론이 나치의 유대인 말살 시도로 귀결되고, 그 외에 전체주의 정권에 의해 벌어진 반인도주의 범죄를 똑똑히 목도했습니다.

지난 세기의 말에는 구 유고슬라비아에서 '인종 청소'가 벌어지는 것과 르완다에서 체계적인 대량 학살이 자행되는 것을 목격했습니다. 이들 사례는 최근 모든 대륙에서 인종적 혹은 종족 간의 갈등 과정에서 저질러진 많은 잔인한 행위들 중의 두 가지 사례일 뿐입니다.

이전 세기에는 식민 제국주의 팽창의 일환으로 많은 강대국들이 인종적 우월주의라는 악독한 정책 및 피지배 민족에 대한 차별을 시행했습니다. 이 같은 우월주의 감정은 다시 유럽 국가들에서 새로운 인종주의와 외국인 혐오증으로 노골화되고 있습니다. 수백만 명의 이주 노동자와 난민, 유민, 무국적자들, 그리고 유럽에 살고 있거나 다른 대륙에서 온 일부 국가나 종족 출신들, 특정한 종교를 갖고 있거나 소수 언어를 쓰는 사람들은 차별적 태도와 편견에서 비롯된 폭력과 착취에 시달리고 있습니다. 극우적인 정치세력의 힘이 커지고 있으며 호전적인 인종주의와 극단적인 국가주의를 선동하고 있습니다.

예전에 식민지였던 나라들에서는 과거의 차별적 관행과 유산들이 차별 양식으로 굳어지고 통치 세력의 정치적 경제적 사회적 구조를 공고히 하는 것을 돕고 있습니다. 과거 인종차별적 관행의 희생자였던 이들이 인종주의 교리를 자신들이 예전에 갈구했던 자유를 막는 데 활용하고 있습니다.

남아공은 인종차별 법제 시스템이 서서히 와해되면서 피를 흘리지 않고 정치권력이 이양된 독특한 사례입니다. 인종 분리를 특별한 형식의 인종차별로 제도화한 아파르트헤이트 시스템은 50년 가까이 존속되었습니다. 민주적 사회를 향한 첫 걸음은 1990년 2월 대통령 드 클레르크가 금지됐던 정당을 허용하고 넬슨 만델라를 27년간의 수감 생활에서 석방시키는 한편, 아파르트헤이트 법규를 폐지함으로써 시작되었습니다. 1991년 당시 남아공 정부를 포함한 18개의 정치기구를 대표하는 포럼이 출범해 아파르트헤이트 이후의 나라의 정치적 청사진 마련에 들어갔습니다.

그 다음해에는 백인들만 참여한 국민투표에서 아파르트헤이트 철폐가 결정되었고 그에 따라 민주화 과정에서 모든 남아공 국민들에게 평등한 정치적 참여권을 부여하게 되었습니다. 1994년 4월 보통선거에 의한, 다수의 정당이 참여하는 선거가 시행되어 5년간의 과도정부인 국민통합정부가 출범했습니다. 대통령 넬슨 만델라가 이 정부를 이끌었고, 그는 1998년 대통령에서 물러났습니다. 유엔을 비롯한 국제기구들이 아파르트헤이트 철폐에 큰 역할을 했습니다.

2001년은 '인종주의와 인종적 차별, 대량 학살, 관련 억압에 맞서는 국제적 행동의 해'로 선포되었습니다. '인종주의, 인종적 차별, 대량 학살 및 관련 불관용에 맞서는 국제회의(더반, 2001년 8월 31일~9월 7일)'는 반차별 투쟁의 지침이 되고 관용을 독려하기 위한 〈더반선언〉과 행동계획을 채택했습니다. 2009년 4월 열린 더반 점검회의는 더반선언 및 행동계획의 이행을 촉구했습니다(질의35 참고).

> **제3조** | 모든 사람은 생명권과 신체의 자유와 안전을 누릴 권리가 있다.

이들 권리를 보호하는 것이 국가의 책임인가요?

비록 이들 권리의 보호가 국가의 의무이기는 하지만, 세계 여러 곳에서 일부 정부가 이들 권리를 끊임없이 침해하고 있습니다. 최근 몇 년 사이 구금 중 사망, 셀 수 없을 만큼 많은 사람들의 실종, 공개적이고 평화적인 시위에 대한 정부의 폭력 등에 대한 증거는 광범위하게 존재합니다. 유엔은 현재 세계의 많은 나라에서 행해지는 강제적 혹은 비자발적인 실종, 자의적 및 초사법적 처형에 대한 보고서를 정기적으로 내고 있습니다. 2006년에 모든 사람을 강제적 실종으로부터 보호하기 위한 협약을 채택하고 협약이 예정한 모니터링 위원회를 창설한 것은 강제 실종으로부터의 보호 시스템에 더욱 기여할 것입니다(1부 질문30 참조). 전체적으로 강제 실종 희생자의 숫자가 줄고 있다는 증거는 없습니다. 고문과 함께 강제적 및 비자발적 실종은 중대한 인권 침해가 되고 있으며 국제 공동체의 지속적인 관심을 요구하고 있습니다.

어떤 경우 생명권에 대한 침해는 민족이나 종족, 인종 혹은 종교 집단을 완전히 혹은 부분적으로 멸망시키고자 하는 의도에서 살해나 신체적 혹은 정신적인 가해 행위를 벌이는 정도까지 가기도 합니다.

만약 어느 국가가 법으로 생명을 박탈할 수 있게 한다면 어떻게 하나요?

사형제는 많은 나라들에서 유지되고 있습니다. 이는 사형이 사람의 목숨을 빼앗은 것에 대한 처벌일 뿐, 비슷한 범죄를 억제하는 역할을 한다는 널리 퍼진 믿음에 근거하고 있습니다. 그러나 사형에 그와 같은 범죄 억제 효과가 있다는 믿음을 뒷받침할 만한 실질적인 증거는 없습니다. 사형이 집행되고 나서 그 후에 사법부의 판단에 오류가 있었음이 발견된다면 그때는 너무 늦은 일이 되고 맙니다. 가장 정밀한 재판을 거쳐 사형이 집행된 경우에도 무고한 희생자였다는 것이 발견된 사례는 많습니다.

사형에 대한 대중의 찬반 여론은 상황에 따라 바뀝니다. 사람들은 사법부의 오판으로 무고한 사람이 생명을 잃은 경우, 또는 강압적인 정권에 의한 무도한 행위의 결과로서의 사형에 대해서는 반대하지만 파렴치한 범죄나 공중납치 같은 신종 범죄의 출현, 정치적 테러나 유

괴 범죄가 벌어지면 여론은 정반대로 바뀝니다. 사형제에 대한 여론은 이처럼 감정적 요소에 의해 많은 영향을 받습니다. 일시적인 필요에 따라 법을 제정하는 나라들도 있습니다. '비상 상황'이나 '계엄 상태'에서는 군사법원의 판단이나 심지어 정부의 명령에 의해 사형을 선고할 수 있는 조항을 집어넣는 경우가 자주 있습니다.

사형은 지금도 그렇지만 예전부터 강압적인 정권이 반대 의견을 억누르는 수단으로, 또 사회 부정의와 인종차별적인 정책의 수단으로 악용되어 왔습니다.

사형제 폐지를 목적으로 한 국제적 문서는 없나요?

사형제 폐지는 국제 인권 사안으로서 이에 관한 문서는 국제적인 차원과 지역적인 차원에서 작성되었습니다. 자유권 규약 제2선택의정서(1989년), 미주기구에 의해 채택된 사형제 폐지를 위한 〈미주인권협약의정서〉(1990)[185], 1983년 유럽평의회에 의해 채택되어 1985년에 발효된 〈유럽인권협약〉 제6의정서 등이 그것입니다.[186] 이들 문서는 이를 비준한 모든 국가에 적용됩니다.

> **제4조** | 어느 누구도 노예나 예속상태에 놓이지 아니한다. 모든 형태의 노예제도 및 노예매매는 금지된다.

오늘날 노예제도는 무엇을 의미하나요?

오늘날 노예제도는 사람을 포획하고 쇠사슬에 묶어 공개 시장에서 팔던 과거의 잔혹한 관행과는 다릅니다. 그 같은 유형의 노예무역은 오래 전에 폐지되었습니다. 비록 노예제도의 흔적이 아직도 종종 발견되기도 하지만 노예제도 관행은 세계 모든 나라에서 불법으로 규정되어 있습니다. 그럼에도 불구하고 세계 많은 나라에서 수백만 명의 사람들이 예속 상태에서 계속 살아가고 있으며 실질적으로는 사람에 의한 사람의 착취라는, 노예제도와 다를 게 없는 행태가 여전히 행해지고 있습니다. 오늘날의 노예제도는 인권과 존엄성을 무감각하게 부인하는 행태 속에 남아 있습니다. 경제 · 사회적 구조와 가난, 차별, 무지, 악습, 탐욕에 뿌리를 내리고 있어서 이런 관행들은 근절하기가 매우 어렵습니다.

노예제도와 흡사하지만 다른 이름으로 불리는 그 같은 제도와 관행들은 잘 드러나지 않은 형태로 잠복해 있으며 사회에서 가장 취약한 계층에 영향을 미칩니다. 〈노예제도나 노예무역, 노예제도와 흡사한 제도와 관행의 폐지에 관한 보충협약〉(1956)[187]은 그런 제도와 관행이 채무 속박, 농노 상태, 아동 노동 착취, 노예와 같은 형태의 결혼 등이라고 정의합니다. 채무 속박은 빚 대신에 용역을 제공함으로써 빚을 갚는 방식으로 발생합니다. 이는 다양한 형태를 취하고 있으며 종종 그 착취적 관계의 성격을 은폐하는 방식으로 운영됩니다. 채무 속박은 세계 많은 곳에서 발견되는데, 주로 농업과 이주 노동제에게서 나타납니다. 또 많은 경우 제도화되어 있어 노예적 상태를 보장하고 노동자들의 방어 수단을 무력하게 하고 있습니다. 채무 속박의 더 나쁜 형태는 채무가 상환되지 않았을 때, 아이가 부모로부터 노예 상태를 이어받는 것입니다. 이런 관행에 저항한 농부들도 있었지만 모두 폭력으로 진압되었습니다. 이 문제의 뿌리에는 토지 개혁의 필요성이 있습니다. 그러나 이런 관행을 종식시키기 위한 법규와 토지개혁안을 통과시킨 나라 중에 일부는 이를 실행하기를 꺼리는 분위기가 계속 존재합니다.

어린이에 대한 노동 착취는 전 세계적인 문제입니다. 일반적으로 아이들의 노동 여건은 위험하고 보수는 최소한이거나 아예 없는 경우가 태반입니다. 수백만 명의 어린이가 대부분 교육의 기회를 박탈당하고 있으며 육체적 및 정신적 안녕을 해치는 여건에 처해 있습니다.

국제노동기구가 2010년 내놓은 '아동 노동에 관한 글로벌 리포트'에 따르면 매우 열악한 노동환경에 처해 있는 어린이의 숫자는 세계적으로 2억 1,500만 명에 달합니다. 이들 중 1억 1,500만 명은 위험한 일을 하고 있으며, 800만 명이 넘는 아이들은 노예 상태, 매매, 채무 속박, 무력 분쟁에 강제 징집, 포르노그래피, 불법 활동 등 최악의 상황이라고 정의할 만한 아동 노동에 시달리고 있습니다. 마지막에 얘기한 상황에 대해서는 국제노동기구가 협약182호(1999년)에서 언급하고 있는데, 협약은 이런 형태의 아동노동의 장기적인 근절과 예방 대책의 마련은 물론 즉각적인 행동에 나설 것을 촉구하고 있습니다. 그전에 나온 국제노동기구 제38호 협약(1973년)은 최소 고용 연령에 대한 전반적인 기준을 제시하고 있습니다. 이 협약은 기본적인 원칙과 일터에서의 권리에 관한 선언 및 후속 조치(1부 질문82 참조)에서 언급된 아동노동의 효과적인 근절을 요구하는 내용을 담아 이 문제의 심각성에 대한 공감대를 강조하고 있습니다. 아동 노동 착취의 다른 측면에 대한 조치들은 아동노동협약의 2개의 의정서(1부 질문 44,45 참조)에서 찾을 수 있습니다.

여성들 또한 비슷한 착취 관행에 특히 영향을 받는 대상입니다. 노예 상태와 같은 결혼은 여성이 결혼을 거부할 권리도 없이 돈이나 그에 상당하는 물건에 팔려가는 상황에서 비롯됩니다. 여성들은 뭔가의 대가로 남편이나 가족에게서 다른 사람에게로 넘어갈 경우, 남편이 죽으면 다른 사람에게 승계되기도 합니다. 여성과 아이들에게 특별히 영향을 미치는 유사 노예제도 관행은 인신매매입니다. 이 문제는 〈인신매매와 매춘을 이용한 착취의 억제에 관한 협약Convention on the Suppression of the Traffic in Persons and of the Exploitation of the Prostitution of Others〉(1949)에서 다루고 있습니다. 그러나 이 협약을 승인한 국가는 82개에 불과합니다.[188]

모든 형태의 노예제도를 근절하기 위해서는 무엇을 할 수 있을까요?

노예제도 및 유사 노예제도 관행이 매우 복잡한 문제가 되고 있는 것은 많은 사람들이 이의 존재를 부인하고 있다는 사실 때문입니다. 유엔은 노예제도에 관한 실무그룹으로부터 증거들을 접수받는 식으로 노예제도 및 유사 노예제도 상황에 관한 정보를 수집하고 있으며 인신매매와 매춘을 이용한 착취의 억제에 관한 협약 관련 정보들도 모았습니다. 2007년 인권이사회는 노예제도에 관한 실무그룹을 현대적 형태의 노예제도 및 그 원인과 결과에 관한 특별보고관으로 대체하기로 결정했습니다. 120개국이 넘는 나라가 노예제도 폐지에 관한 보충협약을 승인했습니다. 그러나 협약에 대한 지지는 국내적 수준에서의 이행에 달린 것입니다. 하지만 노예제도와 관련된 관행을 폐지해야 할 국가의 의무를 감시하고, 실행하게 할 국제적 메커니즘이 없는 형편입니다. 노예제도 관행의 근절을 향한 획기적인 진전이 가능할지 여부는 정치적 의지, 광범위한 교육, 사회적 개혁 및 경제적 발전에 달려 있습니다.

> **제5조** | 어느 누구도 고문이나, 잔혹하거나, 비인도적이거나, 모욕적인 취급 또는 형벌을 받지 아니한다.

고문이 의미하는 것은 무엇인가요?

고문 및 그 밖의 잔혹한, 비인도적인 또는 굴욕적인 대우나 처벌의 방지에 관한 협약은 1984년 12월 유엔총회의 합의에 의해 채택되었는데(1부 질의 26, 27을 볼 것), 협약은 고문을 '공직자나 또는 공직자를 대신하거나 공직자의 사주를 받거나 그의 동의를 얻어 임무를 수행하는 사람이 어떤 개인이나 제3자로부터 정보나 자백을 얻어낼 목적으로, 개인이나 제3자를 처벌할 목적 혹은 협박하거나 강요할 목적으로, 또는 모든 종류의 차별에 기초한 이유로 개인에게 고의적으로 극심한 신체적 정신적 고통을 가하는 행위'로 정의하고 있습니다. 다만 '합법적 제재조치로 인해 겪게 되거나 그에 내재하거나 부수되는 고통과 괴로움은 포함되지 않는다.'(제1조)고 밝힙니다. 〈비엔나선언〉과 행동 계획(1993년)은 '인간의 존엄성에 대한 가장 잔악한 모독 행위 중의 하나가 고문이며 그로 인한 결과는 피해자의 존엄성을 파괴할 뿐만 아니라 그의 평생의 삶과 활동에 있어서의 능력을 손상시킨다(55절).'고 강조하고 있습니다.

잔혹한, 비인도적인 또는 굴욕적인 대우나 처벌이 뜻하는 것은 무엇인가요?

이런 용어들에 대해 가장 폭넓게 받아들여지고 있는 해석은 제6조의 '어떠한 형태의 억류나 구금 하에서든 모든 사람을 보호하기 위한 원리(1부 절의 59를 볼 것)'에 담겨 있습니다. 이 조항은 '학대에 대한 가장 광범위한 보호를 확장하기 위한 것으로, 일시적이든 영속적이든 억류되거나 구금되어 시각이나 청각 혹은 자신이 있는 장소가 어디며 시간이 얼마나 지나고 있는지 등의 타고난 감각을 박탈당하는 조건에 있는 사람에게 신체적인 것이든 정신적인 것이든 간에 학대가 이뤄지는 경우에 해당된다.'고 밝히고 있습니다.

고문이 벌어지고 있는 곳은 어디이며, 왜 고문이 행해질까요?
또 누가 고문을 저지르나요?

고문은 지리적 경계를 가리지 않습니다. 고문은 특정한 정치 이데올로기나 경제적 시스템에서 기인하는 것으로 봐서는 안 됩니다. 많은 비정부기구들이 세계 전역에서 고문이 일어나고 있음을 입증하는 수천 건의 문건 자료들을 제시해 왔습니다.

오늘날 고문은 단지 몇몇 고립된 사건들에서 불법적으로 일어나는 일시적인 일이라기보다는 정부의 최고위 공무원들이, 권력의 남용을 금지하는 법적인 통제를 파괴하는 의식적인 선택입니다. 일부 정부들(그리고 일부 반군 정부들)은 고문을 정보를 얻고, 자백을 강요하고, 일반 국민들을 위협하는 수단으로 사용합니다. 어떤 사람이 외부와 소통할 수 없는 구금 상태에 처했을 때, 즉 변호사나 가족, 친지, 또는 시민사회 소속 단체 사람들에게 연락할 수 없는 상황일 때 고문은 자주 일어납니다.

고문은 정당화될 수 있나요?

도덕적으로나 법적으로 정당화될 수 없습니다. 국제법뿐만 아니라 대부분의 국내의 법적 시스템은 명백하게 고문을 사용하는 것을 금하고 있습니다. 유엔의 모든 회원국들은 고문을 금지하는 〈세계인권선언〉 제5조를 존중하도록 요구받습니다. 일부에서는 예외적인 상황에서 고문은 정당화될 수 있다고 주장합니다. 그들은 이렇게 물을 것입니다. 무고한 생명을 위험에 빠뜨린 테러리스트로부터 정보를 얻어내기 위해서 할 수 있는 방법은 모두 써야 하지 않겠느냐고. 고문을 단호히 금지하는 분명한 도덕적 및 법적 원칙들과 별개로 고문을 옹호하는 그런 주장은 몇 가지 이유에서 잘못된 것입니다. 첫째, 고문은 거짓 자백을 낳아 잘못된 정보를 줄 수 있습니다. 둘째, 고문은 정당한 처벌의 원리를 침해합니다. 셋째, 어떤 하나의 사건에 고문을 사용하게 되면 향후 국가는 재량에 의해 더 대규모로 고문을 사용하게 된다는 것입니다.

고문을 중단하기 위해 할 수 있는 일은 무엇인가요?

피구금자에 대한 법적 권리를 완전하게 보장하는 것은 고문을 예방하는 확실한 방법입니다. 독립적인 사법부가 피구금자에게 자신의 의사대로 법적, 의학적 상담을 할 수 있도록 적절한 접근권을 보장하는 것이 본질적인 내용입니다. 국제적으로 정부나 정부 간, 혹은 고문의 위험에 처한 개인을 대신해서 비정부기구가 행하는 고문 행위의 폭로나 개입은 특정한 사람을 적절히 보호하는 데 도움이 될 수 있습니다. 고문 희생자들을 가장 많이 접촉하게 되는 집행 공무원이나 변호사, 의료진에게 길잡이가 되고 그들을 보호할 윤리적 및 행동의 규범들도 마련되어 왔습니다. 고문 사실이 드러내는 것은 이들의 용기에 달려있기도 합니다.

> **제6조** | 모든 사람은 어디에서나 법 앞에 인간으로서 인정받을 권리를 가진다.

제6조는 '법치주의적'legalistic 인권을 다루고 있는 더 많은 일련의 조항들 중에서 첫 번째 조항이다. '법 앞의 인간'person before the law이라는 문구의 의미는 국가가 모든 개인들에게, (예컨대) 법원이 집행할 합의나 계약을 맺을 권리, 그리고 그들의 법적 권리가 집행될 것임을 보장하기 위해 법원 이전의 절차들을 개시할 권리를 부여하는 것을 승인해야 한다는 것을 일컬었습니다.

이 조항에서 매우 중요한 부분은 '모든 사람'이라는 말이다. 이는 국가가 자국의 시민이건 외국인이건 혹은 무국적자이건 간에 '사람들이 법 앞에서 갖고 있는 권리'를 이행하는 데 있어서 어떤 차이나 구별을 둬서는 안 된다는 것을 지적하고 있습니다.

> **제8조** | 모든 사람은 헌법 또는 법률이 부여하는 기본권을 침해하는 행위에 대하여 권한 있는 국가법원에 의하여 효과적인 구제를 받을 권리를 가진다.

헌법 및 법적인 권리를 침해당한 사람은 무엇을 할 수 있나요?

제8조의 목적은 헌법 및 법적인 권리가 침해되었다고 느끼는 사람이 국내의 법원에 호소할 수 있는 권리를 부여하기 위함입니다. 이 권리는 비단 인권선언에 포함된 권리들에만 관련되지 않으며 각 나라의 헌법과 법률이 자체적으로 보장하는 권리들에도 해당됩니다.

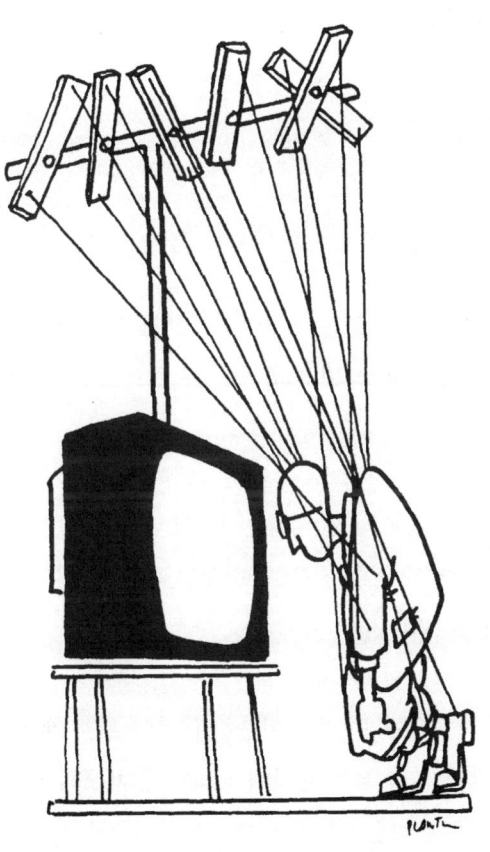

이 조항은 어떤 사람이든 법적인 권리가 침해되었을 때, 이를 구제받을 수 없는 상황이 결코 일어나서는 안 된다는 의미입니다. 나아가 '모든 사람'이 특히 언급되고 있음은 구제받을 권리(예컨대 소송을 할 수 있는 권리)가 특정한 집단의 사람들로 제약되어서는 안 된다는 뜻입니다. 위의 조항에서 '권한 있는'이라는 말은 특정한 목적(그래서 자신의 산업적 권리가 침해당해다고 주장하는 사람은 이 문제를 전문적으로 다루는 법원에 고소장을 제출해야 하며 가령 가족법을 다루는 법원에 이를 제출하지 않는다.)에 따라 설립된 법원이라는 뜻입니다.

> **제9조** | 어느 누구도 자의적인 체포, 구금 또는 추방을 당하지 아니한다.

이 같은 행태는 정당화될 수 있나요?

이 조항은 모든 법적인 시스템이 개인들에게 보장해줘야 할 기본적인 법적 보호 장치들에 대해 다루는 3개의 조항 중 첫 번째입니다. 자의적 체포를 당하지 않을 자유, 공정하고 신속한 재판을 받을 권리 및 무죄추정의 원칙입니다.

제9조의 의미는 아마도 '자의적'이라는 말 외에는 자명할 것입니다. 이 조항에 대해서는 두 가지 가능한 해석이 자주 개진됩니다. 하나는 모든 사람은 오직 법적 절차에 의해서만 체포되거나 구금되거

나 추방될 수 있다는 것이며, 다른 하나는 그 누구도 범죄 행위를 저지를 가능성이 없는 상황에서 변덕이나 임의적인 성격에 의해 체포나 구금, 추방을 당해서는 안 된다는 것입니다.

첫 번째 해석은 법률은 종종 체포에 대해 포괄적인 권한을 부여하기 때문에, 또 법적인 절차는 종종 그 자체로 자의적이거나 남용되기 때문에 불충분해 보입니다. 그런 해석에 의해 주어지는 보호는, 인간의 존엄성에 대한 이와 같은 위협에 충분히 대처할 수 없습니다. 두 번째 해석이 그러므로 유일하게 타당한 것입니다. 그건 자의적 체포는 비록 절차적으로 적법하더라도 피구금자에 대한 부당한 대우나 고문으로 이어질 수 있다는 사실로 인해 더욱 그렇습니다(1부 질문 26~29 참조).

제10조 | 모든 사람은 자신의 권리와 의무, 그리고 자신에 대한 형사상의 혐의를 결정함에 있어서, 독립적이고 공평한 법정에서 공정하고도 공개적인 심문을 전적으로 평등하게 받을 권리를 가진다.

제10조는 공정한 재판을 받을 수 있는 기초적 권리에 관한 것입니다. 이는 단지 형사 사건 뿐만 아니라 한 사람이 다른 사람을 고소하는 시민 간의 분쟁에도 해당됩니다. 이 조항의 취지는 법정에 들어서는 모든 이들에게 독립적이고 공평한 재판부에 의한 공정한 심문이 보장되어야 한다는 것입니다.

비록 '공정' '독립적인' '공평한'이라는 관념이 나라마다 다르다며 간혹 논란을 낳지만 분명한 것은 모든 이들이 자신과 관련된 사실을 말할 공정한 기회를 가져야 한다는 것입니다. 사법부의 독립성이라는 기본적인 원리는 모든 국가가 고려해야 할 것입니다.[189]

제11조 | 1. 형사 범죄로 소추당한 모든 사람은 자신의 변호를 위하여 필요한 모든 장치를 갖춘 공개된 재판에서 법률에 따라 유죄로 입증될 때까지 무죄로 추정 받을 권리를 가진다.

2. 어느 누구도 행위 시의 국내법 또는 국제법상으로 범죄를 구성하지 아니하는 작위 또는 부작위를 이유로 유죄로 되지 아니한다. 또한 범죄가 행하여진 때에 적용될 수 있는 형벌보다 무거운 형벌이 부과되지 아니한다.

제11조는 4개의 기본적인 원칙을 다루고 있습니다. 먼저 '무죄추정의 원칙'입니다. 이는 단순하지만 중요한 개념입니다. 이 말은 형사상 위반 행위로 고소를 당한 모든 사람은 유죄가 입증되기까지는 죄가 있는 것으로 대우를 받아서는 안 된다는 것입니다. 일부 나라들에서는 이는 보석의 근거가 되는데, 즉 기소를 당한 사람이 재판 전까지는 자유로운 상태를 유지할 수 있다는 것입니다.

두 번째는 '방어권'입니다. 제11조의 '보증'이라는 용어는 예컨대 국가가 고소를 당한 사람에게 법적인 대변인 및 무죄를 입증할 적절한 가능성을 갖도록 보장해줘야 할 의무가 있다는 것이며 또 증인을 신청할 권리 등을 포함합니다.

세 번째는 '공개적인 심문을 받을 권리'입니다. '정의는 단지 이뤄져야 할 뿐만 아니라 그 과정이 공개돼야 한다justice should not only be done but should be seen to be done.'는 격언이 함축하는 바가 이것입니다. 법에 대한 신뢰를 분명히 하기 위해서는 사람들에게 법이 공개적으로 적용되는 것을 보고 법적인 장치들이 어떻게 실제로 작동하는지 지켜볼 수 있는 가능성을 제공하는 게 필요합니다. 만약 재판이 비밀리에 열린다면 기본권이 존중받고 있다는 것을 보증할 수 없습니다. 제11조의 이 대목은 국가에 법이 공정하고 적절히 적용되고 있다는 것을 보여줄 의무를 부과하는 것입니다.

네 번째는 '소급 금지의 원칙'입니다. 쓸데없이 덧붙인 것 같은 이 문구는 매우 단순한 관념과 관련되어 있습니다. 어떤 행위가 적법했을 때 이를 행한 사람이 나중에 그 때문에 처벌받아서는 안 된다는 것입니다. 이는 또한 어떤 행위를 했을 때, 그것이 어떤 방식으로든 처벌 대상이었다면 나중에 법이 바뀌었다고 해서 이미 주어진 처벌보다 더 중한 처벌을 받아서는 안 된다는 의미입니다.

이 조항 2절에 '국제법'을 포함시킨 이유는 제2차세계대전이 끝난 후 열린 주요한 전범재판인 뉘른베르크와 도쿄의 재판 때문입니다. 전쟁 범죄와 반인도주의 범죄는 특정한 국가의 법률보다는 국제법정에서 세계 보편적으로 적용 가능한 법에 근거해 재판을 받습니다.

제12조 | 어느 누구도 자신의 사생활, 가정, 주거 또는 통신에 대하여 자의적인 간섭을 받지 않으며, 자신의 명예와 신용에 대하여 공격을 받지 아니한다. 모든 사람은 그러한 간섭과 공격에 대하여 법률의 보호를 받을 권리를 가진다.

풍습과 문화가 다르듯 나라마다 국내법은 차이가 있습니다. 정부에 의한 법적인 해석과 규제, 혹은 지역의 법률과 전통, 사생활, 가정, 가족, 명예, 신용 등은 가지각색입니다. 이 권리의 이행은 그래서 결국은 나라별 법률에 의해 이루어집니다. 현대의 전자 문명의 결과 데이터뱅크의 은밀한 정보에 대한 불법적인 접근이나 사적인 전화 통화 내용에 대한 도청 등 특별한 문제들이 발생하고 있습니다. 사생활 정보의 남용은 더더욱 이를 간파해내고 증명하기가 어렵습니다. 그러나 많은 나라에서 이들 기본적 자유를 보호하기 위한 법률이 있으며 비정부기구와 미디어가 이를 침해하는 문제를 이슈화하고 있습니다.

제13조 | 1. 모든 사람은 각국의 영역 내에서 거주 이전의 자유에 관한 권리를 가진다.
2. 모든 사람은 자국을 포함한 어떤 나라로부터도 출국할 권리가 있으며, 또한 자국으로 돌아올 권리를 가진다.

자유권규약 제12조는 이들 권리를 더 상세히 설명하고 있으며 이에 대해 제약이 가능한 유일한 경우는 '법적으로 규정돼 있는 경우라는 전제 하에 공중의 안전과 공공질서, 공중보건 혹은 공중도덕, 다른 사람의 권리와 자유를 보호하기 위해 필요한 경우, 또 규약에서 인정된 다른 권리들과 조화를 이루는 것이 필요할 때'라고 설명하고 있습니다. 제4조에 따르면 이들 권리는 '국가의 생존을 위협하는 공공의 비상상황 및 그 존재가 공식적으로 선포되었을 때'(1부의 질의 13을 볼 것) 유보될 수 있습니다. 이런 예외는 일시적인 것이어야 하며 다른 사람들의 안전을 보호할 정당한 이유를 근거로 해야 합니다. 그러므로 자연 재해나 전염병, 전쟁은 이러한 권리를 일정 부분 제한할 필요가 있을 수도 있습니다. 또 제약이 가해질 수 있는 경우는 국내법에 의해 소추된 사람을 출국하지 못하게 하는 것이 있을 수 있고, 비슷한 경우로 수감된 이는 선고받은 형기를 마쳐야 자유롭게 나라를 떠날 수 있습니다. 그러나 이런 예외적 경우라도 이주의 권리를 자의적이며 영구적으로 제한하는 것이어서는 안 됩니다.

이전의 자유는 어떤 식으로 제한될 수 있나요?

국내에서도 나라 간에도 이전의 자유가 제약되는 방식은 여러 가지가 있습니다. 어떤 정부는 외국인에 대해서는 물론이고 정치적 이유로 자국민의 국내 이주를 제약합니다. 자의적 구금(제9조)은 계속 관행으로 남아 있으며 노동수용소는 시민들을 정치적 대립이나 반대를 이유로 감금하는 수단으로 존속되고 있습니다. 게다가 정부는 이러한 불법적 관행을 정당화하기 위해 허구적인 법적 이유를 주장합니다.

내전이나 무력 분쟁 시기에는 해외로의 대규모 탈출이나 국내에서의 광범위한 유민들이 발생하는데, 그들 모두는 대체로 자신의 고향으로 돌아올 권리가 보장받지 못하는 강제 이전이며, 그에 따라 '이전의 자유'는 부정됩니다. 유감스럽게도 이런 사례가 너무나 많이 일어나고 있는데, 이런 일들은 우선 첫째로 기본적 인권과 자유를 심각하게 침해하는 것입니다.

제14조 | 1. 모든 사람은 박해를 피하여 타국에서 피난처를 구하고 비호를 향유할 권리를 가진다.
2. 이 권리는 비정치적인 범죄 또는 유엔의 목적과 원칙에 반하는 행위만으로 인하여 제기된 소추의 경우에는 활용될 수 없다.

피난처는 무엇을 뜻하나요?

보호시설은 박해에 대한 두려움 때문에 고국을 떠난 사람들에게 피난처를 제공하고 보호하는 것을 말합니다(1부 질문54 참조). 1951년의 〈유엔 난민협약〉은 박해로부터의 보호를 제공한다고 규정했습니다. 그러나 '박해'가 무엇인지, 박해자의 성격이 무엇인지에 대해서는 정의를 내리지 않고 있습니다. 유엔난민고등판무관의 관점에서 보면 협약은 박해자가 누구든 상관없이 박해에 대한 분명한 두려움을 갖고 있는 사람이면 누구에게나 적용되어야 한다는 것입니다. 이 같은 관점은 다수의 국가들에게 공유되어 있지만, 박해가 반정부 세력에 의해 저질러지고 있는 일부 국가들에서는 '박해에 대한 두려움'이라는 개념을 인정하지 않고 있습니다.

그러나 현실은 박해가 국가나 심지어 비공인 무장 그룹만이 아닌 훨씬 더 광범위한 출처에서 비롯된다는 것입니다. 전통적인 관습, 씨족이나 종파, 가족이 박해의 기초가 될 수 있습니다. 그래서 협약에서 말하는 보호는 취약한 상황에 처한 여성들, 즉 사회의 관행을 위반하게 될 수도 있지만 국가가 보호막이 되어주지 못하는 여성들에게로 확대·적용될 수 있습니다. 이들 여성에게는 난민이 되는 것이 유일한 탈출 방법입니다.

산업화된 나라에서 피난처의 유지는 중요한 문제입니다. 피난처를 규율하는 법적 규정들은 규제되지 않은 이주에 대한 통제를 중심으로 마련되었습니다. 즉 전쟁으로 만신창이가 된 지역 사람들의 대거 유입이나 점점 많아지고 있는 인신매매와 밀입국에 대응하기 위한 것입니다. 이로 인해 좀더 엄격한 통제와, 난민과 경제적 이주민 간의 차이가 흐릿해지게 되었습니다.

피난처의 보장은 국가 재량에 달린 특권으로 남아 있지만 대부분의 국가들은 피난처를 찾을 권리를 유지할 것을 천명하고 있기 때문에 자신들이 특권을 행사하는 데 있어서 기초적인 인권 원칙에 대한 존중을 분명히 해야 한다는 과제를 받아들이고 있습니다.

제15조 | 1. 모든 사람은 국적을 가질 권리를 가진다.
2. 어느 누구도 자의적으로 자신의 국적을 박탈당하거나 그의 국적을 바꿀 권리를 부인당하지 아니한다.

왜 사람들은 국적이 필요할까요?

국적은 사람들에게 사회 안에서의 정신적 안녕 뿐만 아니라 물질을 위해서도 필요한 속성입니다. 국적은 개인에게 정체성을 제공해 줍니다. 물질적 의미에서는 이 정체성은 자신의 지리적인 소재 및 국가의 관할권이 미치는 지역에서 법의 보호를 받을 권리가 있다는 것을 암묵적으로 보장해 주는 것으로 연결됩니다. 국가는 또한 다른 나라의 영토 안에 있는 자국 국민들을 보호할 책임도 지고 있습니다. 정체성의 측면에서 국적은 개인들에게 소속감 및 자신이 가치 있는 존재라는 생각을 갖게 해 줍니다. 〈자유권규약〉 제24조는 모든 어린이는 국적을 취득할 권리가 있음을 분명히 규정하고 있으며, 〈아동권리협약〉 제8조는 회원국들에 대해 국적을 포함해 '아동이 자신의 정체성을 유지할 권리를 존중할 것'을 규정하고 있습니다.

국적을 박탈당한 사람을 보호할 방법은 무엇이 있나요?

정치적 논란과 갈등이 종종 국적이라는 문제를 전반적으로 둘러싸고 벌어집니다. 최근 인종-민족주의는 많은 무력 갈등에서 중요한 요인이 되어 왔습니다. 신흥 국가가 출현할 때면 박해와 추방, 무국적상태의 증가 등이 수반되어 왔습니다. 오늘날 난민 인구의 큰 부분을 차지하는 소수자들은 특히 그로 인한 영향을 받습니다.

〈무국적상태의 감축을 위한 협약〉(1961년)은 각국에 대해, 이중국적을 부여하지 않으면 무국적이 될, 자국의 영토 안에서 태어난 사람에게 국적을 주는 것을 의무화하고, 무국적자로 만드는 국적 박탈 조치를 금하고 있습니다. 상황이 어떠하든지간에 누구도 인종이나 종족, 종교, 정치적 이유로 국적을 박탈당할 수는 없습니다.[190]

제16조 | 1. 성년에 이른 남녀는 인종, 국적 또는 종교에 따른 어떠한 제한도 받지 않고 혼인하여 가정을 이룰 권리를 가진다. 이들은 혼인 기간 및 그 해소 시, 혼인에 관하여 동등한 권리를 가진다.
2. 결혼은 양 당사자의 자유롭고도 완전한 합의에 의해서만 성립한다.
3. 가정은 사회의 자연적이고 기초적인 구성단위이며, 사회와 국가로부터 보호받을 권리를 가진다.

혼인에 관한 태도는 문화권에 따라 다양합니다. 특히, 혼인에 관한 법률은 종교, 문화, 사회의 유형에 따라 다르게 입법됩니다. 이 때문에 제16조 2항의 '자유롭고 완전한 합의'라는 개념은 어떤 문화권에서는 특별한 문제가 될 수도 있습니다. 이와 같은 문제를 다루기 위해 유엔총회는 1962년 〈혼인에 이르는 합의, 혼인의 최소 연령, 혼인의 등록에 관한 유엔 협약〉[191]을 채택했습니다. 1965년 유엔총회에서 채택된 같은 주제의 권고도 이 문제를 상세하게 논의하고 있습니다.

가족이라는 개념도 핵가족부터 한 부모 가족, 대가족까지 세계의 많은 지역에서 다양하게 나타납니다. 하지만 〈경제적 · 사회적 · 문화적 권리에 관한 국제규약〉 제10조와 〈시민적, 정치적 권리에 관한 국제규약〉 제23조에 규정되어 있듯이, 가족은 어느 사회에서든 기본적 단위를 구성하며, 국가는 이를 보호할 의무가 있습니다.

제17조 | 1. 모든 사람은 단독으로는 물론 타인과 공동으로 자신의 재산을 소유할 권리를 가진다.
2. 어느 누구도 자신의 재산을 자의적으로 박탈당하지 아니한다.

재산권은 1789년의 〈인간과 시민의 권리에 관한 프랑스 선언French Declaration of the Rights of Man and of the Citizen〉에서 자유, 신체적 안전, 저항권 등과 같은 수준의 권리로 규정되었습니다. 그리고 200년 넘게 사회경제적 역사를 거치면서 인권과 관련된 소유권의 개념도 진화해 왔습니

다. 그럼에도 재산권 이슈는 인권의 영역에서 여전히 복잡하고 논쟁적인 문제로 남아있습니다. 두 개의 국제 인권 규약, 곧 〈시민적, 정치적 권리에 관한 국제규약〉과 〈경제적·사회적·문화적 권리에 관한 국제규약〉의 채택 과정에도 이 문제가 반영되어 있습니다. 당시 미소간의 냉전과 이데올로기 대립이 팽배했던 상황에서, 재산에 대한 권리는 〈세계인권선언〉에 언급된 권리들 중 위 두 규약에 포함되지 않은 유일한 권리가 되었습니다. 그러나 지적재산권을 포함해 자신의 재산을 소유할 권리에 대한 어떠한 차별도 국제인권법 안에서 분명하게 다룰 수 있는 문제입니다.

제18조 | 모든 사람은 사상, 양심 및 종교의 자유에 대한 권리를 가진다. 이러한 권리는 자신의 종교 또는 신념을 바꿀 자유와 선교, 행사, 예배, 의식에서 단독으로 또는 다른 사람과 공동으로, 공적으로 또는 사적으로 자신의 종교나 신념을 표명하는 자유를 포함한다.

사상, 양심, 종교, 신념의 자유는 근본적인 자유에 속합니다. 이들 자유는 아무리 국가가 비상 상황이라 하더라도 유보될 수 없습니다. 종교와 신념의 자유는 특정 종교를 믿는 사람과 그렇지 않은 사람 모두에게 적용됩니다. 누구도 자신의 종교와 신념 때문에 차별받아서는 안되며, 다른 종교와 신념을 지키도록 강요할 수 없습니다. 자신의 종교나 신념을 홀로 또는 타인과 공동으로 실천할 이 자유는 다양한 활동과 관습을 포함합니다. 곧, 특정한 의식, 음식의 규제, 구별되는 복장, 종교 학교와 신학교를 설립할 자유, 종교적 문헌과 출판물을 배포할 자유, 특정한 예배 장소를 가질 권리 등이 보장됩니다.

이러한 자유는 국가에 의해 억압되기도 합니다. 종교에 대한 국가의 태도는 모든 사람들이 공식 종교를 따르도록 장려하는 것부터 특정한 종교적 신념을 억압하는 것까지 매우 다양합니다. 그러나 인권 보호는 일반적 다수의 신념이나 당국의 태도에 관계없이 개인적 권리로서의 사상의 자유로 확대되어야 합니다. 이러한 자유가 논쟁적 개념임에는 분명합니다. 그러나 특정 종교나 신념을 이유로 억압과 차별은 인권의 관점에서 인정될 수 없습니다. 1981년 유엔총회에서 채택된 〈종교 또는 신념에 기초한 모든 형태의 불관용과 차별의 철폐에 관한 선언〉(유엔총회 결정36/25)은 이를 확인합니다.

이 선언의 이행을 증진하기 위해 '종교 또는 신념의 자유에 관한 특별 보고관'이 1986년 유엔인권위원회에서 임명되었습니다. 이 보고관은 원래 '종교적 불관용에 관한 특별 보고관'이었는데, 2000년에 이름이 바뀌었습니다. 2007년과 2010년, 유엔인권이사회는 이 보고관의 임무를 3년씩 연장했습니다.

자유와 관련한 주요 이슈 가운데 하나는 '양심적 병역 거부'의 문제입니다. 1993년 유엔인권위원회는 양심적 병역 거부를 사상, 양심, 종교의 자유에 대한 정당한 권리 행사로 인정했습니다(결정 1993/84). 이 결정은 의무 군 복무 제도를 갖고 있는 국가에게 양심적 병역 거부자를 위한 대안적 형태의 공적 서비스를 도입하도록 호소합니다.

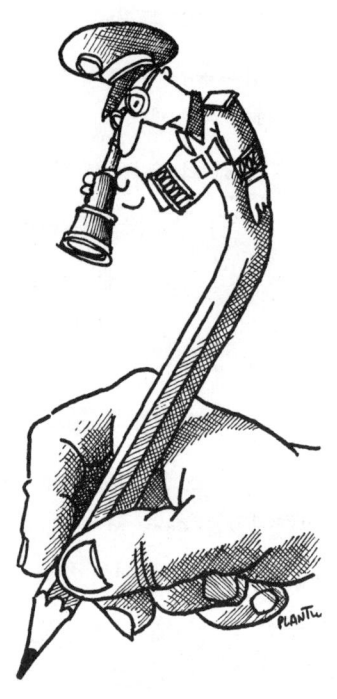

제19조 | 모든 사람은 의견과 표현의 자유에 관한 권리를 가진다. 이 권리는 간섭받지 않고 의견을 가질 자유와 모든 매체를 통하여 국경에 관계없이 정보와 사상을 추구하고, 접수하고, 전달하는 자유를 포함한다.

이들 권리의 보호와 행사는 민주 사회의 본질적 요소입니다(제21조 참고). '모든 매체를 통하여 정보와 사상을 추구하고, 접수하고, 전달할 자유'가 실현되기 위해서는 무엇보다 미디어가 자유롭고 독립적이어야 합니다. 또 정부를 비판하고, 정책에 대한 논쟁을 펼칠 수 있어야 합니다.

사실 의견과 표현의 자유를 억압하는 주된 심리적 동기는 두려움입니다. 대안적 견해에 의해 표출되는 도전에 대한 두려움, 의견과 표현의 자유가 다른 모든 기본적 자유를 보장하도록 하는 기본적 도구임을 인식하는 데서 오는 두려움입니다. 그러나 자유로운 사상, 의견, 표현을 궁극적으로 억압할 수 있는 길은 없습니다. 어떤 정부가 자신의 사법적 관할 안에서 이러한 자유를 일시적으로 제약할 수는 있습니다. 그러나 책을 금지하는 것으로는 이들 사상 자체를 없애 지 못합니다. 책의 출판을 금지하는 것으로는 이들이 어디서든 인쇄되어 읽히거나 다른 형태로 유통되는 것을 막지 못합니다. 특히, 현대 기술은 정보의 흐름과 접근을 촉진하는 아주 중요한 요소입니다.

미디어와 정보의 자유를 위해 어떤 국제적 보호 장치가 있나요?

유엔과 유엔 특별 기구, 그리고 이 분야의 전문 기구와 비정부기구들이 표현의 자유와 미디어의 자유를 증진하기 위해 다양한 노력을 펼치고 있습니다. 유네스코는 자신의 정관 헌법에서 "말과 이미지에 의한 사상의 자유로운 흐름"을 장려하고 있다. 유네스코는 미디어

입법에 관한 자문 서비스를 제공하고, 표현의 자유에 대한 주요 이해 관계자들의 인식을 제고하기 위해 노력합니다. 구체적으로 유네스코는 전 세계 모든 지역 출신의 미디어 전문가들이 포함된 '언론 자유에 관한 자문 그룹'의 창설, 1997년 '유네스코/길레르모 카노 세계 언론 자유상UNESCO/Guillermo Cano World Press Freedom Prize'의 제정, 그리고 1993년 이후 '세계 언론 자유의 날'(World Press Freedom Day, 매년 5월 3일)의 축하 등 여러 활동을 벌여왔습니다. 또, 미디어 전문가 네트워크들 사이의 협력에도 관심을 쏟고 있습니다.

미디어의 자유에 관한 또 하나의 주요 이슈는 분쟁 지역에서 활동하는 언론인의 안전입니다. 이는 미디어의 독립성을 보존하기 위한 아주 중요한 문제입니다. 유네스코는 이들이 안전 훈련, 장비, 위험 인지 훈련 등에 쉽게 접근할 수 있도록 국제적 기준들을 발전시켜왔습니다. 끝으로 이 기구는 2006년 이후 사이버 공간에서의 표현의 자유와 정보 접근에 더 많은 관심을 쏟고 있습니다. 유네스코는 인터넷 자유에 관한 다양한 논쟁을 주도하며, 인터넷 상의 표현의 자유를 증진하기 위해 회원국들에게 정책을 권고합니다.

한편, 1993년 유엔인권위원회는 '의견과 표현의 자유의 증진, 보호를 위한 특별 보고관'을 임명했습니다. 보고관의 임무는 이들 권리가 더 잘 보호될 수 있는 방안에 대해 실천적인 권고를 제시하는 것입니다. 보고관의 임무는 2011년 유엔 인권 이사회에서 3년 연장되었습니다.

표현과 정보의 자유의 문제는 유럽 인권재판소European Court of Human Rights와 아메리카 인권 재판소International American Court of Human Rights의 수많은

사건들 속에서도 다루어졌습니다. 이 사건들의 판례는 이 분야의 관습법이 발전하는 데 기여했습니다.

이들 자유는 절대적인가요?

〈시민적, 정치적 권리에 관한 국제규약〉 제19조에 따르면, 의견과 표현의 자유의 행사는 '특수한 의무와 책임을 수반'합니다. 그러므로 이들 자유는 '특정한 제약에 따라야 하지만, 이러한 제약은 법률로 규정되어야 하고, 타인의 권리와 명예에 대한 존중 그리고 국가 안보나 공적 질서, 공중보건, 공중도덕의 보호를 위해 필요한 것'이어야 합니다. 이 규약은 또한 '전쟁에 대한 어떠한 선전' 또는 '차별, 적대, 폭력을 유발하는 민족적, 인종적, 또는 종교적 증오에 대한 어떠한 옹호'도 금지합니다. 이처럼 표현의 자유가 절대적인 자유는 아닙니다. 그러나 어떠한 제약이든 일반적으로 정당성, 합법성, 비례성, 민주적 필요성의 기준을 충족해야 합니다. 물론 미디어와 관련된 개인의 명예와 프라이버시의 침해가 종종 심각한 사회 문제로 대두되며, 사생활의 자유와 명예는 충분히 보호되어야 합니다. 그러나 이는 자의적인 제약이 아니라 보편적 기준에 입각한 명확한 규칙들에 의해 이루어져야 합니다.

> **제20조** | 1. 모든 사람은 평화적 집회와 결사의 자유에 관한 권리를 가진다.
> 2. 어느 누구도 어떤 결사에 소속될 것을 강요받지 아니한다.

결사의 자유는 사람들이 집단적으로 자신들의 목표를 표현하고, 하나의 집단으로서 압력을 행사하며, 자신 또는 타인의 이익을 보호할 수 있는 유일한 방법입니다. 이 자유를 보장하기 위해 정부의 적극적인 행동이 요구되지는 않습니다. 다만, 정부는 특정한 상황에서 정당한 이유가 있을 경우 이 자유를 제약할 수도 있습니다. 그러나 실제로 이러한 제약은 세계의 많은 지역에서 너무나 자주 국가의 억압 수단으로 활용되고 있습니다.

국제노동기구는 특히 노동자들의 결사의 자유에 관한 몇몇 협약을 채택해 왔으며, 아주 많은 국가가 이를 비준했습니다.[192] 결사의 자유에 대한 권리(국제노동기구 협약 제87호)는 노동자 권리의 8가지 근본 원칙들 중 하나를 반영합니다(1부 질문82 참고).

제21조 | 1. 모든 사람은 직접 또는 자유롭게 선출된 대표를 통하여 자국의 통치에 참여할 권리를 가진다.

2. 모든 사람은 자국의 공무에 취임할 동등한 권리를 가진다.

3. 국민의 의사는 정부의 권위의 기초가 된다. 이 의사는 보통 및 평등 선거권에 의거하며, 또한 비밀투표 또는 이와 동등한 자유로운 투표 절차에 따라 실시되는 정기적이고 진정한 선거를 통하여 표현된다.

이 조항은 "인민의 의지가 정부 권위의 기초가 되어야 한다."는 민주 정부의 원칙을 지지합니다. 이는 '진정한 선거', 곧 보편적 선거권에 기초한 자유롭고 공정한 선거를 통해 성취될 수 있습니다. 자유, 공정 선거와 함께 인권 보호와 법의 지배는 민주주의의 필수적 요건을 구성합니다. 이와 관련 '몬트리올 행동 계획Montreal Plan of Action'은 '인권 향유를 위해서 민주적 가치들이 요청된다.'고 강조했습니다. 이 문서는 민주주의 교육을 인권 교육의 필수 요소로 인정한 첫 국제 문서였습니다. 또, 1993년의 '비엔나 선언과 행동 계획'은 인권, 기본적 자유, 민주주의가 '발전'과 '상호 의존적이고 상호 강화적'이라는 것을 확인했습니다(제8조). 이는 국제 공동체가 '민주주의를 강화하고 증진하도록 지원할 것'을 요청합니다. 인권, 기본적 자유, 법의 지배의 증진과 보호는 민주적 원칙의 적용을 통해 모든 국가에서 가장 잘 성취되기 때문입니다.

'아메리카국가기구'는 1991년 '대의 민주주의에 관한 결정'을 채택했습니다. 이 기구는 어떤 회원국에서든 민주적 과정이 중단되는 사태가 발생하면 10일 이내에 고위급 정치 회담을 열기 위해 노력했습니다. 이 결정은 인권과 민주주의 사이의 본질적 연관성이 인정되었음을 의미합니다.

제22조 | 모든 사람은 사회의 일원으로서 사회보장제도에 관한 권리를 가지며, 국가적 노력과 국제적 협력을 통하여 그리고 각국의 조직과 자원에 따라 자신의 존엄성과 인격의 자유로운 발전을 위하여 불가결한 경제적, 사회적 및 문화적 권리의 실현에 관한 권리를 가진다.

이 조항은 제23조~제27조와 함께 경제적 · 사회적 · 문화적 권리를 다룹니다. 이들 권리는 인간 잠재력의 온전한 발현을 보장하기 위한 물질적, 비물질적 인간 욕구의 실현을 목표로 합니다. 그러나 실제로 모든 사람들이 이 권리를 누리기 위해서는 국가와 국제공동체가 적극 행동할 것이 요구됩니다. 〈경제적 · 사회적 · 문화적 권리에 관한 국제규약〉(1부 질문18~23 참고) 제9조는 모든 사람에 대한 사회보장의 권리를 명시하고 있습니다. 사회보장에 대한 권리는 취약한 집단의 구성원들이 더 큰 박탈 상황으로 빠져들지 않도록 사회가 이들의 복지와 안전망을 제공할 책임이 있음을 의미합니다.

사실, 지금도 세계 인구의 5분의 1이 가난과 배고픔으로 고통 받고

있습니다. 질병과 문맹, 사회적 불안정은 계속 증가하고 있습니다. 기본적인 사회적, 경제적, 문화적 권리가 총체적으로 부인되는 현실은 국제 공동체의 차원에서 시민적, 정치적 권리의 박탈만큼이나 큰 분노를 일으킵니다.

더욱이 경제적·사회적·문화적 권리와 시민적, 정치적 권리의 상호 의존적이며 상호 연관되어 있습니다. 이를 충분히 인정하지 않고서 건전한 민주주의와 안정성, 평화를 수립하기는 어렵습니다. 경제 성장은 필수적이지만 그 자체로는 인민들의 일반적 복리를 보장하는데 충분하지 않습니다. 성장의 과실이 반드시 모든 인구 계층에게 혜택을 주지 않습니다. 그러므로 경제사회적 진보를 증진하기 위한 국가적 노력과 국제적 협력은 다른 한편, 경제, 사회, 문화적 권리를 최

대한 평등하게 보장하는 공정한 조건의 수립으로 이어져야 합니다. 이 과정에서 각 나라는 자원과 우선순위를 고려할 수 있습니다. 그러나 이와 동시에 국제적 기준을 달성하기 위해 모든 노력을 기울여야 합니다.

제23조 | 1. 모든 사람은 근로의 권리, 자유로운 직업 선택권, 공정하고 유리한 근로조건에 관한 권리 및 실업으로부터 보호받을 권리를 가진다.
2. 모든 사람은 어떠한 차별도 받지 않고 동등한 노동에 대하여 동등한 보수를 받을 권리를 가진다.
3. 모든 근로자는 자신과 가족에게 인간적 존엄에 합당한 생활을 보장하여 주며, 필요할 경우 다른 사회적 보호의 수단에 의하여 보완되는, 정당하고 유리한 보수를 받을 권리를 가진다.
4. 모든 사람은 자신의 이익을 보호하기 위하여 노동조합을 결성하고, 가입할 권리를 가진다.

노동 조건과 노동하는 사람들의 권리를 보호하는 국제 규정은 어떤 것들이 있나요?

위 조항들은 〈경제적 · 사회적 · 문화적 권리에 관한 국제규약〉(1부 질문18~23 참고) 제6조, 제7조, 제8조에서 더 상세하게 규정되었습니다.

'경제 · 사회 · 문화적 권리위원회'는 이 규약의 이행을 위해 활동합니다.

국제노동기구(1부 질문78~83 참고)는 일하는 사람들을 보호하기 위한 특별한 책임이 있습니다. 이 기구는 매년 '국제노동기구 협약'이 어느 정도 존중되고 있는지 보고서를 발간합니다. 국제노동기구는 또한 이들 권리를 증진하고 이행하기 위한 실천적 도움을 제공합니다. 이주 노동자들은 시민들의 모든 권리를 향유하지 못하기 때문에 특히 취약한 노동자들의 범주에 속한다고 할 수 있습니다(1부 질문52 참고).

> **제24조** | 모든 사람은 근로시간의 합리적 제한과 정기적인 유급휴일을 포함한 휴식과 여가에 관한 권리를 가진다.

근대 산업 자본주의가 발전하는 과정에서 노동운동 등 조직 노동은 노동 시간과 노동 조건의 제한을 성취하기 위해 오래 투쟁해왔습니다. 그 결과 노동 시간과 노동 조건에 관한 사회적 타협과 개선 조치가 점진적으로 이루어졌습니다. 그러나 21세기 오늘에도 전 세계의 많은 인구는 여전히 충분한 인권 보호 없이 노동을 해야 하는 운명에 놓여 있습니다. 선언의 이 조항이 여전히 큰 의미를 갖는 이유입니다.

노동 시간에 대한 제한은 국제노동기구의 노력을 통해 국제적으로 보편적인 승인을 얻었습니다. 그러나 휴식과 여가의 인권적 지위에 대해서는 의문들이 제기되기도 했습니다. 그러나 〈세계인권선언〉의 이 조항과 〈경제적·사회적·문화적 권리에 관한 국제규약〉 제7조는 이들 권리가 보편적 인권에 포함된다는 것을 분명히 하고 있습니다.

제25조 | 1. 모든 사람은 식량, 의복, 주택, 의료, 필수적인 사회역무를 포함하여 자신과 가족의 건강과 안녕에 적합한 생활수준을 누릴 권리를 가지며, 실업, 질병, 불구, 배우자와의 사별, 노령, 그 밖의 자신이 통제할 수 없는 상황에서의 다른 생계 결핍의 경우 사회보장을 누릴 권리를 가진다.
2. 모자는 특별한 보살핌과 도움을 받을 권리를 가진다. 모든 어린이는 부모의 혼인 여부에 관계없이 동등한 사회적 보호를 향유한다.

충분한 생활수준에 대한 권리는 무엇을 의미하나요?

이 질문에 대해서는 사람에 따라 다양한 대답이 가능합니다. 그러나 최소한 모든 사람은 식량, 쉼터, 의복, 주택 등의 기본적 삶의 조건과 물, 위생, 건강, 교육 등의 공동체 서비스에 관한 기초적인 인간적 필요를 충족할 권리가 있다는 데 아무도 반대하기 어렵습니다. 이 권리는 또한 모든 사람이 품위 있는 생활수준을 달성하기 위해 일할 권리를 가져야 하며, 그렇게 할 수 없는 사람들에게는 사회 보장이 제공돼야 한다는 것을 의미합니다.

　이 경우 가장 큰 필요가 있는 사람들이 우선적인 고려를 받아야 합니다. 경제사회적 개발의 목표는 가장 가난한 이들, 가장 혜택 받지 못하는 사람들, 그리고 차별과 박탈로 고통 받는 사람들에게 우선 순위를 주어야 합니다.

충분한 생활수준에 대한 권리는 〈경제적·사회적·문화적 국제규약〉 제11조에 더 정교하게 규정되어 있습니다. 이 조항은 모든 사람이 배고픔에서 자유로울 근본적 권리가 있음을 특별히 명시합니다. 또, 이 권리의 달성을 위해 개별 국가와 국제 사회가 취해야 할 조치들을 기술합니다.

제26조 | 1. 모든 사람은 교육을 받을 권리를 가진다. 교육은 최소한 초등 기초단계에서는 무상이어야 한다. 초등교육은 의무적이어야 한다. 기술교육과 직업교육은 일반적으로 이용할 수 있어야 하며, 고등교육도 능력에 따라 모든 사람에게 평등하게 개방되어야 한다.

2. 교육은 인격의 완전한 발전과 인권 및 기본적 자유에 대한 존중의 강화를 목표로 하여야 한다. 교육은 모든 국가들과 인종적 또는 종교적 집단간에 있어서 이해, 관용 및 친선을 증진시키고 평화를 유지하기 위한 유엔의 활동을 촉진시켜야 한다.

3. 부모는 자녀에게 제공되는 교육의 종류를 선택함에 있어서 우선권을 가진다.

교육 분야에서 국가들의 우선순위는 아주 다양합니다. 많은 나라에서 의무 교육이 널리 이루어지고 있지만, 세계 많은 지역은 아직 보편적 문해도 성취하지 못했습니다. 실제 상당한 비율의 성인 인구가 문맹 상태에 있습니다. 교육에 대한 권리는 종종 교육에 대한 평등한 접근의 거부로 무력해지며, 이는 주로 박탈, 빈곤, 배제, 차별 때문에 발생합니다.

자유로운 초등교육에 관한 최소 요건조차도 여전히 많은 사회에서 먼 목표입니다. 초등교육과 중등교육이 자유롭고 의무적인 곳에서도 교육적 선택과 평등한 교육 기회는 학교의 위치, 재정·도서관·시설의 불균형, 또는 교사 훈련 수준에 의해 영향을 받을 수 있습니다.

유엔인권위원회는 1998년 '교육에 관한 특별보고관'을 임명했습니다. 보고관의 임무는 전 세계에서 교육받을 권리를 점진적으로 실현하는 것에 관해 보고하고, 이 목표를 위한 권고를 수행하는 것입니다. 보고관의 임무는 2011년 유엔 인권 이사회에서 연장되었습니다(1부 질문23 참고).

고등교육과 대학교육의 접근은 대부분 나라에서 무상으로 이루어지지 않고 있습니다. 장학금의 제공, 외부 강좌, 성인 교육 코스, 현장 훈련은 더 심층적인 교육을 증진하는 수단들입니다.

어떻게 인권에 대한 존중이 교육을 통해 증진되나요?

교육의 보편적인 목표는 인간 개성의 완전한 발현, 그리고 인권과 기본적 자유에 대한 존중의 강화입니다. 〈세계인권선언〉 전문은 '모든 개인과 모든 사회 조직이 가르침과 교육을 통해 이들 권리와 자유에 대한 존중을 증진하기 위해 노력할 것'을 요구합니다. 국제 인권 문서들에 부합해, 교육은 다음의 방향을 지향하는 지식·기술의 전파와 태도 형성을 통해 보편적 인권 문화의 건설을 목표로 삼아야 합니다.

- 인권과 기본적 자유에 대한 존중의 강화
- 인간 개성과 인간 존엄성에 대한 감각의 완전한 발현
- 모든 민족, 원주민, 그리고 인종, 민족, 종족, 종교, 언어 집단들 사이에 이해, 관용, 성 평등, 우정의 증진
- 모든 사람이 자유로운 사회에 효과적으로 참여할 수 있게 하기
- 평화 유지를 위한 유엔 활동의 심화

이들 목표는 공식 교육과 비공식 학습의 모든 수준에서 증진되어야 합니다. 여기에는 예비학교, 초등학교, 중등학교, 고등교육, 직업학교, 공무원의 훈련, 일반 공중에 대한 정보 전달이 포함됩니다. 유엔 기구들은 교육과 훈련에 관한 모든 활동에서 이러한 접근을 채택해왔습니다. 2004년 이후, 유엔은 모든 수준에서 인권 교육을 확대하기 위해 '인권 교육에 관한 세계 프로그램'을 장려해 왔습니다. 2008년 12월 10일부터 2009년 12월 31일까지는 '세계 인권 학습의 해'가 진행되었습니다(1부 질문108~109 참고).

유네스코는 '국제적 이해, 협력, 평화를 위한 교육과 인권과 기본적 자유에 관한 교육에 대한 권고'(1974)에서 이러한 철학을 발전시켰습니다. 이 권고에 따라 '인권 교육의 개발을 위한 유네스코 계획'이

1979년에 수립됐고, 이후 다양한 후속 조치가 이어졌습니다. 2003년에는 '유네스코 인권 전략'이 채택되어 인권 교육이 유네스코의 주요 활동의 하나가 되었습니다(1부 질문110 참고).

> **제27조** | 1. 모든 사람은 공동체의 문화생활에 자유롭게 참여하고, 예술을 감상하며, 과학의 진보와 그 혜택을 향유할 권리를 가진다.
> 2. 모든 사람은 자신이 창조한 모든 과학적, 문학적, 예술적 창작물에서 생기는 정신적, 물질적 이익을 보호받을 권리를 가진다.

　문화적 권리는 문화의 접근, 향유, 행사에 관한 자격을 말합니다. '문화 다양성에 관한 2001 유네스코 세계 선언' 전문은 문화를 "사회 또는 한 사회적 집단의 두드러진 정신적, 물질적, 지적, 정서적 특징들의 집합"으로 정의합니다. 그러므로 문화는 드라마, 음악, 전통 무용 또는 축제와 같은 대중적 표현에만 한정되지 않습니다. 문화는 생활양식, 더불어 살아가는 방법, 가치 체계, 전통, 신념을 함께 포괄합니다. 과학적, 기술적 진보에서 생기는 혜택을 받을 권리는 교육에 대한 권리로서의 문화적 권리의 필수적인 부분으로 간주됩니다. 그동안 저작권과 문화유산에 관한 7개의 문화적 규범 문서 등 문화적 권리의 실현을 위한 다양한 국제 문서들이 채택되어 왔습니다. 특히, 다음과 같은 유네스코의 협약들은 문화적 권리를 위한 중요한 이정표들입니다.

- 〈무력 분쟁의 발생 시 문화적 재산의 보호를 위한 협약〉(1954)
- 〈세계 저작권 협약〉(1971)
- 〈세계 문화유산과 자연유산의 보호에 관한 협약〉(1972)
- 〈문화적 삶에 대한 많은 사람들의 참여와 이에 대한 그들의 기여에 관한 권고〉(1976)

그러나 사실, 문화적 권리는 오랜 동안 '저개발'된 인권 범주에 머물러 있었습니다. 2001년 '문화 다양성에 관한 세계 선언'은 문화적 권리의 내용과 적용 범위를 명료하 게 규정하는 데 중요한 기여를 했습니다. 나아가, 2009년 11월 유엔 경제 · 사회 · 문화적 권리위원회는 〈경제적 · 사회적 · 문화적 권리에 관한 국제규약〉 제15조 1항 (a) 문화적 삶에 참여할 권리에 관한 '일반 논평 N°21'을 채택했습니다. 이 문서는 위 권리에 관한 최초의 권위적 해석을 제시합니다. 이 논평에서 위원회는 문화적 삶에 대한 참여를 세 가지 연관된 차원의 결과로 해석합니다.[193]

- 자유로서의 참여. 자유롭게 행동하고 자신의 문화적 정체성을 선택할 수 있는 모든 사람의 권리를 뜻한다.
- 접근으로서의 참여. 모든 사람은 자신과 타인의 문화를 알고 이해할 수 있어야 하며, 문화적 자원을 이용할 수 있어야 한다는 것을 함의한다.
- 기여로서의 참여. 공동체의 정신적, 문화적, 지적, 정서적 표현을 창조하는 데 참여할 수 있는 모든 사람의 권리를 포함한다.

2009년 유엔인권이사회는 '문화적 권리 분야의 독립 전문가'를 임명했습니다. 이 전문가의 임무를 통해 문화적 권리를 더 정교하게 심화시키는 노력이 이루어질 전망입니다.

제28조 | 모든 사람은 이 선언에 제시된 권리와 자유가 완전히 실현될 수 있는 사회적, 국제적 질서에 대한 권리를 가진다.

인간으로서 존엄한 삶과 최소한의 복리를 위한 가장 기본적 요건들이 결핍, 가난, 배고픔, 질병, 불안 속에서 살아가는 많은 인류 구성원에게 사실상 주어지지 않고 있습니다(제22조 참고). 이러한 권리와 자유가 실현될 수 있는 조건이 부정된다면 이 사람들에게 사회 정의란 하나의 환상에 불과할 것입니다.

앞으로 인류가 나아갈 길은 무엇인가요?

지난 수십 년간 개발을 위한 국제적 활동에도 불구하고 국제적, 국가적 수준에서 빈부 격차는 계속 커지고 있습니다. 이는 세계 자원이 왜곡되게 분배되고 있으며, 기존의 정책과 제도가 이를 오히려 강화하고 있음을 나타냅니다. 경제 성장은 그 자체로 목표일 수 없습니다. 그것은 인간 존재의 복리와 자유를 증진하는 하나의 수단입니다.

그 동안 개발을 목표로 달려온 많은 개발도상국들은 경제적 의존에 짓눌린 자신의 모습을 보고 있습니다. 이들은 구조적 불평등을 없애기 위해서 해외 채무 부담의 탕감과 아울러 국제 경제의 새로운 구조가 필요하다는 것을 깨닫고 있습니다. 선진국들도 평화와 안정의 측면에서 장기적 이익은 정치적 행동을 통해 기존의 경제 질서를 개선하는 데 있음을 서서히 깨닫고 있습니다.

인권의 온전한 실현을 위한 새로운 사회 질서와 국제 질서의 형성을 위해 유엔은 다양한 활동을 전개하고 있습니다. 특히, 지속가능한 사회경제적 개발 목표와 보편적 인권 실현의 과제를 조화시키려는 노력이 최근 활발하게 펼쳐져 왔습니다.

'지구정상회의'로 알려진 1992년 리우 데 자네이로의 '환경과 개발에 관한 유엔 회의'는 지속 가능 개발을 위한 지구적 행동 계획인 '의제 21'을 채택했습니다. 이 행동 계획은 환경 · 경제 · 사회적 관심 사항들을 하나의 틀로 통합했습니다.

1993년의 〈비엔나선언〉과 행동 계획은 '발전권 선언'의 내용을 다시 승인했습니다. 이 계획은 '국가적 수준의 효과적 개발 정책과 아울러 국제적 수준에서 형평성 있는 경제 관계와 호의적 경제 환경'을 요구했습니다. 1995년 코펜하겐에서 열린 '사회 개발을 위한 세계정상회의'는 이러한 결론을 더욱 심화했습니다. 참가국들은 사람들이 사회 개발을 성취할 수 있게 하는 정치, 경제, 사회, 문화, 법적 환경을 만들기 위해 노력했습니다. 2000년 12월, 유엔총회는 지속가능 개발과 북반구-남반구 파트너십을 위한 지구적 협약을 다시 수립하기 위해 새로운 세계정상회의를 요청했습니다. 또한, 리우에서 채택된 '의제 21' 이행에 박차를 가했습니다.[194]

'지속가능 개발을 위한 세계정상회의'는 2002년 8월 남아프리카공화국 요하네스버그에서 열렸습니다. 이 회의는 '지속가능 개발에 관한 요하네스버그 선언'과 '요하네스버그 이행 계획'을 채택했습니다.

정상회의는 경제 발전, 사회 발전, 환경 보호가 지속 가능한 개발의 상호 의존적인 핵심 요소들이라는 점을 다시 확인했습니다. 또, 이들이 균형 있게 추진되려면 개별 국가 및 국제적인 수준에서의 훌륭한 통치가 필수적임을 인정했습니다.

'지속가능 개발을 위한 교육에 관한 유엔 10년'은 교육과 훈련의 모든 측면에서 지속 가능 개발을 주류화 한다는 목표를 내세웠습니다. 유엔 10년을 주도하는 유네스코는 지속가능 개발에 대한 인식 개선을 위한 다양한 계획을 지원합니다. 그러나 2008년 가을 이후 세계 경제, 금융 위기가 확대되면서 지속가능하고 인권 친화적인 발전에도 부정적인 영향을 미쳤습니다.

브라질 리우에서 첫 지구정상회의가 열린 지 20년이자 요하네스버그 세계정상회의 이후 10년째인 2012년 6월, 유엔은 '리우+20'(Rio+20)으로 알려진 '지속가능 개발에 관한 고위급 회의'를 개최했습니다. 이 회의의 목표는 지속 가능 개발을 위한 새로운 정치적 협약을 확실히 하고, 지금까지 이루어진 진보와 남은 과제를 평가하며, 새롭게 직면하고 있는 도전들을 다루는 것입니다. 회의의 토론은 두 주제에 집중되었습니다.[195]

- 지속가능 개발과 빈곤 철폐를 위한 의제로서 '녹색 경제'
- 지속가능 개발을 위한 제도적 틀.

제29조 | 1. 모든 사람은 그 안에서만 자신의 인격을 자유롭고 완전하게 발전시킬 수 있는 공동체에 대하여 의무를 부담한다.

2. 모든 사람은 자신의 권리와 자유를 행사함에 있어서, 타인의 권리와 자유에 대한 적절한 인정과 존중을 보장하고, 민주사회에서의 도덕심, 공공질서, 일반의 복지를 위하여 정당한 필요를 충족시키기 위한 목적에서만 법률에 규정된 제한을 받는다.

3. 이러한 권리와 자유는 어떤 경우에도 유엔의 목적과 원칙에 반하여 행사될 수 없다.

심각한 결핍 지역에서 경제적, 사회적 권리의 진보에 집중하기 위해 정치적 표현과 단체 결성의 자유를 제약하는 것은 정당화될 수 있나요?

많은 국가의 정부들이 〈세계인권선언〉에 규정된 인권을 존중하고 실행하는 데 우선순위의 갈등이 있다고 주장합니다. 간단한 대답은 없습니다. 권리들 간에는 인과관계의 어떤 방향도 설정될 수 없습니다. 그러나 시민적, 정치적 권리와 경제적 · 사회적 · 문화적 권리는 상호의존적입니다. 경제적 · 사회적 · 문화적 권리의 성취는 모든 형태의 사회 정의에 필수불가결합니다.

〈세계인권선언〉은 공포와 결핍으로부터의 자유가 모든 사람이 시민적, 정치적 권리뿐만 아니라 경제적 · 사회적 · 문화적 권리를 향유할 수 있을 때에만 성취될 수 있다고 확인했습니다. 모든 인권과 기본적 자유의 보편성, 분리 불가능성, 상호 의존성, 상호 연관성이라는 원칙은 1993년 '비엔나 선언과 행동 프로그램'에서도 재확인되었습니다. 선언은 이렇게 말합니다. '국제 공동체는 인권을 지구적으로, 공정하고 평등한 방식으로, 똑같은 토대 위에서, 똑같은 비중으로 다루어야 한다'(제5조).

요컨대, 모든 인권은 인간 존엄과 자유를 보장하는 데 있어 똑같이 중요합니다. 이를 인정함으로써 우리는 다양한 권리 범주의 우선순위를 둘러싼 길고 무익한 논쟁을 끝낼 수 있을 것입니다.

개인들은 어떤 종류의 의무를 가지는고 있나요?

〈세계인권선언〉은 모든 사람이 자신의 개성을 온전하고 자유롭게 발현시킬 수 있는 것은 오직 공동체 속에서 가능하다고 강조합니다. 그러므로 공동체 속에서 권리와 자유의 완전한 향유가 가능한 조건을 창조하기 위해, 자신의 권리를 옹호하고 요구하며, 타인의 권리를 존중하는 것은 공동체에 속한 모든 사람의 의무입니다. 또한, '모든 사람'은 인권 개념의 기초로서 개별 인간이 고유한 존재라는 의미를 함축하고 있습니다.

제30조 | 이 선언의 그 어떠한 조항도 특정 국가, 집단 또는 개인이 이 선언에 규정된 어떠한 권리와 자유를 파괴할 목적의 활동에 종사하거나, 또는 그와 같은 행위를 행할 어떠한 권리도 가지는 것으로 해석되지 아니한다.

인권의 증진과 존중을 위해 일하는 개인과 단체를 위해 어떤 보호 기제가 있나요?

일부 사회에서 인권을 옹호하는 개인과 집단들은 취약한 위치에 놓여 있습니다. 1998년 유엔총회는 '보편적 인권과 자유를 보호하는 개인, 단체, 사회조직의 권리와 책임에 관한 선언'을 채택했습니다. 이 선언은 전 세계의 많은 지역에서 위험을 무릅쓰며 인권을 신장하기 위해 애쓰는 인권 옹호자들을 보호하기 위한 청사진이라 할 수 있습니다(1부 질문60 참고).

이는 〈세계인권선언〉의 조항들이 선언의 진정한 목적을 침식하지 않고, 선의로써 이행돼야 함을 의미합니다. 어떤 상황에서건 이 선언이 인권을 침해하기 위한 구실로 이용되어서는 안 됩니다. 이 규정은 국가들만 아니라 집단과 개인들에게도 적용됩니다. 그러므로 어느 누구도 전후 맥락을 무시해 선언의 한 조항을 취한 뒤 다른 조항이 침해되는 방식으로 이를 적용할 수 없습니다. 선언 전체가 그런 것처럼, 이 마지막 조항은 자신과 타인의 권리를 위해 일어설 수 있는 끊임없는 각성과 용기를 요구합니다. 이러한 각성과 용기는 언젠가 인권이 이론뿐 아니라 실제 현실에서도 인류 가족의 모든 구성원들에게 적용될 수 있도록 우리 모두가 실천해야할 고귀한 도덕적 가치입니다.

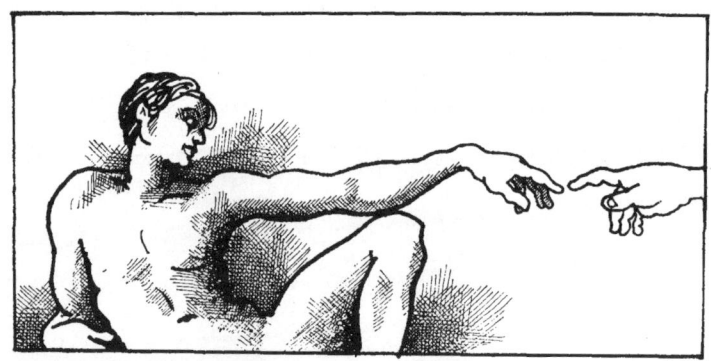

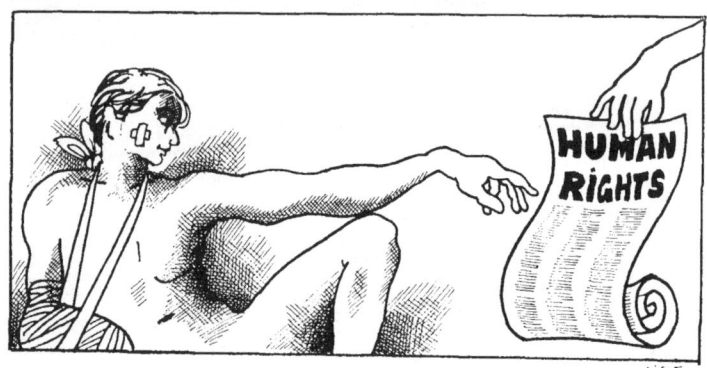

| 인권 교육을 위해 공인된 '정본 교재' |

최근 몇 년간 우리 사회에서 새롭게 익숙해진 말 가운데 하나가 아마도 '인권'일 것입니다. 그 만큼 인권에 대한 관심과 인식이 많이 보편화되었습니다. 그와 함께 인권에 대한 책들도 다양하게 나오고 있습니다.

이 책은 유네스코가 발간한 국제인권에 관한 개괄적인 소개서로 주목할 만한 저작입니다. 1981년 영국의 저명한 인권 전문가 레아 레빈Leah Levin이 당대의 뛰어난 인권 활동가들과 협력하여 저술한 뒤, 1989년, 1996년, 2004년, 2009년 그리고 2012년에 지속적으로 개정판을 출판했습니다. 또 전 세계 36개국의 언어로 번역될 만큼 국제 인권에 관한 훌륭한 안내서이자 인권 교육의 핵심 교재로서 지난 한 세대 동안 널리 인정을 받은 책입니다.

이 책은 제2차 세계대전 이후 성립된 국제 인권 체제에서 중요하게 다루어온 거의 모든 주제와 개념, 중요 문서와 결정, 관련 기구와 조직, 핵심 쟁점과 최근의 정보 등을 상세하면서도 일목요연하게 정리해 질문과 해답(Q&A)의 형식으로 제시하고 있습니다. 특히, 방대하고 중요한 주제들을 다시 여러 겹의 구체적인 질문으로 바꾸어 풀어낸다는 점이 이 책의 가장 큰 장점입니다.

이 책의 편제는 1981년에 출판될 때의 형태를 여전히 고수하고 있습니다. 제1부는 국제 인권의 다양한 주제와 측면을 여러 장으로 나누고, 이를 다시 세부적인 다양한 질문들로 재구성하고 있습니다. 사실상 이 책의 본문에 해당하는 제1부에서 포괄하고 있는 내용들은 조금 과장해 말하면, '국제인권에 관해 알아야 할 모든 것'이라 할 만합니다. 부록처럼 첨부된 제2부는 국제 인권의 역사에서 가장 중요한 문서라고 할 수 있는 〈세계인권선언〉의 각 조항들이 갖는 의미에 규명하고 있습니다.

"인권이란 무엇인가?", "모든 인권은 보편적인가?", "국제인권장전은 어떤 문서들로 이루어지는가?"처럼 기초적이고 상식적인 질문에서 이 책은 시작합니다. 그러나 곧 "〈세계인권선언〉이 서명될 때 유엔 회원국이 아니었던 국가들도 이 문서를 존중할 법적 의무가 있는가?", "유엔 〈시민적, 정치적 권리에 관한 국제규약〉의 이행을 모니터하기 위해 어떤 메커니즘이 마련돼 있는가?" 등 구체적이고 전문적인 내용의 인권 이슈들까지 파고들어 하나씩 질문하고 설명합니다. 또, 이렇게 각 장의 주제별로 배치된 질문들은 서로 긴밀히 연관되어 있으면서 해당 이슈의 여러 측면을 다각도로 조명하고 있습니다.

나아가 2012년에 책이 다시 개정되면서 최신의 정보와 논의 상황까지 포함되었다는 점, 그리고 오랫동안 국제 인권 분야에 헌신한 전문가가 다루어진 모든 주제에 대해 명료하고 정확한 개념과 용어를 사용하고 있다는 점도 이 책이 지닌 또 하나의 미덕입니다. 유엔의 공식 기구인 유네스코가 발간을 책임지고, 한 세대 이상 널리 읽히면서 꾸준히 개정판을 내온 점을 함께 고려할 때, 우리는 이 책을 국제 인권의 소개와 인권 교육을 위한 하나의 공인된 '정본 교재'라 불러도 무방할 것입니다. 인권에 대한 책들을 교과서와 참고서로 분류한다면, 이 책은 교과서, 그중에서도 '좋은 교과서'로 볼 수 있습니다.

전반적으로 이 책은 국제 인권의 다양한 측면에 대해 알고 싶어 하는 청소년들과 대학생, 그리고 일반 시민들에게 아주 유용한 안내서가 될 것입니다. 인권 실무적으로도 이 책은 활용도가 매우 높다고 생각합니다. 특히, 인권 교육 또는 세계 시민 교육global citizenship education 을 맡고 있는 교사나 인권 관련 시민단체, 비정부기구 실무자들에게 좋은 참고자료가 될 것입니다.

마지막으로 옮긴이들이 이 책을 번역하게 된 계기와 이유를 잠시 부연하고자 합니다. 우리 두 사람은 국가인권위원회에서 만나 오랜 동안 함께 동료로 일하면서 인권에 관한 활동과 관심을 공유해왔습니다. 2001년 국가인권위원회법이 제정되면서 '사람이 사람답게 사는 세상'을 모토로 새롭게 출범한 국가인권기구에서 여러 해 함께 일한 경험은 어떤 것보다도 값지고 귀한 것이었습니다. 그러나 한편으로 국가인권위원회가 그 이름에 걸맞은 건강하고 단단한 기관으로 자리를 잡는 데 제 역할을 했는지에 대해서는 많은 반성을 하고 있습니다. 우리가 유네스코의 국제 인권 안내서를 번역, 발간하자는 출판사의 제안을 받아들인 것도 그 같은 반성에서 비롯된 결과였다고 할 수 있습니다.

끝으로 이 책의 출판을 기획하고 실무를 진행해 준 북스코프와 박
유상, 박병규 선생님께 감사드립니다.

2012년 늦가을, 한국과 핀란드의 하늘 아래에서

이명재, 서현수 함께 씀.

| 미주 정리 |

▪ 서문 ▪

1. 더 많은 정보를 얻고 싶다면, http://www.cartooningforpeace.org/

▪ 파트1 ▪

1장

2. 인권의 개념을 형성하는 데 기여한 다양한 흐름들에 대해 검토한 두 개의 중요한 저작물로는 『Human Rights, Comments and Interpretations, UNESCO (ed.), London/New York, Alban Wingate, 1948』과 『Birthright of Man, Jeanne Hersch (ed.), Paris, UNESCO, 1969.』가 있다.

3. 앙리 뒤낭(1828~1910)은 프랑스인 프레데릭 파시와 함께 적십자의 창립자 자격으로 1901년 초대 노벨평화상 수상자로 선정되었다.

4. 총회 결의 60/1, 2005년 10월 24일, 세계정상회의 결과 보고서.

2장

5. 찬성 48표, 기권 8표, 반대 0표로 채택되었다.

6. 유엔총회 결의 A/Res/63/117, 2008년 12월 10일.

7. 유엔총회 결의 60/1, 2005년 10월 24일, 세계정상회의 결과 문서.

8. 2009년 5월 31일 기준, 192개 회원국이 유엔에 가입해 있다.

9. 1968년 5월 13일 세계인권회의에서 채택된 테헤란선언 2절.

10. 1993년 6월 25일 세계인권회의에서 채택된 비엔나선언 및 행동 프로그램의 전문 8절.

11. 같은 문서 실행 부분 5절.

12. A/Res/55/2.

13. 2011년 12월 31일 현재 160개 국이 사회권 규약을 승인했으며 167개 국이 자유권 규약을 승인했다. 회원국 명단은 사회권 규약은 http://treaties.un.org/Pages/ViewDetails.aspx?src=TREATY&mtdsg_no=IV-3&chapter=4&lang=en, 자유권 규약은 http://treaties.un.org/Pages/ViewDetails.aspx?src=TREATY&mtdsg_no=IV-4&chapter=4&lang=en을 각각 참조.

14. 2011년 6월 현재 114개국이 자유권 규약 선택의정서를 비준했다. 회원국 명단은 Human Rights Major International Instruments, Status as of 30 June 2011 참조. http://unesdoc.unesco.org/images/0021/002126/212642m.pdf

15. 회원국 명단은 http://treaties.un.org/Pages/ViewDetails.aspx?src=TREATY&mtdsg_no=IV-12&chapter=4&lang=en 참조.

16. 사회권 규약을 비준한 국가들의 명단은 http://treaties.un.org/Pages/ViewDetails.aspx?src=TREATY&mtdsg_no=IV-3-a&chapter=4&lang=en을 참조

17. 자유권위원회 일반논평 33조, '자유권 규약 선택의정서 회원국의 의무', 2008
년 11월 5일
18. 문화적 권리에 관한 독립적 전문가의 보고서는 파리다 샤히드에 의해 작성돼
2010년 인권이사회의 결의 10/23에 따라 제출되었다. http://daccess-dds-ny.
un.org/doc/UNDOC/GEN/G10/124/40/PDF/G1012440.pdf?OpenElement
19. 문화적 권리에 관한 독립적 전문가의 보고서, 파리다 샤히드. 2011년 3
월 http://daccess-dds-ny.un.org/doc/UNDOC/GEN/G11/122/40/PDF/
G1112204.pdf?OpenElement
20. 회원국 명단은 http://treaties.un.org/Pages/ViewDetails.aspx?src=
TREATY&mtdsg_no=IV-1&chapter=4&lang=en을 참조

3장

21. 이 주제에 대해서는 나이젤 로들리Nigel Rodley의 The Treatment of
Prisoners under International Law, 파리/옥스포드, 유네스코/옥스포드 대학
프레스, 1987을 참조. 고문 희생자를 위한 유엔의 자발적 기금이 1981년에 설
치되었다는 것도 언급할 만하다. 회원국 명단은 http://treaties.un.org/Pages/
ViewDetails.aspx?src=TREATY&mtdsg_no=IV-9&chapter=4&lang=en 참조.
22. 회원국 명단은 http://unesdoc.unesco.org/images/0021/002126/212642m.
pdf의 Human Rights Major International Instruments, Status as at 30 June

2011을 참조.

23. 회원국 명단은 http://treaties.un.org/Pages/ViewDetails.aspx?src=TREATY&mtdsg_no=IV-9-b&chapter=4&lang=en 참조.

24. 고문에 관한 유엔인권이사회 특별보고관의 보고서는 http://daccess-dds-ny.un.org/doc/UNDOC/GEN/N11/445/70/PDF/N1144570.pdf?OpenElement 참조.

25. 2011년 6월 30일 현재 유럽 평의회의 47개 회원국 모두 다 고문과 반인도적 및 굴욕적 대우 및 처벌 방지를 위한 유럽협약에 가입해 있다. 회원국 명단은 http://unesdoc.unesco.org/images/0021/002126/212642m.pdf의 Human Rights Major International Instruments, Status as of 30 June 2011 참조.

26. 2011년 6월 30일 현재 고문 방지 및 처벌을 위한 미주협약에는 18개 국이 가입해 있다. 회원국 명단은 http://unesdoc.unesco.org/images/0021/002126/212642m.pdf의 Human Rights Major International Instruments, Status as of 30 June 2011 참조.

27. 회원국 명단은 http://treaties.un.org/Pages/ViewDetails.aspx?src=TREATY&mtdsg_no=IV-16&chapter=4&lang=en 참조.

28. 2011년 6월 30일 현재 14개국이 강제 실종에 관한 미주협약에 가입해 있다. 회원국 명단은 http://unesdoc.unesco.org/images/0021/002126/212642m.pdf의 Human Rights Major International Instruments, Status as of 30 June 2011 참조.

29. 회원국 명단은 http://treaties.un.org/Pages/ViewDetails. aspx?src=TREATY&mtdsg_no=IV-2&chapter=4&lang=en 참조.

30. 1993년 11월 당시 그와 같은 사절단이 연방 유고슬라비아 공화국(현재는 세르비아 앤 몬테네그로)을 방문해 알바니아인들과 코소보 정부 간의 인종차별과 관련되는 인권 문제의 평화적 해결을 위한 대화를 촉진하는 걸 도왔다. 위원회는 또한 정부의 협약 이행을 위한 유엔인권센터의 자문 및 기술적 지원 프로그램의 일환으로 위원 중 한 명을 크로아티아에 파견하기도 했다.

31. 2011년 6월 30일 현재 54개 국이 인종차별철폐협약 제14조에 따라 선언을 해 개인이나 그룹으로부터 진정을 접수해 심의할 수 있게 했다. 이들 국가 명단은 http://unesdoc.unesco.org/images/0021/002126/212642m.pdf의 Human Rights Major International Instruments, Status as of 30 June 2011 참조.

32. 2009년 4월 20~24일 열린 더반 점검 회의의 정리 문건 중 몇몇 절들을 참조. http://www.un.org/durbanreview2009/pdf/Durban_Review_outcome_document_En.pdf

33. 같은 문건 12절 참조.

4장

34. 2011년 6월 30일 현재 〈여성에 대한 모든 형태의 차별 철폐에 관한 협약〉 승인국은 187개 국이다. 명단은 Human Rights Major International

Instruments, Status as of 30 June 2011 참조. http://unesdoc.unesco.org/images/0021/002126/212642m.pdf 참조.

35. 2011년 12월 31일 현재, 〈여성에 대한 모든 형태의 차별 철폐에 관한 협약〉 선택의정서에는 104개의 당사국들이 있다. 당사국 리스트는 다음을 보라. http://treaties.un.org/Pages/ViewDetails.aspx?src=TREATY&mtdsg_no=IV-8-b&chapter=4&lang=en

36. 유럽 평의회Council of Europe, 『성 주류화Gender Mainstreaming』, 1998.

37. 이 회의는 '세계 여성의 해'의 분수령이었다.

38. 유엔 여성을 위한 십년: 평등, 발전, 평화'UN Decade for Women: Equality, Development and Peace, 1976-1985의 중간에 조직됐다.

39. 베이징 선언과 행동 강령의 실행을 위한 심화 조치와 계획들'Further actions and initiatives to implement the Beijing Declaration and Platform for Action이라는 제목의 결정A/RES/S-23/3이 2000년 6월 10일, 유엔총회 제23차 특별 회기에서 채택됐다. http://www.un.org/womenwatch/daw/followup/ress233e.pdf 참조.

40. '유엔 여성'으로 흡수된 4개 조직은 '여성지위향상국'Division for the Advancement of Women, '여성의 지위 향상을 위한 국제 연구·훈련소'International Research and Training Insititute for the Advancement of Women, '성별 이슈와 여성의 지위 향상에 관한 특별 자문관 사무소'Office for the Special Adviser on Gender Issues and Advancement of Women, '유엔 여성 발전 기금'UN Development Fund for Women, UNIFEM이다.

41. '유엔 여성'의 활동에 관한 자세한 정보는 다음 사이트에서 찾을 수 있다.

http://www.unwomen.org/

42. 국제노동기구, Definition of Gender Mainstreaming. http://www.ilo.org/ public/english/bureau/gender/newsite2002/about/defin.htm

43. Gender Mainstreaming, 1997년 유엔경제사회이사회 보고서 발췌문. http:// www.un.org/womenwatch/daw/csw/GMS.PDF

44. United Nations Security Council Resolution 1325 (2000) http://www. un.org/events/res_1325e.pdf

45. United Nations Security Council Resolution 1889 (2009) http://www. un.org/ga/search/view_doc.asp?symbol=S/RES/1889(2009)

46. 1993년 12월 20일 결정 48/104에 의해 채택.

47. United Nations Security Council Resolution 1820 (2008) http://www. peacewomen.org/assets/file/BasicWPSDocs/scr1820english.pdf

48. United Nations Security Council Resolution 1888 (2009) http://www. peacewomen.org/assets/file/BasicWPSDocs/scr1888.pdf

49. United Nations Security Council Resolution 1960 (2010) http://www. securitycouncilreport.org/atf/cf/%7B65BFCF9B-6D27-4E9C-8CD3-CF6E4FF96FF9%7D/WPS%20SRES%201960.pdf

50. 더 자세한 정보는 다음 사이트를 참조하라. UN Action Against Sexual Violence in Conflict: http://www.stoprapenow.org/

51. E.CN.2001/73.

52. E/CN.4.2002/83.

53. A/HRC/7/6, 2008

54. A/HRC/17/26 Report of the Special Rapporteur on violence against women, its causes and consequences, Rashida Manjoo.

55. 2011년 6월 30일 현재, 〈아동 권리 협약〉에는 193개 당사국들이 있다. 당사국 리스트는 Human Rights Major International Instruments, Status as of 30 June 2011 를 참조. http://unesdoc.unesco.org/images/0021/002126/212642m.pdf

56. UNICEF는 1965년 노벨 평화상을 받았다.

57. 개인통보 절차에 관한 〈아동 권리 협약〉 선택의정서 문안은 2011년 6월 17일, 유엔 인권 이사회 결정 17/18에 의해 처음 승인된 뒤 2011년 12월 19일, 유엔총회의 결정 66/138에 의해 채택됐다. 의정서가 첨부된 결정 66/138은 다음 사이트를 참조. http://daccess-dds-ny.un.org/doc/UNDOC/GEN/N11/467/10/PDF/N1146710.pdf?OpenElement

58. 2012년이 시작될 때까지 154개 국가가 아동 매매, 아동 매춘, 아동 포르노그라피에 관한 〈아동권리협약〉 선택의정서를 비준했다. 당사국 리스트는 다음을 참조. http://treaties.un.org/Pages/ViewDetails.aspx?src=TREATY&mtdsg_no=IV-11-c&chapter=4&lang=en

59. 2011년 6월 30일 현재, 〈아동의 권리와 복지에 관한 아프리카 헌장〉은 46개 국가의 비준을 받았다. 당사국 리스트는 Human Rights Major International Instruments, Status as of 30 June 2011 30 June 2011를 참조. http://unesdoc.

unesco.org/images/0021/002126/212642m.pdf

60. 1996년, 유엔 사무총장에 의해 임명된 독립 전문가 Ms. Graca Machel은 유엔 총회에 '아동에 대한 무력 분쟁의 영향'Impact of Armed Conflict on Children, A/51/306 이라는 제목의 보고서를 제출했다. 보고서는 1996년 12월 12일, 유엔총회 결 정 57/77의 채택으로 이어졌고, 3년 임기의 '아동과 무력 분쟁에 관한 유엔 사 무총장 특별 대표'Special Representative of the Secretary-General for Children and Armed Conflict 의 업무를 수립했다. 유엔총회는 이후 특별 대표의 임기를 4회 연장했고, 가 장 최근 결정은 2008년 12월 24일의 A/RES/63/241이다. http://www.un.org/ children/conflict/english/theoffice.html를 보라.

61. 2012년이 시작될 때까지, 147개 국가가 무력 분쟁 상황의 아동 참여에 관 한 〈아동 권리 협약〉 선택의정서를 비준했다. 당사국 리스트는 http:// treaties.un.org/Pages/ViewDetails.aspx?src=TREATY&mtdsg_no=IV-11- b&chapter=4&lang=en 를 참조.

62. Paris Conference "Free Children from War", 5-6 Feb. 2007, Paris, France. http://www.unicef.org/media/media_38208.html

63. A/Res/56/5.

64. SC/1379/2001.

65. S/RES/1612 (2005).

66. 그러한 사례 중 Lovelace 대 캐나다 사례에서, 한 원주민 미국 여성은 자신이 비인디언non-Indian과 결혼 생활을 끝낸 뒤 인디언 보존지역으로 돌아가는 것

이 국내법에 의해 금지됐다고 위원회에 진정했다. 위원회는 제27조에 대한 침해가 있었다고 결정했다. 이 결정에 대한 반응으로 캐나다는 국제법과 일치되도록 국내법을 변경했다.

67. 유엔총회 결정 48/138(1993년 12월 20일)

68. 1971년 소위원회 제14차 회기에서 임명된 특별 보고관 Francesco Capotorti 이 준비한 '종족적, 종교적, 언어적 소수 집단에 속하는 사람들의 권리에 대한 연구'Study of the Rights of Persons Belonging to Ethnic, Religious and Linguistic Minorities 1991-93년, A. Eide가 준비한 '소수 집단 문제의 평화적, 건설적 해결을 촉진하는 가능한 방법과 수단들에 관한 보고서'Reports on Possible Ways and Means of Facilitating the Peaceful and Constructive Solution of Problems Involving Minorities

69. 유엔 사무총장의 이 보고서는 1992년 1월 31일 유엔 안보리 정상 회담에서 채택된 성명에 따라 준비돼 1992년 6월에 발표됐다.

70. Kofi Annan, Secretary General of the United Nations, Presentation of the Millennium Report, 3 April 2000. http://www.un.org/millennium/sg/report/state.htm

71. 1994년 12월, 56개 회원국(2012년 7월 현재)으로 구성된 '유럽안보협력기구' Organization on Security and Cooperation in Europe, OSCE로 전환했다.

72. '유럽연합 기본권 헌장' 제21조, 제22조

73. 2011년 6월 30일 현재, 〈독립 국가들 내 원주민과 부족민들에 관한 ILO 협약 제169호〉 당사국들은 22개국이다. 당사국 리스트는 Human Rights Major

International Instruments, Status as at 30 June 2011를 참조. http://unesdoc.
unesco.org/images/0021/002126/212642m.pdf

74. '원주민 권리에 관한 전문가 메커니즘'에 대한 더 자세한 정보는 다음을 참
조. http://www.ohchr.org/EN/Issues/IPeoples/EMRIP/Pages/EMRIPIndex.
aspx

75. ECOSOC Resolution 2000/22.

76. Resolution 15/14

77. 첫 번째 '세계 원주민들의 국제 10년'은 1993년 12월 21일, 유엔총회 결정
48/163에 의해 선포됐다. 두 번째는 2004년 12월 22일, 결정 59/174에 의해
선포됐다.

78. 〈모든 이주 노동자와 그 가족 구성원의 권리 보호에 관한 협약〉은 2011년 12
월 31일 현재 45개 당사국에 의해 비준됐다. http://treaties.un.org/pages/
Treaties.aspx?id=4&subid=A&lang=en. 다수의 이민자들이 유럽과 북미로
오고 있지만, 지금까지 서구의 이민 수용국들은 아무도 협약을 비준하지 않
았다. 역시 많은 수의 이민자들을 받아들이는 호주, 페르시아 만의 아랍 국가
들, 인도 같은 나라들도 협약을 비준하지 않았다. 그러므로, 협약은 다수의 이
민자들이 실제로 살며 일하는 나라들에는 아직 적용되지 않고 있다.

79. 1990년 12월 18일, 유엔총회의 결정 45/158에 의해 채택된 〈모든 이주 노동
자와 그 가족 구성원의 권리 보호에 관한 국제협약〉 http://www2.ohchr.
org/english/law/cmw.htm

80. Vienna Declaration and Programme of Action, A/CONF.157/23, para. 63 of the Declaration.

81. 2011년 12월 31일 현재, 110개 국가가 〈장애인 권리 협약〉을 비준했고, 62개 국가가 그 선택의정서를 비준했다. 당사국 리스트는 http://treaties.un.org/Pages/ViewDetails.aspx?src=TREATY&mtdsg_no=IV-15&chapter=4&lang=en 을 참조.

82. 2011년 6월 30일 현재, 18개 국가가 〈장애인에 대한 모든 형태의 차별 폐지에 관한 미주 협약〉의 당사국이다. 당사국 리스트는 http://unesdoc.unesco.org/images/0021/002126/212642m.pdf 참조.

83. 2011년 12월 31일 현재, 145개 국가가 〈난민 지위 협약〉(1954년 발효)을 비준했고, 146개 국가가 의정서(1967년 발효)를 비준했다. 협약만 비준한 국가는 마다가스카르, 세인트 키츠, 네비스이다. 의정서만 비준한 국가는 케이프 베르데, 미국, 베네수엘라이다.

84. OAS Convention on Asylum (1928); OAS Convention on Political Asylum (1933); OAS Convention on Diplomatic Asylum (1954); OAS Convention on Territorial Asylum (1954).

85. 더 자세한 정보는 UNHCR Global Appeal 2011Update를 참조. http://www.unhcr.org/4cd91dc29.html

86. 유엔 난민고등판무관(UNHCR)은 아프가니스탄, 차드, 콩고민주공화국, 파키스탄, 수단 등 다양한 국가들에 그러한 지원을 제공했다. 2009년 말 기준, 유엔 난민고등판무관은 국내 난민 인구가 가장 많은 세 나라(수단, 콜럼비아, 이

라크)를 포함한 22개 국가에서 국내 난민들을 돕고 있었다.

87. 1993년 5월 3일, 인권 위원회에서 유엔 난민고등판무관Mrs Ogata가 발표한 연설

88. 2011년 6월 30일 현재, 〈아프리카 난민 문제의 특수측면에 관한 협약〉은 45개 당사국들이 있다. 당사국 리스트는 Human Rights Major International Instruments, Status as of 30 June 2011 http://unesdoc.unesco.org/images/0021/002126/212642m.pdf를 참조.

89. The Report to the General Assembly of the Special Representative of the Secretary-General on Internally Displaced Persons (A/56/168).

90. Human Rights Council Resolution, A/HRC/RES/14/6(2010년 6월 17일).

91. 2011년 6월 30일 현재, 단지 아프리카 연합의 5개 국가들만 〈아프리카 난민의 보호와 지원을 위한 협약〉을 비준했다. 그러나 협약이 발효되고 법적 구속력을 가지려면 15개 국가가 이를 비준해야 한다.

92. '인권 옹호자 선언'에 대한 논평은 http://www.ohchr.org/Documents/Issues/Defenders/CommentarytoDeclarationondefendersJuly2011.pdf를 참조.

5장

93. 2003년까지 최소한 84개 국이 검토대상이었다.

94. 아프리카 국가들에게는 인권이사회에 13개 의석이 있으며 아시아 국가들도 13개 석, 동유럽은 6개 의석, 남미 및 카리브해 국가들은 8개 의석, 서유럽 및 기타 국가들에는 7개 의석이 할당돼 있다.

95. 2008년 실무 그룹은 긴급 행동 절차에 따라 21건의 보고 사례를 검토했다. 실무 그룹은 또한 505건의 새로운 강제 실종 보고 사례를 검토했다. 2009년 11월부터 2010년 11월까지, 실무 그룹은 105건의 신규 강제 실종 사건을 22개 정부에 이관했다.

96. 유엔 인권 이사회 결정 10/23, 15/21, 15/23

97. 2011년 7월 31일 기준, 특정 국가 대상의 임무들은 다음 국가들을 대상으로 한다: 부룬디, 캄보디아, 아이티, 조선인민민주주의공화국, 미얀마, 1967년 이후 점령된 팔레사트인 영토, 소말리아, 수단.

98. 예를 들면, 1994년, 자그레브(크로아티아)에는 '구 유고슬라비아에 관한 특별 보고관'을 위해 활동하는 6명의 현장 담당관들이 있었다.

99. UN 보도자료, 2007년 3월 12일. http://www.un.org/apps/news/story.asp?NewsID=21834&Cr=rights&Cr1=council 참조.

100. 유엔 인권 이사회 결정 A/HRC/RES/5/1, 2007년 6월 18일.

101. 유엔총회 결정 60/251, 2006년 3월 16일.

6장

102. 1. 전장에서 군대 부상자의 상태 개선에 관한 제네바 협약Convention for the Amelioration of the Condition of the Wounded and Sick in Armed Forces in the Field, 2. 바다에서 군대 부상자와 난파자의 상태 개선에 관한 제네바 협약Convention for the Amelioration of the Condition of the Wounded, Sick, and Shipwrecked Members of Armed Forces at Sea, 3. 전쟁 포로의 대우에 관한 제네바 협약Convention Relative to the Treatment of Prisoners of War, 4. 전시의 민간인 보호에 대한 제네바 협약Convention Relative to the Protection of Civilian Persons in Time of War. 네 협약 모두 1949년 8월 12일 채택되고, 1950년 10월 21일 발효됐다.

103. 〈제네바 협약〉 추가의정서1은 1978년 12월 7일 발효됐고, 2011년 6월 30일 현재 171개 당사국들이 있다. 당사국 리스트는 Human Rights Major International Instruments, Status as of 30 June 2011를 참조. http://unesdoc.unesco.org/images/0021/002126/212642m.pdf

104. 〈제네바 협약〉 추가의정서2는 1978년 12월 7일 발효됐고, 2011년 6월 30일 현재 166개 당사국들이 있다. 당사국 리스트는 Human Rights Major International Instruments, Status as of 30 June 2011를 참조. http://unesdoc.unesco.org/images/0021/002126/212642m.pdf

105. 어떤 전문가들은 〈무력 분쟁시 문화적 자산의 보호에 관한 유네스코 협약〉UNESCO Convention for the Protection of Cultural Property in the Event of Armed

Conflict과 〈협약 실행 규칙〉Regulations for the Execution of the Convention, 〈협약 의정서〉Protocol to the Convention, '회의 결정'Conference Resolutions(1954) 등이 인도주의법의 일부를 이룬다고 본다.

106. 1863년 설립된 국제적십자 위원회International Committee of the Red Cross와 국제적 십자연맹International Federation of Red Cross, 국제적신월협회International Red Crescent Societies는 국가 적십자 · 적신월 협회들과 더불어 국제 적십자 · 적신월 운동 International Red Cross and Red Crescent Movement을 구성한다. ICRC는 1917년, 1944년, 1963년에 노벨 평화상을 받았다.

107. ICTY의 온전한 제목은 '국제인도주의법의 심각한 위반 책임자의 처벌을 위 한 국제 법정The International Tribunal for the Prosecution of Persons Responsible for Serious Violations of International Humanitarian Law'이다.

108. ICTY 완료 전략에 대해 더 자세한 정보는 다음을 참조. http://www.icty. org/sid/10016

109. 2010년 유엔 안보리 결정 1996호의 문서 내용은 다음 사이트 주소에 서 확인할 수 있다. http://www.icty.org/x/file/About/Reports%20and%20 Publications/ResidualMechanism/101222_sc_res1966_residualmechanism_ en.pdf

110. 더 자세한 정보를 위해서는 2011년 12월, ICTR 대표가 유엔 안보리에 발표 한 '르완다 국제 형사 법정의 완결 전략에 관한 반년간 보고서'Six-monthly report on the completion strategy of the International Criminal Tribunal for Rwanda를 보라. http://

www.unictr.org/Portals/0/tabid/155/default%20.aspx?id=1244

111. 유엔 안보리 결정 1350, 2000년 8월.

112. 범죄의 정의에 관해서는 로마협정 제8조의 2를 보라. 침략 범죄에 관한 재판소의 관할권 행사 조건에 대해서는 로마 협정 제15조의 2와 3을 보라.

113. 범죄의 정의에 관해서는 로마 협정 제2조의 2를 보라. 침략 범죄에 관한 재판소의 관할권 행사 조건에 대해서는 로마 협정 제15조의 2와 3을 보라.

114. Delivering on the promise of a fair, effective and independent court: Review Conference on the Rome Statute. http://www.iccnow. org/?mod=review&lang=en

115. 2011년 7월 31일 현재, 검사 사무소는 6개 나라의 상황을 조사하고 있다: 우간다, 콩고민주공화국, 중앙아프리카공화국, 다르푸르(수단), 케냐, 리비아. 2011년 6월 23일, 검사는 제3예비재판부에 코트디부아르 상황에 대한 직권 proprio motu 조사를 개시하도록 승인해줄 것을 요청했다.

7장

116. 비엔나 선언 및 행동계획, 18절

117. 인권최고대표의 전략적 운영 계획 2010-2011. http://www.ohchr.org/ Documents/Press/SMP2010-2011.pdf 참조

118. 강제실종으로부터 모든 사람을 보호하기 위한 협약The International Convention for

the Protection of All Persons from Enforced Disappearance 은 2010년 12월 23일 발효되었으며 2011년 12월 31일 현재 31개국이 비준했다.

119. 고문 피해자를 위한 자발적 기금, 오늘날의 노예제 형태를 위한 자발적 기금, 원주민을 위한 자발적 기금은 사무총장에 의해 관리된다. 인권 영역에서의 기술적 협력을 위한 자발적 기금은 인권최고대표에 의해 관리된다.

120. 그 같은 사무소들의 예로는 캄보디아, 콜롬비아, 크로아티아, 보스니아 앤 헤르제고비나, 콩고 민주공화국, 유고 연방공화국 등에 설치됐다.

121. 2005 세계 정상회의 정리 문건, 2005년 10월 24일의 총회 결의안 60/1 124절을 참조.

122. 2011년 6월 30일자 현재 교육에 있어서의 유네스코의 반차별 협약에는 98개국이 가입해 있다. 그 명단은 http://unesdoc.unesco.org/images/0021/002126/212642m.pdf의 Human Rights Major International Instruments, Status as at 30 June 2011 참조.

123. 2005년 세계 정상회의 정리 문건, 2005년 10월 24일의 총회 결의안 60/1 43-44절 참조.

124. 회원국 명단은 http://unesdoc.unesco.org/images/0021/002126/212642m.pdf의 Human Rights Major International Instruments, Status as of 30 June 2011참조.

125. 예술가의 위상에 관한 권고(1980년), 세계 저작권 협약(1952년 제정, 1971년 개정), 과학적 연구자들의 위상에 관한 권고(1974년)

126. 국가 보고서를 심의하는 권한은 결의 77 32 C에 의해 이사회, 협약과 권고 위원회에 위임되었다. 결의문은 http://unesdoc.unesco.org/images/0013/001331/133171e.pdf#page=121 참조.

127. 34 C/결의안 87에 따라 전체 회의는 이사회의 Organization's 31 recommendations the Executive Board would primarily deal with 11. The list of these recommendations can be accessed at the following link: http://unesdoc.unesco.org/images/0015/001560/156046e.pdf#page=100.

128. 다단계 절차와 틀에 대한 지침은 177 EX/결정 35 I 및 177 EX/결정 35 II에 의해 각각 만들어졌다.

129. 157 EX/결정 6.3.

130. 공동 전문가 그룹은 162 EX/결정 5.4.에 의해 만들어졌다.

131. 유네스코의 이사회 절차 규정 2010년 판은 http://unesdoc.unesco.org/images/0018/001874/187481e.pdf 참조.

132. 국제노동기구는 1969년에 노벨 평화상을 받았다.

133. 선언과 후속조치에 대한 더욱 상세한 정보는 http://www.ilo.org/declaration/thedeclaration/textdeclaration/lang-en/index.htm를 참조.

134. 사회적 차원에서의 세계화에 관한 세계 위원회 보고서는 http://www.ilo.org/fairglobalization/report/lang-en/index.htm를 참조.

135. 공정한 세계화: 실현시키기: 국제노동기구Globalization: Making it Happen; International Labour Organization에 대해서는 http://www.ilo.org/fairglobalization/follow/

lang–en/index.htm 참조.

136. 양질의 노동 어젠다는 ILO에 의해 구체화된 개념으로 고용, 사회적 보호, 사회적 대화 및 3자주의, 그리고 일터에서의 기본적 원칙에 바탕하고 있다. 이 개념에 대한 자세한 내용은 http://www.ilo.org/global/About_the_ILO/Media_and_public_information/Press_releases/lang–en/WCMS_094186/index.htm 참조.

137. 인간개발지표에 대한 상세한 내용은 http://hdr.undp.org/en/statistics/indices/를 참조

138. 세계 식량위기 대응 프로그램, 세계은행. http://www.worldbank.org/foodcrisis/bankinitiatives.htm 참조.

8장

139. 알바니아, 안도라, 아르메니아, 오스트리아, 아제르바이잔, 벨기에, 보스니아 앤 헤르제고비나, 불가리아, 크로아티아, 키프러스, 체코 공화국, 덴마크, 에스토니아, 핀란드, 프랑스, 그루지아, 독일, 그리스, 헝가리, 아이슬랜드, 이탈리아, 라트비아, 리히텐슈타인, 리투아니아, 룩셈부르크, 말타, 모나코, 몬테네그로, 네덜란드, 노르웨이, 폴란드, 포르투갈, 몰도바, 루마니아, 러시아연방, 산 마리노, 세르비아, 슬로바키아 공화국, 슬로베니아, 스페인, 스웨덴, 스위스, 옛 마케도니아 유고슬라브 공화국, 터키, 우크라이나, 영국.

140. 2011년 6월 30일 현재 유럽 사회 헌장에는 27개국이, 개정된 유럽 사회헌장에는 31개국이 가입해 있다. 회원국 명단은 http://unesdoc.unesco.org/images/0021/002126/212642m.pdf의 Human Rights Major International Instruments, Status as 30 June 2011 참조.

141. 인신매매 근절 행동을 위한 전문가 그룹GRETA은 2011년 6월 21~24일 스트라스부르의 유럽평의회에서 10차 회의를 열고 오스트리아, 키프로스, 슬로바키아공화국에 관한 최종 평가보고서를 채택했다. http://www.coe.int/t/dghl/monitoring/trafficking/default_en.asp 참조.

142. 세계의 민주주의와 인권 증진을 위한 재정적 수단을 구축하는 것(유럽의회의 규칙EC 1889호/2006 와 Council of 20 December 2006)에 대해서는 http://eur-lex.europa.eu/smartapi/cgi/sga_doc?smartapi!celexplus!prod!DocNumber&lg=en&type_doc=Regulation&an_doc=2006&nu_doc=1889를 참조.

143. '유럽연합, 유럽연합 이사회, CFSP와 EU 정책에서의 인권의 주류화', 브뤼셀, 2006년 6월 7일(10076/06). http://www.consilium.europa.eu/ueDocs/cms_Data/docs/hr/news66.pdf 참조.

144. 아프리카통일기구의 53개 회원국 명단은 of the 53 States Parties to the Constitutive Act of the African Union, see http://www.au.int/en/treaties 참조

145. 2011년 6월 30일 현재 에티오피아, 모리타나, 부르키나 파소, 가나, 레소토, 르완다, 시에라 레온, 남아공이 민주주의, 선거, 거버넌

스에 관한 아프리카 헌장을 비준했다. http://unesdoc.unesco.org/images/0021/002126/212642m.pdf의 Human Rights Major International Instruments, Status as of 30 June 2011을 참조.

146. 2011년 6월 30일 현재 24개국이 아프리카 청년 헌장을 비준했다. 그 명단은 http://unesdoc.unesco.org/images/0021/002126/212642m.pdf의 Human Rights Major International Instruments, Status as of 30 June 2011 참조.

147. 아프리카통일기구의 아프리카에서의 고문과 잔혹하며 비인도적이며 굴욕적인 대우와 처벌의 금지와 예방 조치들에 관한 가이드라인 – 보통 로벤섬 가이드라인RIG으로 불린다 – 은 http://www.achpr.org/english/_info/index_RIG_Under_en.htm 참조.

148. 2011년 6월 30일 현재 의정서는 아직 발효돼 있지 않다. http://www.au.int/en/treaties = 참조

149. 자세한 내용은 www.achpr.org 참조.

150. 이런 사례는 1994년 말라위에 대한 위반 행위가 확인되었을 때 딱 한 번 있었다.

151. 미주기구는 1890년에 남미 공화국 국제연합International Union of American Republics이라는 이름으로 설립되었으며 1948년에 미주기구로 이름을 바꾸었다.

152. 2011년 6월 30일까지 24개국이 미주인권협약을 승인했다. 국가 명단은 http://unesdoc.unesco.org/images/0021/002126/212642m.pdf의 Human Rights Major International Instruments, Status as of 30 June 2011 참조.

153. 청원에 대한 절차는 미주인권협약 44~51조에 규정돼 있다.

154. 당사국 명단은 http://unesdoc.unesco.org/images/0021/002126/212642m. pdf의 Human Rights Major International Instruments, Status as of 30 June 2011 참조.

155. 1975년에 35개 참가국이 있었다. 2001년 6월 30일 기준, 유럽안보협력기구 에는 56개 참가국이 있다. www.osce.org 참조.

156. OSCE Human Dimension Mechanisms(http://www.osce.org/odihr/43666)

157. 아세안 회원국은 다음과 같다: 브루나이 다루살람, 캄보디아, 인도네시아, 라 오스, 말레이시아, 미얀마, 필리핀, 싱가포르, 태국, 베트남.

158. '아세안 정부간 인권 위원회' 참고 용어집. http://www.aseansec.org/DOC-TOR-AHRB.pdf

159. 아랍국가연맹의 22개 회원국은 요르단, 아랍에미리트연합,바레인, 튀니지, 알제리, 지부티, 사우디아라비아, 수단, 시리아, 소말리아, 이라크, 오만, 팔 레스타인, 카타르, 코모로스, 쿠웨이트, 레바논, 리비아, 이집트, 모로코, 마 우리아니아, 예멘이다.

9장

160. 더 자세한 정보는 http://www.um.org/esa/coordination/ngo를 보라.(2011 년 7월 31일 최종 검색)

161. '비엔나 선언과 행동 강령'을 보시오.(선언 제38절)

162. 핸드북은 다음 사이트에서 이용할 수 있다. http://www.ohchr.org/EN/AboutUs/CivilSociety/Documents/Handbook_en.pdf

163. 국가인권기구들에 대한 더 자세한 정보는 다음을 참조. http://www.ohchr.org/en/countries/nhri/pages/nhrimain.aspx

164. Declaration of Principles, United Nations Conference on Environment and Development, Rio de Janeiro, 3-14 June 1992; Copenhagen Declaration on Social Development and Programme of Action, March 1995.

165. Declaration of Principles, United Nations Conference on Environment and Development, Rio de Janeiro, 3-14 June 1992

166. Report of the Special Representative of the Secretary-General on the issue of human rights and transnational corporations and other business enterprises, John Ruggie (http://www.ohchr.org/Documents/Issues/TransCorporations/A.HRC.17.32.pdf)

10장

167. Doc. A/51/506/Add. 1, 12 December 1996, para. 2.

168. 선언은 유엔총회 결정 66/137에 의해 채택됐다.

169. 이 선언은 유엔총회의 결정 66/137에 의해 채택됐다. 1993년 3월 8-11일, 캐

나다 몬트리올에서 유네스코UNESCO와 유엔 인권센터UN Human Rights Center가
유네스코 캐나다위원회와 공동 개최한 '인권과 민주주의 교육에 관한 국제
회의'International Congress on Education for Human Rights and Democracy'에서 채택됐다.

170. 이 선언은 1994년 스위스 제네바에서 열린 '교육에 관한 국제 회의'International
Conference on Education 제44차 회기에서 채택됐다. 통합 실천계획은 1995년 프
랑스 파리에서 열린 유네스코 총회 제28차 회기에서 채택됐다.

171. 인권 교육에 관한 유네스코 활동에 대한 더 많은 정보는 http://www.unesco.
org/new/en/education/themes/leading-the-international-agenda/human-
rights-education/를 참조.

11장

172. UN Doc. A/54/1 (1999) para. 275.

173. 유엔총회 결정 A/RES/53/202, 1998.

174. Human Rights Council, Resolution A/HRC/S-10/L.1, 23 February 2009.

175. 유엔총회 결정 A/RES/55/2, 2000.

176. Development Goals Report 2011, United Nations, New York, 2011. http://
www.un.org/millenniumgoals/11_MDG%20Report_EN.pdf

177. 유엔총회 결의 A/RES/4/28(1986년 12월 4일)

178. Report of the Secretary-General, 'Renewing the United Nations: A

Programme for Reform', A/51/950, 1997.

179. Claiming the Millennium Development Goals: A Human rights Approach, 2008. http://www.ohchr.org/Documents/Publications/Claiming_MDGs_en.pdf 참조.

180. Joint Statement by UN High Commissioner for Human Rights, Secretary General of the Council of Europe and the Director of the OSCE Office for Democratic Institutions and Human Rights, 2001년 11월 29일. 29 November 2001.

181. Report of the Special Rapporteur on the promotion and protection of human rights and fundamental freedoms while countering terrorism, Martin Scheinin, http://daccess-dds-ny.un.org/doc/UNDOC/GEN/G10/178/98/PDF/G1017898.pdf?OpenElement

182. Office of the United Nations High Commissioner for Human Rights. Frequently Asked Questions on a Human Rights-Based Approach to Development Cooperation, http://www.undg.org/docs/12055/OHCHR%20FAQ%20on%20HRBA%20-%20ENGLISH.pdf 참조.

183. 인권에 기반한 접근HRBA에 대한 더 자세한 정보는 다음 사이트의 교육 자료와 도구를 참고하라. http://hrbaportal.org/

■ 파트2 ■

184. 총회 결의 48/126, 1993년 12월.

185. 의정서 The Protocol enters into force between the States which ratify or accede to it when they deposit their respective instruments of ratification or accession (Article 4) As of 30 June 2011, 11 States have ratified the Protocol. For the list of States Parties see:HumanRightsMajorInternation alInstruments,Statusasat30June2011availableonhttp://unesdoc.unesco. org/images/0021/002126/212642m.pdf.http://unesdoc.unesco.org/ images/0021/002126/212642m.pdf의 Human Rights Major International Instruments, Status as of 30 June 2011 참조.

186. 2011년 6월 30일 현재 46개국이 사형제 폐지와 관련된 인권과 기본적 자유의 보호를 위한 제 6의정서를 비준했다. http://unesdoc.unesco.org/ images/0021/002126/212642m.pdf의 Human Rights Major International Instruments, Status as of 30 June 2011 참조.

187. 노예제, 노예무역, 노예제 유사 제도의 폐지를 위한 보충 협약은 1957년 4월 30일 발효되었다. 2011년 6월 30일 현재 123개국이 협약의 당사국이다. Supplementary Convention on the Abolition of Slavery, the Slave Trade and Institutions and Practices Similar to Slavery 명단은 http://unesdoc. unesco.org/images/0021/002126/212642m.pdf의 Human Rights Major

International Instruments, Status as of 30 June 2011 참조.

188. 인신매매와 매춘을 이용한 착취의 억제에 관한 협약The Convention on the Suppression of the Traffic in Persons and of the Exploitation of the Prostitution of Others은 1951년 발효되었다. 2011년 6월 30일 현재 82개 국이 당사국이다. 명단은 http://unesdoc.unesco.org/images/0021/002126/212642m.pdf의 Human Rights Major International Instruments, Status as of 30 June 2011 참조.

189. 기본 원칙은 범죄의 예방과 범죄자들에 대한 처우에 관한 제7차 유엔 회의(이탈리아 밀란, 1985년 8월 26일~ 9월 6일)에서 채택되었다.

190. 무국적상태의 감축을 위한 협약은 1975년 발효되었다. 2011년 6월 30일 현재 38개국이 회원으로 가입해 있다. 그 명단은 http://unesdoc.unesco.org/images/0021/002126/212642m.pdf의 Human Rights Major International Instruments, Status as of 30 June 2011 참조.

191. '혼인에 이르는 합의, 혼인의 최소 연령, 혼인의 등록에 관한 유엔 협약'은 1964년에 발효됐다. 2011년 6월 30일 현재, 55개 국가가 협약 당사국으로 있다. 당사국 목록은 다음을 참조하라. Human Rights Major International Instruments, Status as at 30 June 2011 (http://unesdoc.unesco.org/images/0021/002126/212642m.pdf)

192. 예컨대, 〈결사의 자유와 단결권의 보호에 관한 ILO 협약〉(Freedom of Association and Protection of the Right to Organize)(제87호; 1948년 채택, 1950년 발효)는 2011년 6월 30일 기준, 150개국에서 비준됐다. 반면, 〈단

결권의 보호와 공공 분야에서 고용 조건의 결정 절차에 관한 ILO 협약〉ILO Convention concerning Protection of the Right to Organize and Procedures for Determining Conditions of Employment in the Public Service(제151호; 1978년 채택, 1981년 발효)은 48개국만이 비준했다. 〈단결권과 단체교섭권 원칙의 적용에 관한 ILO 협약〉The ILO Convention (No. 98) concerning the Application of the Principles of the Right to Organize and Bargain Collectively(제98호; 1949년 채택, 1951년 발효)는 가장 많은 당사국들을 갖고 있다.(2011년 6월 30일 기준, 160개국) 당사국 목록은 Human Rights Major International Instruments, Status as at 30 June 2011 를 참조. http://unesdoc.unesco.org/images/0021/002126/212642m.pdf

193. 일반논평 N°21의 본문은 아래 사이트를 참조. http://www.ohchr.org/english/bodies/cescr/docs/gc/E-C-12-GC-21.doc

194. 유엔총회 결정 55/199, 2000년 12월 20일.

195. Rio+20 회의에 관한 더 자세한 정보는 다음을 참조. http://www.uncsd2012.org/rio20/index.html

| 축약어 정리 |

ACHPR	African Commission on Human and Peoples' Rights
ALECSO	Arab League Educational, Cultural and Scientific Organization
ASEAN	Association of South East Asian Nations
AHRB	ASEAN Human Rights Body
AU	African Union
CAAC	Security Council Working Group on Children and Armed Conflict(UN)
CAT	Committee against Torture
CEART	Committee of Experts on the Application of the Recommendations concerning Teaching Personnel
CEDAW	Committee on the Elimination of Discrimination Against Women
CERD	Committee on the Elimination of Racial Discrimination
CESCR	Committee on Economic, Social and Cultural Rights
CoE	Council of Europe
CPT	European Committee for the Prevention of Torture(CoE)
CRC	Committee on the Rights of the Child
CRPD	Committee on the Rights of Persons with Disabilities
CSCE	Conference on Security and Cooperation in Europe
EC	European Community
ECHR	European Court of Human Rights (CoE)
ECOSOC	Economic and Social Council (UN)

ECRI	European Commission against Racism and Intolerance (CoE)
ECSR	European Committee of Social Rights (CoE)
EEAS	European External Action Service (EU)
EFA	Education for All (UNESCO)
ESCAP	Economic and Social Commission for Asia and the Pacific
ESDP	European Security and Defence Policy (EU)
EU	European Union
FAO	Food and Agriculture Organization
GA	General Assembly (UN)
GRETA	Group of Experts on Action against Trafficking in Human Beings (CoE)
HABITAT	UN Centre for Human Settlements
HCNM	High Commissioner on National Minorities (OSCE)
HLP	High Level Panel on the Establishment of an ASEAN human rights body
HRBA	Human Rights-Based Approach
HRC	Human Rights Committee / Human Rights Council
HRE	Human Rights Education
IBC	International Bioethics Committee (UNESCO)
ICC	International Criminal Court (UN)/International Coordinating Committee of National Institutions for the Promotion and Protection of Human Rights

ICCPR	International Covenant on Civil and Political Rights
ICERD	International Convention on the Elimination of All Forms of Racial Discrimination
ICESCR	International Covenant on Economic, Social and Cultural Rights
ICJ	International Court of Justice
ICRC	International Committee of the Red Cross
ICTR	International Criminal Tribunal for Rwanda
ICTY	International Criminal Tribunal for the Former Yugoslavia
IDPs	Internally displaced persons
ILO	International Labour Organisation
IMF	International Monetary Fund
IOM	International Organization for Migration
IPEC	International Programme for the Elimination of Child Labour
IRO	International Refugee Organization
MDGs	Millennium Development Goals
MRM	Monitoring and Reporting Mechanism of the Security Council on Children and Armed Conflict (UN)
NEPAD	New Partnership for Africa's Development
NGOs	Non-governmental organizations
NHRIs	National Human Rights Institutions
OAS	Organization of American States

OAU	Organization of African Unity
ODIHR	Office for Democratic Institutions and Human Rights (OSCE)
OECD	Organization for Economic Cooperation and Development
OHCHR	Office of the United Nations High Commissioner for Human Rights
OSCE	Organisation for Security and Cooperation in Europe
POW	Prisoner of war
TEC	Treaty establishing the European Community
TEU	Treaty on European Union
TNC	Transnational Corporations
UDHR	Universal Declaration of Human Rights
UN	United Nations
UNAIDS	United Nations Programme on HIV/AIDS
UNDG	United Nations Development Group
UNDG-HRM	United Nations Development Group Human Rights Mainstreaming Mechanism
UNDP	United Nations Development Programme
UNESCO	United Nations Educational, Scientific and Cultural Organization
UNHCR	United Nations High Commissioner for Refugees
UNICEF	United Nations Children's Fund
UNIDO	United Nations Industrial Development Organization
UNIFEM	United Nations Development Fund for Women
UNIPP	United Nations Indigenous Peoples' Partnership

UNPFII	United Nations Permanent Forum on Indigenous Issues
UPR	Universal Periodic Review (UN)
VDPA	Vienna Declaration and Programme of Action
WCAR	World Conference against Racism, Racial Discrimination, Xenophobia and Related Intolerance
WFP	World Food Programme
WHO	World Health Organization
WIPO	World Intellectual Property Organization
WSSD	World Summit for Sustainable Development
WTO	World Trade Organization

인권
인간의 권리에 관한 118가지 질문에 답하다

펴낸날   1판 1쇄 찍음   2012년 11월 26일
         1판 1쇄 펴냄   2012년 11월 30일

지은이   리아 레빈
그 림   플랑튀
옮긴이   이명재, 서현수
펴낸이   김정호
펴낸곳   북스코프

편집장   박유상
편 집   박병규
디자인   기민주
마케팅   천정한, 우세웅

출판등록 2006년 11월 23일(제2-4510호)

주 소   (100-802) 서울시 중구 남대문로5가 526 대우재단빌딩 8층
전 화   02-6366-0513(편집) | 02-6366-0514(주문)
팩 스   02-6366-0515
전자우편 book@acanet.co.kr

한국어판ⓒ북스코프, 2012

ISBN   978-89-97296-21-7 03300